打胜仗

常胜团队的成功密码

田涛 宫玉振 吴春波 ◎ 等著

机械工业出版社

CHINA MACHINE PRESS

图书在版编目（CIP）数据

打胜仗：常胜团队的成功密码 / 田涛等著 . —北京：机械工业出版社，2024.2（2025.9 重印）

ISBN 978-7-111-75126-7

Ⅰ . ①打… Ⅱ . ①田… Ⅲ . ①通信企业—企业管理—经验—深圳 Ⅳ . ① F632.765.3

中国国家版本馆 CIP 数据核字（2024）第 032354 号

机械工业出版社（北京市百万庄大街 22 号 邮政编码 100037）
策划编辑：李文静 责任编辑：李文静 张 昕
责任校对：张 薇 责任印制：任维东
河北宝昌佳彩印刷有限公司印刷
2025 年 9 月第 1 版第 4 次印刷
170mm×230mm·19 印张·1 插页·246 千字
标准书号：ISBN 978-7-111-75126-7
定价：79.00 元

电话服务　　　　　　　　网络服务
客服电话：010-88361066　机 工 官 网：www.cmpbook.com
　　　　　010-88379833　机 工 官 博：weibo.com/cmp1952
　　　　　010-68326294　金 书 网：www.golden-book.com
封底无防伪标均为盗版　机工教育服务网：www.cmpedu.com

田　涛

华为管理顾问，著有《下一个倒下的会不会是华为》《理念·制度·人》《我们为什么要做企业家》等论著，主编有《枪林弹雨中成长》《厚积薄发》《黄沙百战穿金甲》《迈向新赛道》《一人一厨一狗》《蓬生麻中 不扶自直》等华为案例丛书。

杨　杜

中国人民大学商学院教授。中国人民大学本、硕、博、博士后。神户大学经营学博士。经历了从农民到教授、从海归到土著的身份变化，实现了从实践到理论、从管理到哲理的研究转型。是信奉一命、二身、三德、四才的学者。

吴春波

中国人民大学公共管理学院组织与人力资源研究所教授、博士生导师，自1995年开始任华为技术有限公司常年管理顾问。著有《下一个倒下的会不会是华为》（与田涛合著）、《华为没有秘密》（1~3）等。

马国文

中将，原广州军区副政委。

杨 壮

著名领导力学者。北京大学国家发展研究院 BiMBA 商学院前联席院长、北京大学国家发展研究院管理学教授、美国福坦莫大学商学院终身教授。于 2004 年建立了北京大学国家发展研究院 BiMBA 商学院与西点军校的合作关系。

金一南

少将。国防大学战略教研部教授、博士生导师，全国模范教师、全军优秀教师、连续三届国防大学"杰出教授"。曾赴美国国防大学和英国皇家军事科学院学习，主要研究方向为国家安全战略。兼中央人民广播电台《一南军事论坛》主持人，《中国军事科学》特邀编委。

宫玉振

军事学博士，北京大学国家发展研究院管理学教授、BiMBA 商学院副院长兼 EMBA 学术主任。曾任康奈尔大学访问学者、军事科学院战略研究部研究员。长期从事从战争看竞争、从军事看管理的研究与教学。

邓 斌

九三学社社员、书享界创始人兼 CEO。曾在华为任职 11 年，华为原中国区规划咨询总监，华友会华为管理研究院执行院长。著有《华为管理之道》《华为成长之路》《数字化路径》《秒懂力》等。

胡赛雄

华为原后备干部系主任、原全球技术服务部干部部长、华为蓝血十杰奖得主。《以奋斗者为本》核心编委，著有《华为增长法》。

冉 涛

百森智投（深圳）科技有限公司创始人、董事长。华为前全球招聘总负责人，曾主导了华为全球招聘体系的设计。著有《华为灰度管理法》。

洪 兵

战略研究专家。创立"东方战略学"并致力于相关研究，积极倡导"理性竞争"。曾任军事科学院战略研究室主任、中国孙子兵法研究会副会长，战略学博士生导师。出版战略专著 20 多部，提交战略研究报告上百份，获国家和军队各项重大研究成果奖 20 多项。

何志毅

新瑞学院院长，北京大学教授、博士生导师，河仁慈善基金会副理事长，《北大商业评论》创始人兼执行主编。长期致力于军事战略思想的研究，讲授战略管理课程，曾为国防大学、空军指挥学院、海军指挥学院、后勤指挥学院、华为、中国工商银行等授课。

打胜仗与"英雄主义"特质

2021 年 3 月 31 日，华为发布了 2020 年年报，核心数据显示：公司实现销售收入 8914 亿元人民币，同比增长 3.8%；净利润 646 亿元人民币，同比增长 3.2%。在华为年报的封面上，是一群披星戴月的赶路人。对于华为来说，2020 年确实经历了一场"战争"。面对多方制裁和新冠疫情的严峻挑战，虽然华为承受了巨大的压力，但仍实现了经营预期，在烽火硝烟中打了一场胜仗。

就在华为发布年报的时候，正和岛发来田涛、宫玉振、吴春波、杨杜等老师著的《打胜仗》书稿，立即展书阅读。也许是一种明喻，一份令人钦佩的年报，一个令人敬重的组织，就这样交汇在 2021 年春暖花开的时刻。这不免让我想起去年因华为而写的一篇关于英雄主义特质的文章，我依然以此为主题推荐本书。

从 1992 年我选择华为作为自己"中国企业成长模式"研究的五个主要案例之一（另外四家企业分别是海尔、TCL、联想及宝钢）开始，持续 30 年看一家企业的成长，华为给我最大的启示，来自其贯穿始终的"英雄主义"情怀，并由此让我总结出领先企业领导者的核心特征是"英雄领袖"。

著名管理学家维克托·弗鲁姆（Victor H. Vroom）在 1976 年发表的一篇关于"领导力"的理论文章中也提到了这一观点，他说，"在行为科学家所关注的领域当中，没有哪个能像领导力研究一样与社会问题密切相关。一般认为，社会制度的有效运行取决于领导人的素质，这一观点通常为我们的行为倾向所证实，比如，赛季失利，教练会遭受指责；军队获胜，将军会获得称赞……行政职能及实施者对组织的生存与发展至关重要，这一点无可辩驳"。

今天，我们更能感受到拥有"英雄主义"特质的领导者和组织是多么重要。新冠疫情暴发、全球动荡给每个企业都带来了巨大的挑战，而华为所遭遇的挑战和压力更是世所罕见。美国制裁华为，是一个超级强国对一个企业的围剿，但是在华为自己看来，却是一种检验，是对华为自身的组织、技术、产品、运营、文化、管理的全面检验。华为用自己坚实的增长予以回应，来应对这场战争。

2020 年 8 月 31 日，在华为举行的战略预备队学员和新员工座谈会上，华为 CEO 任正非提出："要让打胜仗的思想成为一种信仰。没有退路就是胜利之路！"华为人也正是这样做的，在艰难之中保持乐观主义气概，用势不可当的胜利来逆转局势。

正如书中所写的那样："乐观主义是华为的引擎，开放是华为的灵魂，向世界上一切最先进的组织削足适履式地学习，是华为追赶和超越竞争对手的核心密码。IBM 等西方咨询公司'教会了华为怎么爬树'，而向中外军队学管理，在很大程度上塑造了华为的英雄主义组织气质。"

阅读全书，会有一种英雄主义气概在心中升腾。我所熟悉的田涛、杨杜、胡赛雄、邓斌等几位作者都是深入研究华为的人士，我在不同的场合倾听过他们对华为的介绍，而他们的文章结集在本书之中，可以让我们从制度、文化、成长路径等多个视角去理解华为"打胜仗"的内在逻辑。这个逻辑，就是华为的"以客户为中心，以奋斗者为本，长期坚持艰苦奋斗，坚持自我批判、自我纠偏的自我反省之路"的理念。其内在的基本假设体现了一种"英雄主义"的价值取向。这种英雄主义的价值取向，可以从两个维度来看，一个是"危机意识"，另一个是"优秀是一种习惯"。

形成"危机意识"是任正非带领华为人淬炼自身英雄主义气概的方式。正如书中所言："危机是新故事的开始。危机既是组织文化力、制度力、战斗力与凝聚力的试金石，也是组织中个体和团队的磨刀石。危机时期也是组织变革的最佳窗口期。变革的本质既是组织转型——拆一些旧庙、盖几座新庙，也是对人才梯队进行有序换血与输血的系统工程，是一场利益革命。""华为的原则是，以生存为底线，以胜利为信仰，以盈利为指标，以奋斗选干部，以创新谋未来，以程序建组织。"华为无不是在为自己创造一次又一次变革、转型、跨越式发展的重大机会，也无不是在这些跨越式发展中打赢了一个又一个胜仗，从而持续激发内在的英雄主义气概。

"优秀是一种习惯"是亚里士多德的观点，也是我所理解的"英雄主义"特征的来源。这一特征在华为身上尤为明显。本书通过对华为艰苦卓绝历程的呈现告诉我们，学习华为，别的可以不学，但有两条是必须学的，第一，学习华为是如何进行自我批判的，自我批判是任何组织与个人成长与进步的必要前提；第二，学习华为是如何学习别人的，强大的组织学习能力是华为从平庸走向优秀和卓越的关键成功因素。自我内省，向外学习，这既是华为的文化也是华为的习惯。

另外三位我所熟悉的本书作者，宫玉振、杨壮和何志毅老师都是对军事战略理论与领导力深有研究的学者，通过他们的文章，我们可以从古今中外的历史变迁中感悟"英雄主义"特质以及打胜仗队伍的特质。对比他们的研究，再展读书中任正非和华为的一个又一个故事，我们能够更深入地理解"回顾数千年的战争史，其中有两个要素是古今中外所有优秀的将军都必须具备的，一是沉着冷静的意志，二是同甘共苦的品质"。

这种"英雄主义"特质才是任正非和华为深深打动我们的地方。拥有"英雄主义"特质的领导者，能够将每个组织成员内在的潜力最大限度地激发出来；拥有"英雄主义"

特质的组织，能够将每个组织成员独特的创造力极大限度地释放出来。不是因为华为今天强大了，我们才来探讨华为的组织创造力，而是因为"艰苦奋斗的文化、英雄主义的文化是华为的精神基因。这种毫不妥协、持续奋斗、要打胜仗的组织基因一直流淌在华为人的血液中，这才是我们今天要探讨华为的根本原因"。

正如书中所言："企业管理者都想打胜仗，但战争的历史经验告诉我们，企业要想打胜仗，就必须从决定胜负的基本要素入手，老老实实地沉下心来，一点儿一点儿地把打胜仗的基本面做好，这样才能奠定持续打胜仗的根基。"

"使华为快速崛起的因素有很多……但不容忽视的最重要的一点，就是它有一支敢作战、能作战、善作战的商业军团，30多年来，一路披荆斩棘，一路打败仗与打胜仗，但打胜仗的次数远远多于打败仗的次数，并且即使打了败仗也绝不气馁。"

此时，我不禁想到了2019年夏去希俄斯岛探寻荷马的旅程，传说这是《荷马史诗》的作者荷马生活的地方。荷马时代也被称为"英雄时代"。那时的英雄，不是具有神的血统，就是具有神所赋予的力量，这使得他们在紧要关头往往能够决定历史的变化方向。在他们的叙述中，奥林匹斯山上的神明，也不过是普通的一家人而已。在人类如此年轻的世界里，一切都是那么自在与自然，一切都是那么和谐，就如我所看到的希俄斯岛一样，景色秀丽，悠闲安静。但正是这些英雄，剥除了精神世界中的神秘恐惧，让希腊人有了属于自己的"历史"意识。

对于任何领导者和组织而言，挑战与困境几乎是不可避免的，是长期存在的。所以，让你和你的组织拥有"英雄主义"特质，是极为重要的训练。当挑战与困境来临时，你和你的组织所具有的"英雄主义"特质，将使你和你的组织能够力挽狂澜，战胜困境，超越挑战，获得胜利，从而拥有自我发展的主动权。

对于任何一个领导者和组织而言，变化与不确定性是一种根本性的存在。如果你和你的组织拥有"英雄主义"特质，对你和你的组织而言，变化与不确定性就会成为难得的机遇，借此可以创造出不同寻常的成就。

　　我推荐大家阅读本书。当我通读本书时，我脑海中闪现出斯蒂芬·茨威格的《人类群星闪耀时》中的一句话："当强烈的个人意志与历史宿命碰撞之际，火花闪烁，那样的时刻从此照耀着人类文明的天空。"

陈春花

著名管理学者

为什么要读《打胜仗》

2020年年底，正和岛希望我在新年论坛上给企业家们讲一课，题目叫"如何打胜仗"，我的理解是想让我鼓励大家在新冠疫情中设法战胜困难。转过年来，我收到了《打胜仗》这本书稿，我认真看了一遍，也进一步理解了正和岛在企业中提倡打胜仗的缘由。

《打胜仗》这本书汇集了田涛、金一南、宫玉振、杨杜、何志毅等专家和老师的文章精粹。这些专家和老师，我大多都熟悉，其中有几位也是我的好朋友。读他们的文章，我不光为他们的观点称好，也倍感亲切。能为他们的书写几句话，是我的责任。

首先要说明的是，这本书的作者大都是研究军事和企业的两栖作家。他们对军事战争和商业竞争的规律进行了归纳和总结，并穿透了其中的界限，提炼出了战场和商场共同的目标，那就是打胜仗。在这些文章中，有对《孙子兵法》的研究，有对美国西点军校的解析，有华为首领任正非的商战之道，内容极其丰富，但始终围绕着一个主题，那就是如何在商场中打胜仗。

关于如何打胜仗，这本书的作者无不认为：打胜仗首先要有必胜的信念；打胜仗要有一个有号召力的领袖；打胜仗要有勇有谋；打胜仗要经得住失败，越挫越勇。

本书花了一定的篇幅介绍华为的崛起和任正非的企业人格。在这方面，田涛、杨杜老师是有发言权的。任正非有军旅生涯，关键是他喜欢学习、研究军事理论和实践，他把军队的严明纪律引入华为，把战争中的战法用于竞争。其实，任正非还是一位学习毛主席"两论"（即《实践论》和《矛盾论》）的标兵，他深谙辩证思考的哲学之道。他不仅有英雄主义气概，还有浓厚的忧患意识，也唯有如此，才能胜不骄、败不馁，才能反败为胜，才能使自己和华为有今天。

其实，我对美国西点军校也很感兴趣，因为从西点军校走出来的杰出企业家比从哈佛大学走出来的还要多。对战略战术的偏好、坚决的执行力、勇敢的拼搏精神，这些军人的特质恰恰是让企业能打胜仗的要素。我曾经计划去西点军校参观学习，但因安排原因没能成行。这本书弥补了这一遗憾，丰富了我对西点军校的认识。

这本书也介绍了《孙子兵法》中关于如何取胜的思想，洪兵老师对《孙子兵法》有独到的研究。《孙子兵法》是一本研究战略性取胜的书，孙子认为战争的最高境界是不战而胜、不战而屈人之兵。西方人讲"从红海到蓝海"，殊不知，我们的老祖宗在约 2500 年前就提出了这种蓝海竞争理论。

由此，我也常想，中国企业家是幸运的——儿时那些耳熟能详的三国、水浒故事，那些博大精深的历史，以及改革开放后对西方的研究，所有这些对于做企业都十分宝贵。洋为中用，古为今用，去粗取精，去伪存真，毛主席当年提倡的学习态度和方法说得多么好啊。

从我做企业 40 年的经验来看，打胜仗是不容易的。百战百胜的企业家几乎没有，在企业发展的过程中也没有强者恒强的道理，因为失败是成功之母，成功也是失败之母。我们常讲胜败乃兵家之常事，不一定每仗必赢，只要赢大于输，总体上打了胜仗就可以了。其实我做企业也一路坎坷，也遇到过生存危机，但从战争中学习战争，从竞争中学习竞争，竟也快速成长，把两家企业带入了世界 500 强。我的理解是，要想打胜仗就必须用心用力到极致，即使如此，也不见得都能全胜和完胜，而粗心大意、三心二意，则必输无疑。企业竞争，九死一生。对企业家来讲，商场如战场，是死生之地，存亡之道，不可不察。

过去一年多的新冠疫情给我们带来的一切还历历在目，中国企业在战胜疫情的过程中作出了重大贡献，我们取得了伟大胜利，但我们也知道，未来还有诸多不确定性。在这个时刻，在战略上藐视和在战术上重视就极为重要，必须树立敢打胜仗的信心，同时也必须有科学的态度，细心做好每一项工作。因为这是一场战争，是一场硬仗，而且在这场战争中我们只能取胜。

我推荐大家读一读这本书。

宋志平
中国上市公司协会会长
中国企业改革与发展研究会会长

|目 录|

—————— 03 ——————

打胜仗的方法

—————— 04 ——————

打胜仗的启示

01

打胜仗的信仰

让打胜仗的思想成为一种管理信仰

——打胜仗的思想、团队与策略

田 涛

华为管理顾问

向军队学习怎样打胜仗

摆在我书桌上的三本书《打胜仗的思想》《打胜仗的团队》和《打胜仗的策略》，我花了三天时间一口气读完了，既疲惫又兴奋。三本书的作者包括一位美军参谋长联席会议前主席、两位美国海军陆战队前军官、一位美国空军前战斗机飞行员、一位思想反叛的学者，以及一位著名的商业记者，后者是接受过美国陆军尖端红队计划（培养批判性思维和对抗群体思维技术的课程）培训的唯一非军方人士，后来他成立了红队思维公司，专门为各类企业提供变革咨询服务。

    在人类的各类组织中,军队与企业在组织方面的共通性最多。军队与企业最本质的相同之处,在于"活下来"和"活得强大"是两者共同的底线追求。与企业相比,死亡对军队和军人而言更真实、更赤裸、更残酷,因此,军队也是最具危机意识和创新力的组织。在信息技术、材料科学、医疗、大气监测等领域,最早的基础研究和技术创新大多源于军事需求,而且军队在创新方面没有投入产出比的硬约束。在管理创新上,军队历来也能因应战争形态、技术革命的变化而率先进行变革。事实上,管理学的诸多理论和管理词汇都源于军事理论和军事词汇。不夸张地说,是美国空军"拯救了"哈佛商学院,第二次世界大战(简称二战)期间,哈佛商学院在很长一段时间内都曾是美国空军的管理培训基地。哈佛商学院也曾经自称是"资本主义的西点军校",在"为资本主义培养经济战士"。[⊖]二战之后,美国空军的十位前军官——著名的"蓝血十杰"用不到十年的时间拯救了身陷危险境地的福特汽车公司,进而在全美企业界掀起了一场管理革命,他们对当代管理学的贡献一点不亚于彼得·德鲁克。[⊜]

    Enterprise 一词可以译成"企业",也可以译成"进取心"或"事业心"。用" Enterprise"给军用舰船命名是欧美海军的传统,叫"企业号"的舰船有几十艘之多,法国有 20 多艘,英国有 10 多艘,但真正用"企业号"为明

  ⊖ 二战后,完全回归商业研究和教学的哈佛商学院,在价值观和案例教学上,出现了显著的变化。尤其是 20 世纪 80 年代以来,哈佛商学院与芝加哥经济学派遥相呼应,在美国企业界大肆鼓吹资本利益最大化、股东利益最大化,鼓吹钱生钱的所谓金融创新的资本主义,商业活动再也不具有崇高性了,仅剩下了赤裸裸的交换。从 20 世纪 80 年代开始,哈佛商学院毕业生的第一选择是去投资银行、私募基金和咨询公司等并不从事直接价值创造的金融或服务业企业,而制造业企业曾经是他们的第一向往。美国今日的社会极化与严重的阶层对立,其根源是华尔街呈指数级扩散的贪婪,而华尔街的畸形膨胀与哈佛商学院有很大关系。哈佛商学院为华尔街输送了源源不绝的"理性人",同时又把他们的"资本买卖"的暴富故事撰写成案例,在美国和全球传播。臭名昭著的安然公司的 CEO 是哈佛商学院的高材生,安然公司也曾经是哈佛商学院案例库中的明星案例。

  ⊜ 见约翰·伯恩《蓝血十杰》。

星舰船命名的是美国海军。美国先后有 8 艘军舰被命名为"企业号",包括两艘航母。《美国海军战斗舰艇词典》对此的解释是:使用 Enterprise 命名是取其"勇敢、活力、精力旺盛以及在实际事务中的创造性"之意。由此可见,企业文化与军队文化在底层逻辑上具有惊人的一致性。

与之相对应的是"企业家"的英文单词"Entrepreneur"的出处。"Entrepreneur"一词是从法语借用过来的,其原意是指"冒险事业的经营者或组织者"。这个词最早出现在 16 世纪的法语中,是指"指挥军事远征的人"。显而易见,企业家与军事领导者所面临的共同挑战永远是"不确定性",这就从根本上决定了他们的角色与使命——经营和管理风险,这也决定了企业家和军事领导者必须拥有一种独特的领导力。

军队是最好的领导力学院。截至 2021 年,在美国的 46 任总统中有过军旅生涯的高达 29 位,在美国 500 强企业的董事长、副董事长和总裁中也有相当比例的人曾经是军人、指挥官、高级将领。企业是军人位居首位的"旋转门",对于这些从枪林弹雨中走出来的战士、从惊涛骇浪中挺过来的"舰艇舵手"来说,投身企业,不过是从一类战场到了另一类战场——商场。商场竞争之惨烈、多变,一点不亚于充满刀光剑影的战场。

联邦快递创始人弗雷德里克·史密斯(Frederick Smith)在给《打胜仗的团队》一书英文版写的推荐序中说:"我们有目的地打造我们的企业文化,每位领导者接手企业后都会进行一次企业文化重建。这样的模式设计源于世界上最精良的领导学院,它就是美国军队。""在美国海军学到的那些领导原则价值千金。""如果你参观过联邦快递的领导力学院,你就必然会发现我们的公司文化里蕴含着美国海军的基因。"《揭开战争迷雾》(*Lifting the Fog of War*)作者之一、美军参谋长联席会议前副主席比尔·欧文斯(Bill Owens)说,"美军是全球最大和最复杂的企业"。

一个值得深思的现象是,美国不少管理咨询公司的创办者、领导力训练专家(也包括许多商学院的领导力研究专家)都曾担任过军队的将领,或是做过军人,抑或是西点军校或其他军事院校的前教官,他们以军事领导力的理论与实战技术熏陶和培训一代又一代企业家,并推动企业进行团队建设和组织变革。几乎可以断言,军事院校,比如中国人民抗日军政大学、黄埔军校和西点军校,才是锻造领袖、领导者的最佳熔炉,而商学院也许更适合培训职业经理人。

同样值得深思的是,也有一些美国企业家"转身"成了军队高级将领,比如福特汽车前总裁罗伯特·麦克纳马拉(Robert McNamara)曾经在 20 世纪 60 年代出任过美国国防部长,2019 年年初时任美国代理国防部长的帕特里克·沙纳汉(Patrick Shanahan)曾经是波音公司负责管理全球供应链的副总裁。

在某种意义上,所有优秀企业(尤其是制造业企业)的基因中都隐含着军队文化的元素,而优良军队的基因中也隐含着企业文化的元素。企业和军队的另一个共同点是:必须不断打胜仗。只有不断打胜仗,才能持续活下去并活得有力量。马丁·登普西(Martin Dempsey)将军在书中倡导:让打胜仗的思想成为一种信仰!我在这句话中加了两个字:让打胜仗的思想成为一种管理信仰。

组织文化变革与打胜仗的思想

人类正在进入一个充满高度不确定性的时代。这个时代的最大特征是数字回声。信息秒速交叉传递,并且在秒速交叉传递中发生扭曲;任何人每时每刻都能够杜撰新故事;用一部手机几乎就能够在任意地方掀起一场全球风暴;真相和假相、虚构和非虚构的边界模糊了。我们曾经坚信"事实是坚不可摧的东西",但在今天,人类即将步入"事实不再可靠"的时代。

"在战场上和商战中真正危险的是，你自以为已经胸有丘壑，但实际上你连自己看见的是什么都没有理解"，这就是当今各类组织尤其是军事组织和企业所面临的严峻挑战。马丁·登普西将军和奥里·布拉夫曼（Ori Brafman）的《打胜仗的思想》一书正是围绕这一命题展开的，书中有大量精彩案例和创新性的观念，对处于迷茫与焦虑中的组织领袖、管理者来说颇具启发性。同样具有启发性的变革类巨著《赋能》（Team of Teams）的作者斯坦利·麦克里斯特尔（Stanley McChrystal）与马丁·登普西一样，也是一位美军四星上将。这绝非出于偶然。从人类几千年的组织演化史来看，军队在每个时代都是变革的先锋，引领了社会和企业的组织变革。在信息技术和互联网席卷一切的新时代，军队的组织变革又一次走到了前锋位置。

组织变革首先是文化变革。企业管理界过去十多年的热门话题之一就是"组织文化"，但无论是管理学著述还是企业家们，对究竟什么是"组织文化"并没有一个很通透的阐述，从定义到外延再到实践，均是如此。《打胜仗的思想》为"组织文化"下了一个简明的定义：所谓组织文化就是"创造一种叙事，一种包容性的叙事"，创作一部富有想象力的"剧本"，构造组织的意识形态。

在企业中，有两种组织文化。一种是封闭性的循环式文化，创造财富—分配财富—创造财富—分配财富……如果组织月复一月、年复一年地如此循环往复，那么当它走到一定阶段时，就会有一群人或一大群人，包括创始人自己，陷入对组织动力和个人动机的迷茫与焦虑之中，这是一种简陋的实用主义及粗鄙的现实主义文化所带来的必然结局。另一种是开放性的线性文化：组织中的"他"和"他们"沿着一条直线奋力奔跑，直线的正前方是使命、理想和目标在牵引，直线的后方是一套基于人性、偏于激进的激励机制在推动，这样的组织和组织内的个体与群体，怎么可能不激情澎湃地、一个接一个地打胜仗呢?

然而,这仍然是一种工业时代的组织文化,它的前提是在组织中有一个先知般的领袖和一大群"无脑"的、服从型的小人物("螺丝钉")。创造叙事、编剧是少数人的天然权力,其他人只能在"万物秩序"的因果链上唯命是从。但是,时代变了,而且是从根基上变了,我们正在从数百年来的十进位时代不可逆地跨入"二进位时代"(计算机+互联网+大数据时代),人类传统的思维模式、文化形态和组织逻辑都将前所未有地被颠覆。

马丁·登普西和奥里·布拉夫曼开出的变革药方是:创造一个绝对包容的新型组织文化。具体包括以下几个方面。

——大家一起"讲故事"。组织应致力于上上下下共同构造使命、创造愿景、共创语境,要让组织中的绝大多数人打心眼儿里认为,我们正在完成的正是我们一起出发要去完成的事业;要让人人都有归属感,一起带着成功与失败的回忆走向未来。

——赋能组织中的每个细胞,同时赋予最基层的作战单元最大、最多的决定权,从"我们决策,他们执行"的领导力模型向"我们定方向,他们决策"的新模型大幅转变。"最好的主意并不经常来自组织的高层,往往是前线团队成员有着最具创意的解决方案,正是这些方案最后救了我们。""领导者所需要的最重要的信息,常常来自组织的最前沿,而不是来自中心。"

——最大限度地放弃控制,敞开胸怀拥抱权力的变化,让权力从我们的指缝流向组织底层更有能力、更有饥饿感和更有成就意愿的人手中。

——秒速行动,培养上上下下对行动的偏好,让更好的行动更快产生,避免行动滞缓和瘫痪。

——营造普遍信任的组织文化。

——构建"蜘蛛网型组织+海星型组织"的新组织变种。

　　一个重塑人类组织史的巨大力量正在隐隐形成。它发端于军事组织（准确地说是美军）和企业组织（以美国企业为主）之中。

打胜仗的团队和打胜仗的策略

　　"打胜仗的思想"必须建构于"打胜仗的团队"之上。具有什么样精神的团队代表着"二进位时代"的优秀团队？依据《打胜仗的团队》一书的定义就是：敢于创变。具体而言，就是个人和团队都要勇于迎接变化，超越自我并创造新的自我，不断释放自己的"将星"才能。

　　美军的传统名言是：要么带头，要么跟上，要么躲开！而创变型团队总是大胆地说：这个我来负责！这个我来领导！虽然这很难，但我们可以搞定！这两者都折射出一个强大组织的内在灵魂与外在气质，但前者是命令式的、居高临下的、压迫式的，后者则是自发的、自主的、自觉的。这两种组织文化对一个优秀的组织来说都无比重要，但我们也必须意识到，小人物携手"众创"奇迹、共同缔造历史正在成为一种常态，无论是在军事组织中还是在商业组织中，这样的现象随时随地都在发生，并将在某个层面上颠覆我们对传统领导力的认知。

　　首先，创变型团队成员的领导力与职务和角色无关，支撑它的是勇气、意志和至高无上的奉献精神。其次，它的深层次内涵是：让每个人为自己负责，为依靠他的人和他所在的组织负责，为同一个组织的同一个目标负责。团队中的每个人相互之间依然是"袍泽兄弟"，但每一位兄弟既是并肩作战的战士，同时也互为领导者，所以都必须拥有健全的人格——价值观与行动力协调一致；拥有可信度和责任感；拥有宽阔的眼界和饱满的自信心；拥有热忱如一的服务精神，同时能够始终如一地表达自己。可以说，服务精神是当代领导力的基础。

　　打胜仗的团队必须有一套锋利如刃的策略，这就是布赖斯·霍夫曼

（Bryce Hoffman）在《打胜仗的策略》中系统阐述的"红队策略"。霍夫曼堪称卓越的"红队思想家"，他关于红队策略的理念、原则、方法与训练技巧则主要源自美国陆军的尖端红队计划。美国是一个始终具有忧患意识和自我批判传统的国家，但从 1989 年 11 月 9 日柏林墙被拆除的那一刻开始，它便步入了长达 10 年左右的"上帝之国"的幻觉时代，标志之一是时评型学者弗朗西斯·福山（Francis Fukuyama）的成名作《历史的终结与最后一人》的横空出世；标志之二是众多物理学家、数学家、火箭科学家等纷纷加盟基金公司和投行，使得华尔街的资本赌博游戏指数级地扩张甚至泛滥，进而在左右美国经济金融化、虚拟化走向的同时，助长了全球经济的金融化、泡沫化，美国精英阶层普遍认为，享受"和平红利"的时代降临了。㊀

然而，"双子座大厦的废墟让美军重建批判性思维"，这就是美国陆军尖端红队计划诞生的起因。"9·11"事件带给美军的冷峻警示是：战争没有沉没成本！打败仗的代价、遭遇失败的代价从来都是摆在眼前的，而打胜仗的代价则是自满自大。"自满自大是人性的一部分，群体思维也是人性的一部分"，人们很容易陶醉于一次或几次胜利之中而忘乎所以，也很容易在大众的非理性盲从中失去判断力。"红队策略"就是针对人性和组织的常见缺陷而设计的一种"唱反调文化""唱反调机制"和"唱反调技术"。

必须承认，在组织中构建"红队策略"是一个相当困难的领导力工程，但缺失了这样的策略，组织必将付出沉重的代价。以色列边防军有一个"第十个人原则"：如果前面的九个人在认知上高度一致，那么第十个人就必须担当起"挑错者""反对者"，甚至"破坏者"和"颠覆者"的责任。亚马逊公司有铁律般的文化："你唯一可以做的，就是把所有东西推翻，从零开

㊀ 见埃里克·拜因霍克《财富的起源》。

始！""我们让某些人扮演魔鬼辩护人的角色，他们负责问所有真正难以回答的问题，他们的工作就是在我们完成的工作中挑毛病。""这就是我们自始至终所做的。"但可惜的是，拥有这样 DNA 的企业并不多，拥有这种禀赋的企业领导者则更是凤毛麟角。

华为：一个向中外军队学习如何打胜仗的企业范例

打胜仗的组织都是相似的，失败的组织各有各的根因。华为，一家诞生于中国的民营企业，几乎是从零起步，30 年后成为全球信息技术行业的领先者之一。使华为快速崛起的因素有很多，包括它的理念创新、制度创新、技术与产品创新等，但不容忽视的最重要的一点，就是它有一支敢作战、能作战、善作战的商业军团，30 多年来，一路披荆斩棘，一路打败仗与打胜仗，但打胜仗的次数远远多于打败仗的次数，并且即使打了败仗也绝不气馁。"从泥坑中爬出来的人就是圣人"，华为创始人任正非经常用类似的语言激励他的追随者。

乐观主义是华为的引擎，开放是华为的灵魂，向世界上一切最先进的组织削足适履式地学习，是华为追赶和超越竞争对手的核心密码。IBM 等西方咨询公司"教会了华为怎么爬树"，而向中外军队学管理，在很大程度上塑造了华为的英雄主义组织气质，尤其是对标军队组织（比如西点军校，西点军校的管理方法和教育方式一直对华为的组织建设影响很深），进行组织文化与组织体制的一系列变革，使得华为在成长为一个有一定历史的大组织之后，依然葆有强悍的战斗力和强大的凝聚力。美国许多伟大的公司，比如福特汽车、联邦快递等，也都从军队组织中汲取了丰富的管理营养，"你不会成为美军，但一定需要强悍如美军的团队"。

华为的阶段性成功，也是其企业文化的胜利。使命、愿景和价值观是华为 20 万知识劳动者的精神旗帜，而这样的"形而上"也总能转化为一种从上到下的强大行动力和执行力，这既是华为的"类军队"特质之一，也是东西方诸多成功企业的核心特质之一，本人在《理念·制度·人》一书中对此有系统阐述，不再赘言。在这里，我想侧重介绍一下华为的自我批判文化和组织变革。

自我批判是一种文化自洁机制，也是一种制度化的纠偏机制。它从华为创立至今，一直通过多种多样的方式发挥着巨大作用，包括管理层从上到下长期坚持的民主生活会、华为全员参与的"罗马广场"心声社区、蓝军参谋部等。在某种意义上，这些都代表着一家企业在新技术时代所进行的广泛而深刻的"企业民主治理实验"。事实上，自我批判正在内化为华为管理者和大多数员工的"蓝军思维"（美军称之为"红队思维"）、"蓝军策略"（美军称之为"红队策略"）和"蓝军行动"。换个角度看心声社区，也可以称之为华为的"红蓝军靶场"，公司几乎所有重大决策、决定、高管（包括任正非）的讲话、高中层管理者的某些管理动作和行为作风等，都会被置于20万人的舆论监督之中，被抨击或赞扬，被否定或肯定，而它的掌舵人任正非则直言：表扬华为的我不看，我只看骂华为的……事实上，华为集团层面的"蓝军参谋部"的唯一职能就是"唱反调"，这几年，蓝军参谋部向公司高层输出了一批高质量的"唱反调"报告。

心存畏惧，则会保持警觉，并不断进行自我革命。正如布赖斯·霍夫曼所言：使用红队策略赢得一切竞争。换成华为的表达：运用自我批判（蓝军策略）赢得持续成功。

马丁·登普西在秘密视察位于阿富汗崇山峻岭间的一个美军前沿阵地时，一位上尉军官向这位陆军上将推荐了一本书——《海星与蜘蛛》（*The Starfish and the Spider*），并且解释说："如果砍掉蜘蛛的头，蜘蛛就会死。如果砍掉海星的管足，它会长回来。""与海星的搏斗越剧烈，它就会越分散，从而也就变得越具弹性和适应性。"这位上尉的话给了登普西很大启发，登普西不但研读了这本书，而且与这本书的作者奥里·布拉夫曼合作进行研究，《打胜仗的思想》一书就是他们的研究成果。

无独有偶，从 2009 年开始，华为以简化管理为核心的组织变革也是在同一个思想维度上展开的：让听得见炮声的人指挥炮火；眼睛对着客户，屁股对着老板；一切为了前线，一切为了胜利；做强子弹头……尤其是合同在代表处审结的变革试点，其观念、操作方式与美军在信息技术背景下的组织变革有诸多相似之处：中心化的权力正在导致我们的世界变得更危险；领导者的专长在于定方向和定战略，而不是控制和告知；决策速度、执行速度和应变速度决定成败；向下充分放权，赋能并赋权于基层的每个细胞……

任正非这两年经常讲到"八爪鱼"。八爪鱼与海星在生物机理上非常相像。看得出来，华为今天和未来的变革方向，是谋求创造一种蜘蛛网与八爪鱼相融合的新组织变种。这将是战胜大企业病的一种激进尝试，而登普西将军的《打胜仗的思想》也许能够对包括华为在内的许多大企业带来启迪。

阅读建议

领导者、管理者在阅读《打胜仗》这本书时，应该反思和讨论以下问题：

我们如何保持团队中的每个人对打胜仗的饥渴？

我们如何保持每个组织单元对打胜仗的信念？

我们如何让团队始终保持精悍、灵活、快速反应？

我们如何保持整个组织对打胜仗的激情？

我们如何战胜许多大公司的自满诅咒症？

我们如何能够在每一次无路可退时蹚出一条胜利之路？

……

（本文是作者为"打胜仗"系列丛书所写的总序，此次做了较大补充和修改）

金
句

● 企业家与军事领导者所面临的共同挑战永远是
  "不确定性"，这就从根本上决定了他们的角色与
  使命——经营和管理风险，这也决定了企业家与
  军事领导者必须拥有一种独特的领导力。

● 在某种意义上，所有优秀企业（尤其是制造业企
  业）的基因中都隐含着军队文化的元素，而优良军
  队的基因中也隐含着企业文化的元素。企业和军
  队的另一个共同点是：必须不断打胜仗。只有不
  断打胜仗，才能持续活下去并活得有力量。

● 使华为快速崛起的因素有很多，包括它的理念创
  新、制度创新、技术与产品创新等，但不容忽视
  的最重要的一点，就是它有一支敢作战、能作战、
  善作战的商业军团，30多年来，一路披荆斩棘，
  一路打败仗与打胜仗，但打胜仗的次数远远多于
  打败仗的次数，并且即使打了败仗也绝不气馁。

● 乐观主义是华为的引擎，开放是华为的灵魂，向
  世界上一切最先进的组织削足适履式地学习，是
  华为追赶和超越竞争对手的核心密码。

参考文献

[1] 马丁·登普西，奥里·布拉夫曼.打胜仗的思想 [M].北京：中国纺织出版社有限公司，2020.

[2] 安吉·摩根，考特尼·林奇，肖恩·林奇.打胜仗的团队 [M].北京：台海出版社，2020.

[3] 布赖斯·霍夫曼.打胜仗的策略 [M].天津：天津科学技术出版社，2020.

[4] 约翰·伯恩.蓝血十杰 [M].海口：海南出版社，2014.

[5] 比尔·欧文斯，爱德华·奥佛利，詹姆斯·R.布莱克.揭开战争迷雾 [M].北京：解放军出版社，2009.

[6] 斯坦利·麦克里斯特尔，坦吐姆·科林斯，戴维·西尔弗曼，等.赋能 [M].北京：中信出版社，2017.

[7] 达夫·麦克唐纳.哈佛风云录 [M].北京：新世界出版社，2019.

[8] 埃里克·拜因霍克.财富的起源 [M].杭州：浙江人民出版社，2019.

[9] 田涛.华为采访实录 [M].北京：中信出版社，2021.

选择·相信·行动·打胜仗

田　涛

华为管理顾问

组织的扩张性取决于其内部特征

为什么有些企业具有很强的扩张力，有些企业却总是温吞吞的？为什么同一家企业此一阶段高歌猛进，彼一时期急剧收缩，甚至断崖式地衰亡？为什么组织的集体行动能力会因环境而异，会因领导者的更替而异？还有，"帝国"是如何崛起的？为何"帝国"迟早会衰落？

种种疑问，说到底，是一个组织动力学问题。组织的扩张性与组织的兴亡在根本上取决于其内部特征，即它的文化驱动力和制度驱动机制。我们也可以用一个"四力循环"来表达这种动力学：选择—相信—行动—打胜仗。选择：张三加盟苹果，李四入职华为，是张三与李四的职业选择。张三为什么入职苹果，李四为何加盟华为？是因为张三选择了相信苹果，相信苹果这样的"帝国"永不倒，至少在看得见的未来不会倒，而李四当然也相信任正非不会把华为带到火坑里去，他相信跟着任正非会一路打胜仗，个人既能获得优厚的物质待遇，也能获得成就感，同时还能在"枪林弹雨"中"潇洒走一回"，过把和平年代的英雄瘾！这又涉及四力循环的第三步和第四步：行动和打胜仗。相信了就得去行动，行动的目的是打胜仗。

持续地选择，持续地相信，持续地行动，持续地打胜仗，这样一个线性的螺旋式循环，就构成了一个成功组织的动力机制——"四力循环"。"四力循环"可以锻造组织中的个体与群体的战斗力、凝聚力、扩张力。

企业家精神的本质：与众不同和让追随者认同

既然说构造卓越组织的动力四要素是"选择、相信、行动、打胜仗"，那么这就必然涉及一个根本：选择的源头。员工选择苹果或华为，本质上是对企业家的选择。企业与军队最惊人的一个相似之处是，每支部队和每家企业都打上了指挥官或创始人的深刻烙印，有什么样的将帅就有什么样的兵，李云龙[⊖]带出的兵既充满了英雄气也多少有点"匪性"，华为从上到下的管理者包括大多数的员工也都有那么一点儿唐吉诃德的妄想劲儿、拼搏劲儿、韧劲儿，因为他们的领军人物任正非就是一位明知不可为而为之，并且率领十几万人将"不可为"变成了一个个胜利的 21 世纪的东方唐吉诃德。华为的一位高管颇为感慨地说道："从 0 到 1，只有极少数人才能够做到。任老板在前面蹚出了 1，十几万华为人在 1 后面添加了无数个 0，这才有华为今天的成就。"

　⊖　李云龙与后文中提到的赵刚，是电视剧《亮剑》中的两位主角。《亮剑》是任正非推荐给华为管理层观看的管理辅助教材，华为市场体系中的许多高管深受李云龙或赵刚领导风格的影响。

不确定性，是企业管理活动中一个复杂且迷人的现象，也是决定企业家行为的基本因素。在某种意义上，企业家就是在充满不确定性的世界中寻求确定的 1，并把它传达给这个混沌世界中的一群选择相信 1 的人。因此，企业家精神的第一本质就是：与众不同。与众不同的判断力、与众不同的警觉和与众不同的行动力。企业家认为他是正确的，而其他人怀疑他的判断，甚至认为他是错的；企业家既能超前顿悟到机会，也能超前感知到风险；企业家愿意为 60% 的机会付出努力，也愿意为 30% 的机会和 70% 的风险付出代价。

埃隆·马斯克为什么伟大？因为他总是在无人区电闪雷鸣般地形成判断，总是无比狂热地"摁住"一个接一个充满巨大"不可能性"的机会，总是能够在隧洞中或星空中抛出筹码并投入全部资源奋力一搏。他总是获得巨大的成功，这说明他赌对了；他也许终有一日会出现巨大的失败，甚至满盘皆输，但他在闪耀的人类群星中，一定是最亮的星之一。

大约 6 万年前，人类的先祖从非洲开始远足，他们是冒险家，前所未有的冒险家。如果说企业家的判断力、警觉、行动力代表着真正的企业家精神，而且企业家精神的第一本质是与众不同的话，那么大约 6 万年前第一批被迫或主动（或被迫与主动兼而有之）向地球上每一个角落坚韧不拔地扩散的原始人类，就是最伟大的企业家精神的化身，他们中的领袖和少数智者，就是迄今为止最伟大的企业家。《唐吉诃德》出版于 17 世纪初，但唐吉诃德精神（开放、妄想、进取、征服、坚韧与浪漫）却发端于大约 6 万年前，乔布斯、马斯克、任正非这些少数人不过是唐吉诃德基因的继承者罢了。

企业家是创建自己企业的人

企业家是专业的冒险家。正如约瑟夫·熊彼特所言：企业家是刺激和发动其他一切事情的中枢。我们所说的企业家或创新者就是这样一类特殊的人，他们四处寻找艰难和挑战，为了改变而寻求改变；他们敢于冒险，乐此不疲。

企业家一词的英文 Entrepreneur 最早是从法语借用过来的，原意是指"冒险事业的经营者或组织者"，在 16 世纪的法语中是指"指挥军事远征的人"。哥伦布⊖是冒险家，达·伽马⊜是冒险家，意大利航海家卡博托⊜是冒险家，他们发现新大陆并开启了欧洲的扩张时代，也从而煽动了"欧洲越来越多的财富猎手不仅在自己的国家赚钱，而且特别渴望去闯荡世界，开拓新市场"，因此他们当然是最纯正和最卓越的企业家。这三位冒险精神十足的企业家，也都被本国国王授予上将军衔。哲学家孟德斯鸠评论说："立下功劳的是冒险家，而不是伟大帝国的君主。"

然而，驱动企业家面对不确定性进行冒险的动机究竟是什么？除了我在《我们为什么要做企业家》一书中所论述的那种神秘的、只可意会不可言传的"生命中不可承受之轻"——那种特别的使命意识，以及熊彼特所定义的"为了改变而寻求改变"之外，还有至关重要和不容回避的一点：所有权。哥伦布和麦哲伦®等将生死置之度外的冒险家，无不是拥有所有权的企业家，"所有权是企业家的风险质押品"，企业家是"依据所有权来定义的特殊人群"®，这也就是说，企业家是创建自己企业的人。只有所有权的全部或部分为自己所拥有，企业家才能够、才敢于用自己的部分身家或全部身家去赌企

⊖ 克里斯托弗·哥伦布（约 1451—1506），意大利航海家，曾四次率船队横渡大西洋，到达美洲，开辟了通往美洲的新航路。

⊜ 瓦斯科·达·伽马（约 1469 — 1524），葡萄牙航海家、探险家，是从好望角到印度航海路线的开拓者。

⊜ 乔瓦尼·卡博托（1455 — 1499），意大利航海家，1497 年受雇于英王亨利七世航行到今天的加拿大，是 1003 年后第一个登上北美大陆的欧洲人。

④ 斐迪南德·麦哲伦（约 1480 — 1521），葡萄牙航海家，1519～1521 年率领船队环球航行，因在环球航行途中干涉菲律宾岛民内争，被当地居民所杀。船队中的"维多利亚"号于 1522 年 9 月返回西班牙，完成了人类首次环球航行，从而证实地圆说。

⑤ 本文关于企业家与所有权、与企业家精神的论述受到《企业家的企业理论》一书的启发。

业的未来，也才能够让追随者们选择相信企业家。

为什么世界范围内的商业科技创新大多出现于私营企业？根本上在于私营企业家是自己命运、自身企业命运的"建筑师"，是自己说了算的胜利成果的拥有者、分配者，及失败的最终承担者。任正非在华为仅有 0.86% 的股权，但他是华为的创始人，华为是他倾尽全部心血设计和打造的"物化建筑"和"精神建筑"。几年前，华为一位高管说：虽然华为是有限责任公司，老板承担的却是无限责任。

"会讲故事的人统治世界"

华为是一个有 20 万人的超大型组织，是一个由不同文化和不同种族、不同教育经历和不同家庭背景、不同肤色和不同性别、不同年龄和不同身份的以中高级知识分子为主体构成的超大型知识劳动者群体。它的员工遍布全球 170 个以上国家和地区，他们大多没见过面，并且可能永远不会见面，但他们却能够聚焦一个共同的目标，以个体和群体的长期共同奋斗使华为从一个卑微的"丑小鸭"变成了世界级舞台上的"白天鹅"。这背后的奥秘，除了一张由组织结构、文化、规范、契约和激励机制、惩罚机制所组成的网络之外，至为关键的一点就是：讲故事。

我们说企业家精神的第一本质是与众不同，而它的递延本质则是：让追随者认同。卓越的科学家和艺术家、作家等个体创造者的本质追求同样是"与众不同"，但他们却不必刻意谋求让他人认同。组织领袖则不同，企业家则不同，他们必须拥有一种特别的潜质：吸引追随者并引领和组织更多的追随者去创造价值，实现扩张最大化。企业家构建组织的过程，就是将他的原创判断、冒险精神赋予上上下下的一群"代理企业家"的过程。组织中拥有企业家精神的人越多，勇于创新和敢于冒险的人越多，组织的战斗力与凝聚力就越强。

讲故事是达成"追随者认同"的魔力棒。达尔文说:"人脑是一座坚固的要塞,直接攻击是无法突破的。"柏拉图说:"会讲故事的人统治世界。"卓越的组织领袖无不是故事家。哥伦布是一位天才的幻想家和传播家,"他总是固执地相信自己愿意相信的事情",并把他想象中的"用手就能挖到黄金的黄金国"的故事传播给上自国王下至三教九流的人,既吸引了国王这样的"风险投资家",又吸引了无数冒险者纷至沓来,与他一起去征服"黄金国"。一个叫巴尔沃亚[⊖]的探险家,效仿哥伦布、麦哲伦等,渲染几乎同样的黄金故事,集合了一群亡命的冒险者,成为第一个发现太平洋的欧洲人;一个叫布鲁斯特[⊖]的清教徒率领100多位英国清教徒移民远渡大西洋,登上美洲新大陆,编织了《五月花号公约》的故事,最终创建了新的家园。

上帝与黄金、天国与欲望、精神与物质这样的"鸡尾酒"故事是造就西班牙帝国、葡萄牙帝国、大英帝国以及美帝国神话的老套的、不变的主旋律。

然而,在我的认知中,西方世界或者说西方基督教世界最伟大的故事家是《圣经》中的摩西,他创造了《创世记》这样的伟大故事(基督徒认为,摩西是《创世纪》的作者),并用这样的伟大故事锻造出了一支完全被信念支配的敢打仗、能打仗、打胜仗的全民皆兵的以色列军,在长达40年的时间里,在旷野中一边流浪一边打仗,最终抵达流着奶和蜜的迦南美地。3000多年后的以色列国,依然是全民皆兵。

同样,在我的认知中,中国最伟大的故事家是2500年前的孔子,记录孔子及其弟子言行的《论语》影响了百代中国社会和中国人。

⊖ 巴尔沃亚(1475—1519),西班牙探险家,第一个发现太平洋的人。
⊖ 威廉·布鲁斯特(1567—1644),英国新教长老,1620年9月率领一批清教徒移民乘五月花号驶往北美殖民地,同年12月抵达美国马萨诸塞州的普利茅斯。

那些年，任正非讲过的故事

组织起始于故事：我们是谁，我们在哪里，我们去哪里。

中国商业史上，恐怕最会讲故事、圆故事的企业家是任正非。

23 年前，曾经提前参加高考进入浙江大学电机系的博士生徐恩启，华为在校招时录取了他。但是由于他有些犹豫，华为负责招聘的人放弃了他。后来他又想进华为，就给任正非写了封信，大意是：我被录取了，但他们又不让我去，可是我又非常想跟华为携手合作，让中国人也能昂首挺胸地在世界科技强国中占有很大的一席之地。韩国三星做得这么辉煌，为什么华为不能？我看了《华为基本法》，也看到了华为的蒸蒸日上，我希望能加入华为，给我们未来的这种希望增加一份力量。任正非在回信中写道："这是我们共同的梦想，我高兴地通知你成为华为的一员，让我们为了共同的梦想一起奋斗。"⊖ 23 年过去了，有一天，徐恩启电话告知我，他刚刚从华为退休。

《华为基本法》，是华为第一次系统地对内对外传播的华为故事：我们是谁，我们从哪儿来，我们去哪里，谁是故事的主角，谁是配角。正是《华为基本法》这个故事脚本，在 20 世纪 90 年代末，吸引了一大批热血青年加盟华为，用 20 多年的时间共同缔造了华为的世界领先地位。

30 年前的某个晚上，任正非去研发办公室，把正在加班的几十位 20 出头的工程师吆喝到一起，重重地拍着一位年轻人的肩膀大声说："你们今天做的事情比贝尔实验室做的还要伟大！"这些刚从学校毕业不久的年轻大学生相信吗？当然不信。他们清楚，那个年代的贝尔实验室就像今日的硅谷，是美国的国家科技心脏。他们激动吗？当然激动，"就像打了一针鸡血，吹完牛接着加班"。任正非信吗？信，也不信。他曾经在参观贝尔实验室时热

⊖ 引自本人对徐恩启的访谈整理稿。

泪盈眶，因为这个让他敬仰的世界级科技殿堂，每天会发明3～5项专利。但正如所有梦想家一样，他"总是固执地相信自己愿意相信的事情"。30年后，贝尔实验室辉煌不再，华为则每天发明10多项专利，而那些曾经不信但激动过的年轻人，30年后大多成为华为这个世界500强企业的科学家、技术专家、高层管理者。

27年前的某个中午，百十号华为员工在公司食堂就餐，任正非突然从厨房里冲了出来，围着围裙，举着锅铲，声音有点嘶哑地喊道："20年后，世界通信行业三分天下，华为有其一！"员工先是一愣，接着齐刷刷地鼓掌欢呼。我询问过在场的老员工，当时大家什么反应？他回答说，大家都很激动，过后调侃说"老板脑子今天出问题了"。2012年，华为的销售额正好占全球市场约1/3，行业排名第二，几年后稳居世界第一。

30年前，"四大皆无"（无资本、无技术、无人才、无背景）的华为创始人任正非为他的追随者们画了一块"钱饼"：你们将来买房子，房子大小不重要，阳台一定要大。你们赚了太多的钱，放在麻袋中会发霉，星期日拿个耙子，在阳台上晒钱。许多老员工都对任正非的"晒钱论"印象深刻，但岂不知，华为在创业早期的头15年左右，经常"吃了这顿还不知道有没有下一顿"。乐观主义是华为的引擎，而乐观主义的背后则是创始领袖粗糙的神经，和近乎患了妄想症似的一个接一个的"故事"（任正非在华为30多年讲过的诸多故事具有很强的设计感和连续性）。

30多年，任正非在华为讲了许多很夸张的故事，每个发展阶段（大致每10年为一个阶段）都有几个经典故事，这些经典故事都有好的结尾。比如，那些听过"晒钱论"并持续在华为奋斗的员工，几十年后拥有的岂止是有大阳台的住宅？岂止是几麻袋的票子？

"向使当初身便死，一生真伪复谁知。"任正非曾经对白居易的这两句关于命运的诗颇为感慨。

敢做梦敢打仗：“吹过的牛都实现了，就叫理想”

为什么塞万提斯笔下会冒出唐吉诃德？为什么鲁迅笔下会冒出阿Q？我们的文化中少了些唐吉诃德式的“向前向前向前”的冲锋意识，多了些阿Q式的“精神胜利法”。阿Q一生都活在内卷中，活在追求而不可得，而投降和放弃的自我和解中，“自我安慰”哲学使得我们的组织和个体基因中少了一些理想，少了一些冒险与扩张精神，少了一些乐观主义精神。

华为的董监高、各体系的高管以及一些中基层管理者，在华为这个几十年来总是激情澎湃、活力四射的大熔炉中，似乎都有点模式化了，如果近距离观察他们中的多数人，你会发现他们的言谈与做派大都打上了“任正非烙印”：善于讲故事，而且是宏大叙事；一连串的军事术语；行事果断甚至有点专断。他们是大大小小的故事家，也是敢于决策和勇于亮剑的行动派。他们是华为大大小小的唐吉诃德——特别敢做梦，也特别敢作战。与唐吉诃德的区别是，他们在华为的10多年、20多年，无一人不是通过在不同的“上甘岭”上打硬仗、打胜仗而一步步跃升起来的（华为长期坚持的干部晋升标准是：宰相起于州郡，猛将发于卒伍），虽然他们几乎每个人都打过败仗，被贬过职，但打胜仗的概率高于打败仗的，所以才成长为华为的李云龙与赵刚。

彭中阳，29岁加入华为，在国内技术支援部门干了半年就被派到了俄罗斯，在俄罗斯干了13个月，又被派到也门，一个人在一个有1700万人口却拥有6000万支枪的动荡国家做客服和开拓市场。华为早期的全球化是一种“撒豆子战略”，一个国家一颗“豆子”，甚至一颗“豆子”管几个国家。彭中阳就是其中的一颗“豆子”，这颗“豆子”不仅发了芽生了根，而且开了一片花结了一堆果，因此他便被快速晋升。整整12年，从小国代表到大国代表，从国家代表到地区部总裁，经历过战乱中的坚守，经历过室内经常停水停电、室外高温50多摄氏度酷热和蚊虫叮咬的艰苦，经历过客户的无数次冷遇和团队能力的欠缺。他从任正非那里学到了一招：把目标定得高高的，用大格局牵引队伍，"在打仗中学习打仗，一年打成一两个大项目，队伍就带出来了"。他也在带团队做大项目的过程中创造了一种作战模式：一个客户经理、一个产品经理和一个交付经理，三个人同时负责一个客户群，并把整个代表处从上到下建成一个三三制组织，很快提升了工作效率和作战业绩。任正非在访问北非时对彭中阳说：这不就是美军的铁三角嘛！

铁三角后来很快成为华为市场部门组织变革的方向之一。彭中阳也快步升职为华为董事、中国区总裁，继而成为总干部部总裁，现任华为董事、EBG（企业网）总裁。⊖

坐而论道，起而奋斗；一边吹牛，一边战斗。"吹过的牛都实现了，就叫理想。"善于"吹牛"的华为常务董事余承东如是说。而把"吹牛"化为组织理想的华为员工也都实现了个人的理想。"流泪撒种的必欢呼收割"。

组织的起点到终点：因信而聚，因信奋斗

华为几十年的管理演化总是伴随着折腾。在一片混沌和喧闹中，华为自成体系的管理理论渐渐形成。任正非的特点是善于运用拿来主义"制造"故事，善于自我爆发与自我激励，善于影响和组织他人。但他的管理思想归根结底是遵从人性，先有了对人性的深刻理解，再"设计"和"制造"故事、"制造"理论。

我们了解人类的本性吗？我们有多少企业家谙熟人的本性？

管理从相信开始。组织管理的起点和终点始终是：因信而聚。组织中的每个成员随时面临的挑战是，必须做选择：信，还是不信？有些人终其一生

⊖ 引自本人对彭中阳的访谈整理稿。

困在怀疑和抱怨的沼泽中，注定一生"在旷野中流浪"而一事无成。小脑发达的聪明人普遍的问题是怀疑，是抱怨，所以推动人类进化、组织进化的永远是少数偏执的"疯子"和一群甚至一大群的"傻子"。27 年前，有一位自认"傻乎乎"的女孩进入华为。她后来回忆说，第一次见到任正非时，"老板对我们这些傻乎乎的年轻人说，你们要对客户好。对客户好，华为就好。华为好，你们就好。""因为傻，我们相信了。"⊖ 27 年后，这位叫何庭波的人已是华为董事兼 2012 实验室总裁，是业界有影响力的科学家。

岂止何庭波，还有郭平、徐直军、胡厚崑、梁华、余承东等一批"傻子"。他们在"信，还是不信"的选择题中选择了相信任正非，进而滚雪球般地在几十年间将十几万"聪明的傻子"席卷进了追随任正非的洪流中。人生的选择无比重要，一个选择可以改变一切，选择反映了我们的品格。

选择更考验领袖的品格。我们说卓越的组织领袖无一不是故事家，这背后潜藏着更为丰富的内涵。首先，你讲的故事你信否？这些年，中国商界冒出了许多"大神"级的故事家，互联网和资本市场每年都会流传几个暴富神话，同时每年都会有明星商人和明星企业家从神坛上跌落。细察之，他们大多有一个品格上的硬伤，就是故事是说给员工听的，是说给投资人和股民听的，而他们自己却是"风动我不动"的姜太公：愿者上钩，大鱼小鱼一网捕尽。唐吉诃德是位失败的故事家，但他百分之百地相信他头脑中的幻象，所以他是伟大的悲剧英雄。乔布斯制造了一个有缺痕的唯美故事，因此乔布斯把苹果公司变成了"宗教"，全世界有数亿人是"苹果教"虔诚的"门徒"，乔布斯本人则是最虔诚的"苹果教主"。

其次，你乐意为你所讲的故事第一个跳入龙潭虎穴吗？"旷野是考验人心的地方"，更是考验领袖的地方。若领头羊像狮子一样冲锋在前，群羊也

⊖　引自本人对何庭波的访谈整理稿。

会变成狮子，更何况群狮呢？

组织管理的起点和终点是：因信而聚。因信而聚的目的是：因信奋斗。因信而聚和因信奋斗的基础是领导者、管理者的信念与行动。

还有，你愿意为你所讲的故事奉献吗？你画了一个大大的饼，引来了无数英雄尽折腰，大家一起打仗，打胜仗，打造出一块超大的馅饼（比如百亿千亿市值），结果老大搂了一大半，成千上万的追随者分小头、分饼渣，那么还有几人会再度选择相信故事、选择冲锋陷阵？

"为什么四野的队伍这么彪悍？是因为他们跟着林彪一直打胜仗。"（任正非语）一支总是打败仗的军队，它的指挥官绝无可能获得将士们的信任和拥戴。同样，一个总是打败仗、年复一年低增长或者无增长甚至负增长的商业组织怎么会能臣猛将如云、天下人才咸集？有人曾问我：任正非在华为股权比例那么低，为什么十几万知识分子愿意听他的号令？我以此问题问询于华为的一位高管，对方说，跟着老板打胜仗呗！

几十年来，任正非统驭的华为打了许多仗，市场仗、研发仗……虽然也打过败仗，但打胜仗的次数远远多于打败仗的次数，并且没有过大的败仗和全局性的败仗。

最后，至关重要的一点是：故事要架构在制度的基础上。在一个充斥着背叛者和怀疑者的新自由主义时代，人们以挣脱外在秩序和内在良知为时尚，传统组织的人际纽带正遭遇巨大的挑战。由"桃园结义"的忠义情怀支配的熟人文化，既不能吸引大批陌生的一流的英雄或枭雄加盟，也难以让"熟人网络"长期保持足够的凝聚力和战斗力。唯一的选择只能是：契约神圣。

打胜仗的故事驱动持续打胜仗

"许多国家的节日是为了庆祝战争的胜利"，历史用 99% 的篇幅奖赏胜利者、成功者，而失败者的故事仅仅是宏大历史的注脚而已。不管我们厌恶还是拒绝（我打心底无比厌恶），但事实是，人类的历史都充满了势利哲学，所以对埃隆·马斯克来说，在一片讥讽和怀疑的声浪中，他只能选择：打仗，打胜仗，让一个个打胜仗的奇迹向势利的投资者、势利的媒体、势利的大众和势利的世界证明他是伟大的英雄和征服者，而不是谎言家。马斯克无比夸张地说：登陆火星不是一个备用计划，而是说我们想要成为一个多星球物种，打造太空文明，最终让生命的足迹遍布整个太阳系，然后超越我们所在的太阳系，到达其他恒星系。

1989 年，华为还在倒买倒卖交换机，联想还在倒买倒卖计算机，张瑞敏用铁锤怒砸电冰箱的事也没过去几年，牟其中却用中国的鞋袜等轻工业品从苏联换回了 4 架图 -154 民航机。他打了一个漂亮的大胜仗，历史给他的奖赏是"名动天下"，从而英才与枭雄云集，冯仑、王功权、潘石屹等一批日后成功的企业家和投资家都曾经是牟其中麾下的能臣悍将（坊间有"牟其中的八大金刚"之说）。可惜的是，这样的胜仗只有一次两次。而一次两次的胜利远不足以激荡追随者们饮马大漠、建功立业、"封侯封疆"的野心，于是他们自建山头，自立旗帜，自己创办企业。

反观埃隆·马斯克，他讲了若干个弥天故事，他曾经被硅谷和华尔街嘲笑，但他以独行钢铁侠的"梦想家＋实干家"的领袖气质吸引了一大批疯子和傻子，并且缔造了一个接一个胜利，从而过山车式地成了超越乔布斯的"硅谷大神"和华尔街宠儿。

再反观华为。有上千位高层管理者、科技专家追随了任正非二三十年，除了任正非用一种偏于激进的创新激励机制吸引他们"一起打天下"外，更重要的一点是，他们从加盟华为那一天起，就时刻处于一种作战状态，一群人、一大群人、几万人、十几万人，从游击队到正规军，几十年一起向前、向前、向前，向上、向上、向上，打了无数的市场攻坚战，从乡镇打到中心城市，从国内打到国际，进而打遍全世界，一路开疆拓土，一路收获胜利；打了无数的研发攻坚战，从模仿式创新、追随式创新到领先创新，终于闯入全球技术标准"第一俱乐部"，成为进攻无人区的行业标准制定者之一。

胜利的故事具有传染性。大多数卓越的人才都对激荡人心的胜利传奇缺乏免疫力，而一流人才的密集又会使这种传染性像病毒一样指数级扩散，反过来进一步巩固和强化了打硬仗、打胜仗的心态。这样的螺旋式效应是一切处于上升期的伟大组织的普遍逻辑，但它也隐含着一种致命的挑战：组织必须永远处于扩张之中，必须永远有仗可打，必须永远有大仗可打，尤其是必须不断靠一个个打硬仗、打胜仗、打漂亮的仗的故事满足将士们的成功饥渴感。进而言之，一个组织哪怕有这样那样的不完美，只要有胜利持续牵引，只要团队处于饱和作战的状态，组织就会在战争中不断学习战争，在战争中学习管理战争，并克服各式各样的组织弊病与缺陷。

可怕的是，一支如狼似虎的队伍，打了若干年的仗，突然间无仗可打了。"无所事事是最大的危机"，不仅会消解组织士气，而且会带来"枪口向内"的内卷化冲突，上上下下你争我夺，抢占有限的组织资源（包括财富、权力与荣耀）。

"无限大是一副危险的猛药"，但在高度竞争的时代，不扩张可能会死得更快。而打胜仗，持续打胜仗，打漂亮的仗，是战胜大组织病的最大法宝。所以华为的管理层总是在告诫华为的将士：一切为了前线，一切为了胜利，一切为了"多打粮食"。

再伟大的故事也会因时空演化而褪色

华为，从上升到领先的英雄史能否持续？

这些年，我总是倡导企业家们读史，读中外国家兴衰史和企业兴亡史。

我在华为大学有三次讲座的题目分别是："读史论华为""组织兴亡律与组织变革""一个家族，两个国家，三本书"。

组织的进化并非总是线性的、向前的，组织的扩张常常伴随着非线性与倒退。影响组织进化的关键因素之一是管理复杂性的能力，而人员规模则是构成组织复杂性的第一因子，数个、数千个、数万个个体非线性互动的过程，不仅有规律性，更有多样性带来的随机性。可以说，人员在数量上每增加一个量级，管理的复杂性就随之增加一个量级。任正非在30年前对100位华为人讲故事，30年后对20万人讲故事，其传播的效应恐怕是大为不同的。如何让超大规模的20万人为同一个故事所感染，而且梯次传播的感染力不递减、不变样，甚至反向加强？这当中反映出了一个组织的文化与制度的健康度、把握能力。

任正非说："华为今天的管理有多复杂，我根本说不清楚。"

几年前，我在新加坡国立大学访学期间，与李光耀公共政策学院的一位学者交流，对方认为中国应该对标新加坡学习国家治理，我既有几分认同，也有几分不认同。新加坡开国之父李光耀及其后来者，把新加坡当作一个超大型公司、一个准军事化组织（美军参谋长联席会议前副主席比尔·欧文斯说"美军是全球最大和最复杂的企业"）进行治理，成就斐然。然而，它毕竟是一个仅有700万人口的城邦国家，而中国却有14亿人口，是新加坡人口的200倍。中国的确应该向新加坡、美国、日本、欧洲等发达国家和地区学习，但绝对无法完全复制任何单一国家的治理原则与治理体制，更何况在文化与历史上还存在着巨大的差异。

越是大国与大公司，能够对标的样板越少，它们必须在开放式吸纳多元营养的基础上，不断进行自身的文化改造与制度创新。

"以众人之力起事者，无不成也。"（《管子》）众人从上到下相信同一个故事，"念同一部经"，信奉并践行统一的价值观，"既有蚂蚁的井然秩序，又有蜜蜂的自由舞蹈"，这是我在曾经伟大的企业福特汽车、休斯飞机、IBM，和今天卓越的大公司亚马逊、苹果、谷歌、特斯拉和华为身上看到的共同特质。而且，越是优秀的制造业企业，越需要在秩序（制度与流程）和自由之间不断来回摆荡，寻求动态均衡。东西方一流的制造业企业的文化与制度体系无不有某些军事组织的特征。（人们对军事组织有很多误读，其中之一就是军队的服从文化。而事实上，优秀军队钢铁般的纪律、严明的秩序及其大力倡导的将士的独立精神、创造性思维是一个统一体。）

然而，曾经的美国科技工业引擎、华为的老师 IBM 为何一蹶不振？华为曾经仰望的科技工业巨头摩托罗拉和北电为什么走向了衰亡？一方面是组织规模带来的管理复杂性的挑战，另一方面则是规模和历史共同构成的"组织衰变（死亡）交叉线"。组织规模大到一定程度，组织历史到了一定节点，文化的对称性便开始瓦解：组织领袖和高层管理者开始讲不同的故事，各吹各的号，各唱各的调，价值观在修辞和表达方式上出现歧义，甚至出现明显的对立，而从上到下流传的故事形形色色、五花八门……亚文化与亚组织高度活跃，并反向塑造组织的主流文化，使得自由被扭曲，秩序僵化或失灵。许多曾经无比辉煌的企业组织在它的第二代领导人甚至第一代领导人时期，都遭遇过这样的"故事危机"。

然而，比"故事危机"更可怕的是：故事死了。领袖们不再讲故事了（领袖疲劳症），管理者厌倦讲故事和传播故事了（管理者疲劳症），员工不再相信故事了（员工疲劳症），组织文化丧失了崇高性，玫瑰色不再，化学反应停滞。

哲学家叔本华说：厌烦是理想境界的暗疮。

"强壮的基因无不是在对抗疾病中形成的"

组织是不断演化的积木拼搭，即使华为这样的卓越组织也是一部卓越但脆弱的演化作品，像其他任何优秀企业一样，这部东方史诗也一直面临终结的危险。哪有什么永远不倒的神话？对头脑清醒的企业家来说，让企业活着、活得健康并活得长久，即代表着毕生的使命和志业。

早期，华为在通信制造的竞技场上，短跑赢不了摩托罗拉、朗讯、北电、诺基亚、爱立信、西门子……它仅仅是个百米起跑线上的矮个子少年，拼命在巨人扬起的尘土后面蹒跚追赶。它几乎没有任何优势，唯一的优势就是"一无所有"。"一无所有"逼出一种"部落文化"，一种准军队文化，一种极端敏锐的嗅觉，一种不屈不挠的进攻精神，一种狼狈抱团的合作技能，亦即所谓的"狼文化"。华为成了长跑选手，它的几百、几千、几万个狩猎人只要开始追踪，就会紧盯猎物长途奔袭，直到收获战利品。

既然环境中有凶猛的掠食者，弱小组织中的每一只"羊"就得彼此携手。"社会性起源于对抗敌人"。任正非说："天冷的时候，朋友就会聚在一起靠得紧一些，互相取暖。"$1+1>2$，$1+N$ 大于无穷大，个体的潜质不可测，群体的潜能甚至会无限放大，人类迄今为止并不知晓一个人、一个组织的能力扩散边界究竟有多大。"能走多远就走多远"，能飞多高就飞多高，环境逼出了一部人类的合作史、创造史、生存史。

毫无疑问的是，卓越的集体学习能力、高度的群团凝聚力和强大的集体行动能力才是华为30多年成长背后的神奇方程式。

对任正非和华为来说，命运很难说是幸还是不幸。历史总是喜欢"漫画"成功者，将他们僵化成一堆符号。我们今天听到的、看到的关于华为和任正非的许多传说都距事实相去甚远。一些名头或大或小的人士撰写的"华为揭秘"著述，留给你的基本印象是千篇一律的披荆斩棘、高歌猛进、出神入化，无往而不胜。但事实却无比残酷，华为从创立至今，在每一个发展阶段都差点破产、倒闭、崩溃。一位近距离追随任正非近30年的华为高管，在2020年岁末的最后一天无比感慨地对我说："又扛过了一年。华为几十年有多难没多少人知道，包括里面的人和外面的人。"

　　许多民营企业在过去遭遇的几乎所有磨难华为都遭遇过，而华为遭遇过的苦难与风险却是许多民营企业都不曾遇见的。因为华为扩张得太猛烈、成长得太迅速，躯体的异常发育时常会撑破旧体制的"袍子"，而且不可避免地要面临与外资企业、国有企业在市场上的激烈竞争，因此它注定了"命苦"，注定了必须"命硬"才能熬过去、挺过来。在和深圳市政协委员们进行的一次读书交流活动中，有委员问我：可否用一句话概括一下华为成功的原因？我脱口而出：深圳＋任正非！深圳是中国的制度创新试管，任正非有强烈的实验精神，华为是深圳良好的创新环境和任正非卓越的企业家精神共同孵化的实验品。有华为高管认为，华为如果不是在深圳，可能早就夭折了。

　　华为的全球化是被逼出来的。"撒豆子战略"起初并不成功。1997 年，刚刚赴任拉美地区部经理的曹贻安带了七八个人，走一个国家撒一颗"豆子"，走到最后一个国家时，前面的"豆子"都跑了，他也跑回国离职了。[注] 但也有一些"豆子"顽强地破土而出，甚至在峭壁上扎根。如果你读过我主编的两套系列丛书《枪林弹雨中成长》和《华为访谈录》，同时对 500 年来的世界商业史也有所了解的话，你一定会得出和我相似的结论：华为的全球化是 20 世纪以来最具悲壮色彩的商业长征，没有之一。25 年前撒出去的"豆子"今天在全球每一个角落生根发芽、开花结果，从珠峰到西伯利亚，从南极到北极，世界上有人的地方就有华为人，没有人的地方也有华为人所提供的产品和服务。而成长和扩张的背后全是血、汗、泪的艰辛付出。

　　"风雪长征"锻造出了一支 20 万人的敢作战、能作战、善作战、战必胜

　　㊀ 引自本人对曹贻安的访谈整理稿。

的商业铁军。很大程度上，这样的组织奇迹要拜极端艰难的外部环境所赐，包括 2001 年美国思科公司对华为的诉讼战。那是当时全球信息技术行业最具进攻性的一家巨无霸公司对华为的围猎，最终把羚羊逼成了狮子。当然更包括 2018 年底开始的超级大国美国对华为的全方位围剿（至今并未停止），任正非说"没想到它要打死我们"。这样一个庞然大物对蚂蚁的踩踏，又一次逼出了华为的求生欲望，"宁可向前一步死，也决不后退半步生"，华为内部的战斗力和凝聚力变得更为强大。

"高速路上换轮胎"，华为也在严峻的"战时状态"下，激进地推进了一轮"换血与输血"的组织变革，包括干部任用制度的变革。这虽是一个意外收获，却是针对大企业病所进行的创新性的变革探索。

汤因比总结得无比精辟：文明的死亡原因永远是自杀，而不是谋杀。

结语

（1）信念是支撑一个人过好一生的酵母，也是一个组织创立与成长的核心元素。组织是一群人的信念集合体，组织管理的起点和终点始终是：因信而聚，因信奋斗。组织中的个体会无数次面临选择：信，还是不信？在一流的组织中，历史大致是公平的："聪明的人"捡得芝麻，"傻瓜"抱回西瓜，理想主义者（"疯子"）赢得世界。

（2）"会讲故事的人统治世界"，卓越的组织领袖无不是伟大的故事家。组织起始于故事：我们是谁，我们在哪里，我们去哪里。管理从讲故事开始，而故事是有灵魂的，直击人性的故事才对追随者具有持久的感染力。故事是需要反复包装的，故事是需要通过故事加强的，优秀组织所传播的故事是一个"俄罗斯套娃"，从内到外、从上到下具有嵌套性和统一性。另外，唯有张力宏大的故事才具有魔术效应。

（3）企业家是创建自己企业的人，"所有权是企业家的风险抵押品"。企业家是专业的冒险家，是在不确定性中不断将自己的原创判断和冒险精神进行传播的"布道师"，是通过"制造"故事、构造制度将更多的追随者塑造成"代理企业家"的故事家，但讲故事的人必须首先自己相信故事，并且以身作则践行故事，这样故事才具有可信性和传播力。

（4）故事是行动的先导，行动的目的是打仗、打胜仗、打漂亮的仗。"选择—相信—行动—打胜仗"的螺旋式循环构成了一个组织的动力机制。持续地选择，持续地相信，持续地行动，持续地打胜仗，一个企业组织才能永续扩张。卓越的集体学习能力、高度的群团凝聚力和强大的集体行动能力，是华为从小到大、由弱到强的神奇方程式。

（5）再伟大的故事也会因时空演化而褪色。组织的断崖式崩溃或渐进式衰退，首先是由与规模相关的管理复杂性造成的。可以肯定地说，企业人数在规模上每增加一个量级，管理的复杂度便上升一个量级。全球通信制造企业有一个诡异的"死亡陷阱"：企业在员工规模达到15万人左右时会迅速走向坍塌，摩托罗拉、北电、朗讯皆如是。华为有幸跨过了这一生死门槛。

"大企业病"是全球大企业面临的共同挑战，而越是大组织，可供对标的样板越稀缺，每家大企业都必须在开放式吸纳、借鉴世界上的其他一流组织（包括国家和企业）多元变革经验的同时，孤独地进行自身组织制度创新的探索。

时间是组织的另一大腐蚀剂。组织的规模和历史共同构成了普遍意义上的"组织衰变（死亡）交叉线"。对大企业来说，普遍的挑战是：领袖们不再讲故事了（领袖疲劳症），管理者厌倦讲故事和传播故事了（管理者疲劳症），员工不再相信故事了（员工疲劳症），组织文化丧失了崇高性，"事业"向"事"退化，组织内的化学反应停滞，步入成熟的官僚化阶段，并进而走向僵化与衰退。

（6）危机是新故事的开始。危机既是组织文化力、制度力、战斗力与凝聚力的试金石，也是组织中的个体和团队的磨刀石。危机时期也是组织变革的最佳窗口期。变革的本质既是组织转型——拆一些旧庙、盖几座新庙，也是对人才梯队进行有序换血与输血的系统工程，是一场利益革命。

在"和平年代"进行变革大多阻力重重，拖泥带水，而"战时状态"则有效排除了各种各样的变革障碍。特朗普是华为的"改革倒逼师"。

金
句

- 持续地选择，持续地相信，持续地行动，持续地打胜仗，这样一个线性的螺旋式循环，就构成了一个成功组织的动力机制——"四力循环"。"四力循环"可以锻造组织中的个体与群体的战斗力、凝聚力、扩张力。

- 企业家就是在充满不确定性的世界中寻求确定的1，并把它传达给这个混沌世界中的一群选择相信1的人。因此，企业家精神的第一本质就是：与众不同。与众不同的判断力、与众不同的警觉和与众不同的行动力。

- 为什么世界范围内的商业科技创新大多出现于私营企业？根本上在于私营企业家是自己命运、自身企业命运的"建筑师"，是自己说了算的胜利成果的拥有者、分配者，及失败的最终承担者。

- 任正非的特点是善于运用拿来主义"制造"故事，善于自我爆发与自我激励，善于影响和组织他人。但他的管理思想归根结底是遵从人性，先有了对人性的深刻理解，再"设计"和"制造"故事、"制造"理论。

- 有委员问我：可否用一句话概括一下华为成功的原因？我脱口而出：深圳＋任正非！深圳是中国的制度创新试管，任正非有强烈的实验精神，华为是深圳良好的创新环境和任正非卓越的企业家精神共同孵化的实验品。

参考书目

[1]　田涛.华为访谈录 [M].北京：中信出版社，2021.

[2]　尼古莱·J. 福斯，彼得·G. 克莱因.企业家的企业理论 [M].北京：中国社会科学出版社，2020.

[3]　迪尔德丽·N. 麦克洛斯基.企业家的尊严 [M].北京：中国社会科学出版社，2018.

[4]　熊彼特.熊彼特经济学全集 [M].北京：台海出版社，2018.

[5]　史蒂夫·威尔肯斯.基督教与西方思想：卷二 [M].上海：上海人民出版社，2017.

[6]　斯蒂芬·茨威格.人类群星闪耀时 [M].上海：生活·读书·新知三联书店，2019.

[7]　阿什利·万斯.硅谷钢铁侠：埃隆·马斯克的冒险人生 [M].北京：中信出版社，2016.

[8]　胡里奥·克雷斯波·麦克伦南.欧洲文明如何塑造现代世界 [M].北京：中信出版社，2020.

[9]　塞万提斯.唐吉诃德 [M].北京：人民文学出版社，1987.

[10]　尼尔·弗格森.帝国 [M].北京：中信出版社，2012.

[11]　尼尔·弗格森.文明 [M].北京：中信出版社，2012.

[12]　埃里克·拜因霍克.财富的起源 [M].杭州：浙江人民出版社，2019.

[13]　肯尼斯·霍博，威廉·霍博.清教徒的礼物 [M].北京：东方出版社，2016.

华为如何锻造打胜仗的组织

杨 杜

中国人民大学商学院教授

做企业，首先要弄清楚企业的基本问题。管理学中有个著名的德鲁克"事业三问"：我们的事业是什么？我们的事业将是什么？我们的事业应该是什么？但是，如果我们要讨论如何锻造打胜仗的组织，就要换个视角提出杨杜"组织三问"：企业追求什么？企业依靠什么？企业该做什么？

相信每位企业家心中都有自己的回答。本文以华为为例，看看华为公司领导层特别是任正非的回答。

结论说在前面。企业追求什么？华为的回答是：我们追求活着、胜利——活下去是企业的硬道理！让打胜仗的思想成为一种信仰！企业依靠什么？华为的回答是：我们依靠文化、组织——资源是会枯竭的，唯有文化生生不息！胜则举杯相庆，败则拼死相救！华为最宝贵的是无生命的管理体系！企业该做什么？华为的回答是：我们该做的是以客户为中心，以奋斗者为本，长期坚持艰苦奋斗！方向大致正确，保持组织活力！本文认为，这三个回答正是华为成为善打胜仗组织的三大理由。

活着，胜利——华为对企业追求的定位

作为经济组织，企业一般会把利润目标作为重要追求。但企业的追求其实是多元化的，把何种追求排在前面，以及如何处理各种追求的关系，反映了企业的核心价值观和管理机制的构建能力。

六种企业追求

我们认为，基本的企业追求至少有六种，分别对应着六种思维模式。

（1）盈利追求，对应的是商人思维。经商就要赚钱，投资就要增值，天经地义。做到极致就是，只要能赚钱，什么业务都可做；只要利润大，什么手段都可用。华为好像不是这种思维，它追求在一定利润率水平上成长的最大化，它几十年来坚持聚焦主业。

（2）德才追求，对应的是圣人思维。不少企业家推崇德才目标，企业依靠人，企业为了人。用人讲究德才兼备，以德为先；做事讲究先义后利，以义取利。圣人思维模式首先问：谁是圣人、君子，谁是小人、庸人？其原则是尊崇圣人，先德后才，宁交庸人，不近小人。义气之士则不在乎死活：士为知己者死！华为好像也不是如此，在以事为本还是以人为本的问题上，华为选择的是以事为本。华为反对那些不会做事只会处世的人，它认为以人为本的理念用在企业中，会导致过于重视德才、资历、情感和态度，而以事为本，会引导企业关注业绩、潜力、贡献和行为，有利于提升企业的战斗力。它提倡的不是笼统的以人为本，而是以奋斗者为本。

（3）创新追求，对应的是科研思维。美国打压中国企业，于是社会舆

论就开始爆炒科研创新，列"卡脖子"名单。早干什么去了？倒是几十年来坚持投入科研经费不少于营收 10% 的华为没有赶潮流，华为还劝那些大专院校不必着急帮华为搞研发，它们做好自己的基础研究和基础教育就好。盲目的、激情的、什么都想自己干的、无价值的创新会"不死找死"！不少企业中存在的过早、过快、过度、过虚和封闭的创新行为，都是纯科研思维所致。这种行为满足了研发人员的科研激情，但不能为客户创造价值，也不能赢得市场竞争的胜利。正如任正非所说，"所有技术口的员工，都要反思技术与产品的方针是否正确，而不是盲目创新。所有管理口的干部，都要知道组织建设要对准目标，而不是对准功能"，要对准城墙口，而不是对准职能口。

（4）程序追求，对应的是官僚思维。科学管理当然要有流程、有程序，但是，在某些力求管理体系"完善"的企业，对程序的追求到了本末倒置的程度。任正非曾经批评某些部门：前线战士把山头都攻下来了，你却说他姿势不对。只管程序、不管战果的官僚主义要不得。二三线的支援部队，不能成为一线战士冲锋的障碍！支援部队要为前线提供足够的炮火，要为火车头加满油。

（5）胜利追求，对应的是将军思维。军人的天职是胜利，不是英勇牺牲！企业如果向军队学习的话，就要学胜利精神！就要学战斗力建设！任正非曾表示："公司已进入了战时状态……不管身处何处，我们都要看着太平洋的海啸，盯着大西洋的风暴，理解上甘岭的艰难，突破'土围子'的壁垒，跟着奔腾的万里长江水，一同去远方、去战场、去获得胜利。"

（6）生存追求，对应的是底线思维。企业固然可以追求做强、做大、做优等目标，但从优秀企业成长与变革的基本规律来看，做久才是正理。生存问题才是企业的底层问题。因此，华为提出，活下去是华为的最低纲领，也是华为的最高纲领！企业要保持战时状态，组织千军万马上战场。"上战场，枪一响，不死的就是将军，死的就是英雄"，这是对军人的要求。军人的最低精神是不能临阵脱逃，最高精神是胜利精神！多做活英雄，少做死英雄。活着是硬道理，胜利比牺牲更重要！

活着和胜利是华为的核心追求

实际上，上述六种目标追求在企业中是有排序的，而不是排他的。

华为的原则是：以生存为底线，以胜利为信仰，以盈利为指标，以奋斗（德才）选干部，以创新谋未来，以程序建组织。其中，追求胜利是华为最本质的组织精神之一，胜利上接生存，下接盈利，并指导德才、创新和程序。而且，高层越强调生存，基层越追求胜利，形成组织的"张力结构"，华为把胜利追求和生存追求"灰度"地结合起来了。

华为追求胜利的组织模式，具有以下几个特征：追求胜利重成长，而不是利润第一；追求胜利重成事，而不是做人第一；追求胜利重价值，而不是创新第一；追求胜利重结果，而不是程序第一；追求胜利重活着，而不是牺牲第一。

华为在经营上的价值排序是生存、胜利和盈利，在管理上则是德才、创新、程序三者并重。华为的口号是：活下去是企业的硬道理！让打胜仗的思想成为一种信仰！华为正是因为很早就建立了"以客户为中心，以奋斗者为本，以生存为底线"的组织管理体系、研发管理体系和价值管理体系，才能扛得住美国霸凌主义的打压和封锁，为客户而活，因奋斗而活，为胜利而战。

华为的"绩德才模型"

华为选拔干部用的是"绩德才模型"，把胜利的绩效结果排在德才之前，而不是一般公司强调的"德才模型"。任正非在 2011 年 5 月 31 日的 EMT

办公例会上的讲话中说："我们还是要强调干部选拔的原则和机制，人力资源委员会怎么选干部？年轻干部怎么上来？你能扛着炸药包打下两个山头你就当连长，没有什么服气不服气，华为不讲论资排辈。……机关里凡是没有基层实践经验的人，不能走行政主干道路，不能提升为行政主管，他只能做职员，老老实实地敲键盘、打算盘，工资低低地拿着。将军必须从实践中产生，必须从成功的实践中产生，必须从项目管理中产生，我们只要贯彻这个原则，就没有什么不可能无敌于天下的。"

既授权又约束，则是华为处理胜利和程序的原则。任正非曾经讲过电视剧《亮剑》里的故事，团长李云龙以"将在外，军令有所不受"为由不听上级指挥，按照自己定的突围路线作战，他认为打胜仗比听指挥重要，听指挥也是为了打胜仗。任正非评论说："李云龙老犯错误，总是被降级。一是我们上级组织还没有高水平的管理，无法指导和适应有作为的下级。二是我们的基层干部没有适应科学的军事教程和按程序作战。华为的做法是，把炮火指挥权交给听得见炮声的人，同时要让其承担成本和费用，不能瞎开炮、瞎打。这样就不会像李云龙一样犯这么多错误，而会产生无数的、真正的李云龙式的英雄，甚至将军。"他强调的是为了胜利，既要授权又要约束的干部管理机制。

更为重要的是，华为要的是"摆脱对个人依赖的"胜利。华为追求的胜利，不是个人的、一时的胜利，而是组织的、持续的胜利。任正非说："要建立一系列以客户为中心、以生存为底线的管理体系，企业要摆脱对个人的依赖。"这里的客户，不是指某个客户个人，而是指客户组织。这里的管理体系，是不依赖某个领导和员工的从客户到客户的"端到端"的流程组织。以领导为中心要变为以客户为中心，因为以领导为中心的组织只有执行力，以客户为中心的组织则有战斗力。以部门为中心要变为以流程为中心，因为只有始于客户需求，终于客户满意的流程，才能真正导向胜利。

向美国学习胜利思维

搞经济,发展是硬道理;做企业,活着是硬道理!中国企业几十年风雨兼程,砥砺前行,靠吃苦受累,追回了过去落后于国外企业的不少时间。在这个过程中,正如"沉舟侧畔千帆过,病树前头万木春"所描述的景象那样,很多企业历尽艰辛活下来了,有的还活得不错,成了中国企业的样板,但也有些企业经过一段辉煌之后没落倒闭,成为教科书上的失败案例。

这和领导对企业追求的基本假设很有关系。企业对目标追求的选择,就是对发展道路的假设。任正非强调,没有正确的假设,就没有正确的方向;没有正确的方向,就没有正确的思想;没有正确的思想,就没有正确的理论;没有正确的理论,就不会有正确的战略。华为把活着和胜利作为自己的基本假设。

比如,对美国挑起的贸易摩擦应该如何假设呢?在中美贸易摩擦开始时,我们一直以"这不但损害中国利益,也损害美国利益"来规劝美国,但基本没有效果,美国反而变本加厉。我们要的是互利,美国要的是胜利!

后来美国宁肯"自损八百,也要杀敌一千"地一棒一棒打来,更清楚地表明了他们的意图。美国要的是对中国的战略势能。在美国人眼里,中国绝不能也不可能获得与美国平等的地位。美国要的是我说你听,我要你办。我们要向美国学习这种军人的胜利思维,而不仅仅是商人的盈利思维。

基本假设问题,在国家之间是胜败问题,放到企业层面则是死活问题。其实,华为也经历了一个认识的过程。任正非说:"华为想点燃5G这个'灯塔',但刚刚擦燃'火柴',美国就一个'大棒'打下来,把我们打昏了。刚开始我们还以为是合规系统出了什么问题,开始反思,开始自查自纠,结果第二棒、第三棒、第四棒打下来,我们才知道这并不是'小羊在河上游喝了什么水'，而是要打死我们。求生的欲望使我们振奋起来，寻找自救的道路。全体员工表明了，宁可向前一步死，决不后退半步生。"任正非接着说："无论怎样，我们永远不会忌恨美国，那只是一部分政治家的冲动，不代表美国的企业、美国的学校、美国的社会。我们仍然要坚持自强、开放的道路不变。你要真正强大起来，就要向一切人学习，包括自己的敌人。"其实，让打胜仗的思想成为一种信仰，就是华为从美国军人那里学来的。

信仰使人坚定！有信仰就会毫不怀疑，就会坚定不移。让打胜仗的思想成为一种信仰的组织，不会用息事宁人的方式——没错也要"割地赔款"，无罪也要"认罪认罚"的方式——苟且地活下去，当然也不会轻易地献出自己的生命，不会"视死如归"地就义，也不会"宁死不屈"地牺牲。

把胜利当作一种信仰，就是想尽一切办法争取胜利！把胜利当作一种信仰，就是永不认输，更不会跪拜他人。抗美援朝的中国军人如此，不服霸凌的华为人也如此。华为贴出的那张图片——在二战中被打得像筛子一样、浑身弹痕累累的伊尔-2攻击机，它仍然在天上，螺旋桨还在飞转——充分展现了华为活下去、打胜仗的精神。

不同的问题定位，会产生不同的对策。华为以高一层次的死活问题定位，求生的欲望才使它产生必胜的信心和制胜的对策。如果以低一层次的盈亏问题定位，赚钱的欲望可能使它失去生存的基础。

活着是最大的胜利，胜利是最大的盈利！

文化，组织——华为对组织力的锻造

企业打胜仗靠什么？有的企业说靠人才，靠技术，靠资金。华为的回答是：我们靠文化，靠组织。华为掷地有声的三句话是：资源是会枯竭的，唯有文化生生不息！胜则举杯相庆，败则拼死相救！华为最宝贵的是无生命的管理体系！

有基本法的华为

华为打胜仗靠的是企业文化。毛泽东说：没有文化的军队是愚蠢的军队，而愚蠢的军队是不能战胜敌人的。华为非常推崇毛泽东为抗大[⊖]制定的教育方针，即"坚定正确的政治方向，艰苦朴素的工作作风，灵活机动的战略战术"。因而在创建早期，它就及时地制定了《华为基本法》这一经典文件，这使华为在从当时的几千人发展到后来近 20 万人的过程中，始终保持着良好的队形、超强的战斗力。请大家注意，华为的文化可不是喊几句口号，定个使命、愿景、价值观了事，而是在此基础上制定了与企业战略、业务密切相关的各种基本政策，包括基本经营政策、基本组织政策、基本人力资源政策、基本控制政策和接班人政策，以及后来的干部守则、员工守则等，从而使华为成为一支"以客户为中心，以奋斗者为本，长期坚持艰苦奋斗、自我批判"的队伍，成为一家有着"三分天下，必有华为一席"之地位的世界500 强企业。

有组织力的华为

新中国成立，中国人民站起来了；改革开放，中国人民富起来了；民族复兴，中国人民强起来了！

华为打胜仗靠的是什么？靠的是组织。华为的组织建设，要摆脱"三个依赖"：摆脱对人才的依赖，摆脱对技术的依赖，摆脱对资金的依赖。对于很多企业求之不得的人才、技术和资金，华为竟然要摆脱！华为认为，自己的员工都是跨国企业、大国企不要的三四流人才；自己的技术不是先进技术，只是客户需要的技术；自己很穷，不像上市公司一样有花不完的钱。华为只

⊖ 全称为"中国人民抗日军事政治大学"，是在抗日战争时期，由中国共产党创办的培养军事和政治干部的学校。

能靠组织，靠奋斗，靠一桶糨糊[⊖]和激励打胜仗。

任正非曾经这样描述华为早期的三支队伍："为了能生存下来，我们的研究与试验队伍没日没夜地拼命干，拼命地追赶世界潮流，他们有名的垫子文化，将万古流芳；我们的生产队伍，努力与国际接轨，不惜调换一些功臣，也决不迟疑地坚持进步；机关服务队伍，一听枪声，一见火光，就全力以赴支援前方，并不需要长官指令。"

我和企业家交谈时，经常会问：您的干部是组织人吗？您的企业有组织性吗？您是如何建设和管理组织的呢？有人才的企业不一定有战斗力，有组织人的企业才有战斗力！

组织不是个人，不是一群人，甚至不是团队，组织就是组织。一群人和一个团队往往是以自然人为中心，而组织则是以组织人为中心。组织中的人是以目标、岗位、职责、流程等联系起来的，而不是以亲属、同学、同乡、战友等关系联系起来的。组织包括组织文化、组织架构、组织纪律、组织行为和组织变革等，是一个由诸多要素根据一定的目标、按照一定的方式相互联系起来的系统。

向军队学习的华为

要讲打胜仗，军队一般比企业更有战斗力！军队讲胜利、讲纪律。企业要想胜利，而不仅仅是赚钱的话，就要向军队学习！华为流传着不少向军队学习的理念、口号、行为以及组织方式：上甘岭、上校连长、班长的战争、呼唤炮火、鼓励冲锋，等等。

在华为传唱的，有三大军校的校歌。

一是《抗大校歌》：黄河之滨，集合着一群中华民族优秀的子孙。人类

⊖ 任正非称，自己不懂技术，也不懂管理，也不懂财务，就懂"一桶糨糊"，将这桶糨糊倒在华为人身上，将十几万人粘在一起，朝着一个大的方向拼命地努力。

解放，救国的责任，全靠我们自己来担承。同学们，努力学习，团结、紧张、严肃、活泼，我们的作风；同学们，积极工作，艰苦奋斗，英勇牺牲，我们的传统。像黄河之水，汹涌澎湃，把日寇驱逐于国土之东，向着新社会前进，前进，我们是抗日者的先锋！

二是《黄埔军校校歌》：怒潮澎湃，党旗飞舞，这是革命的黄埔。主义须贯彻，纪律莫放松，预备作奋斗的先锋。打条血路，引导被压迫民众，携着手，向前行，路不远，莫要惊，亲爱精诚，继续永守。发扬吾校精神！发扬吾校精神！

三是《西点军校校歌》：亲爱母校，永驻心头，校训铭记，岁月悠悠。职责毋忘，荣耀闪光，西点西点，戍吾家乡。日夜教诲，尔之赤子，珍惜荣誉，为之战之。吾等毕业，卫戍海空，西点西点，报国尽忠。离校之日，事业之始，祝愿母校，鸿运高照。多多益善，莘莘学子，为您而生，为您而死。

除此之外，华为还有很多改编的歌曲，唱出了华为人的奋斗精神和胜利气势。

两个"一孔"的华为

华为打胜仗的力量来自公司抵御诱惑，聚焦主航道——力出一孔！多年前，任正非在总结华为经验时说："我们这些平凡的15万人，25年来聚焦在一个目标上持续奋斗，从没有动摇过，就如同从一个孔喷出来的水，从而有了今天这么大的成就。这就是力出一孔的威力。我们聚焦战略，就是要提高在某一方面的世界竞争力，从而证明不需要什么背景，也可以进入世界强手之列。"

华为打胜仗的力量来自干部没有退路，聚焦公司利益——利出一孔！"我们坚持利出一孔的原则。EMT（自律）宣言，就是表明我们从最高层到所有的骨干层的全部收入只能来自华为的分红及报酬，不允许有其他额外的收入。从组织上、制度上，堵住了从最高层到执行层为个人谋私利，通过关联交易的孔，掏空集体利益的行为。20 多年来我们基本是利出一孔的，形成了 15 万员工的团结奋斗。"正所谓，"没有退路就是胜利之路"。很多没有战斗力的企业，就是因为没有华为这种干部没有退路、只能向前冲的机制。

屡败屡战的华为

大家知道，做企业很难！这就需要企业必须具有战斗精神。华为很早以前就有两个口号：一个是"胜则举杯相庆，败则拼死相救"，另一个是"屡战屡败，屡败屡战"。前一个代表的是集体奋斗精神，后一个代表的是决不服输精神。

华为的考核机制以团队为主。正职考核不合格，副职是不能升为正职的；员工因为团队业绩不好要调到别的团队去，也要降一级。这种"胜败连坐"的团队机制，形成了"胜则举杯相庆，败则拼死相救"的氛围。华为有一种"吃文化"，华为搬到哪里，哪里的餐馆生意就好，而且，在这种吃文化中，谁官大谁买单。在轻松愉快的环境里，领导了解了下属的真实情况，下属也能学到很多东西，对团队建设大有益处，此外，大家都单身在外，还解了部分乡愁。很多部门都会从奖金包里拿出一些用于办部门活动——主要是用于聚餐，项目干好了，当然要喝几杯庆祝一下！

华为历史上经历过屡次鲜为人知的挫折和危机事件，项目失败更是日常茶饭事，华为的胜利精神也正是在这种"屡败屡战""不屈不挠"的过程中磨炼、成熟起来的。近两年来，尽管直面前所未有的美国霸权打压，久经沙场的华为依然能够表现出"团结、紧张、严肃、活泼"的氛围，继续沉静地干好自己的本职工作。任正非轻松坦然，有时甚至还很高兴——他高兴美国大人物向全世界宣传了华为的产品和技术，他高兴外部压力促使华为的堡垒更加坚固，不过，他担心华为强大之后会像在一片赞歌声中启航的泰坦尼克号一样。

其实,华为受美国打压不是现在才有的事,早年如雷贯耳的美国思科公司就曾状告弱小的华为,把华为的网络产品挡在了美国市场之外。现在不是美国的公司,而是强大的美国冲在前面,要把华为的 5G 产品挡在全球市场之外,压力何其之大!但在 2019 年和 2020 年,尽管华为的消费者 BG 和运营商 BG 的网络设备出货受到一定影响,但华为的销售收入增长依然取得了不错的成绩。华为人高呼:"胜利!胜利!胜利!"把拳头举得更高、更坚定。

一个企业是不可能一直打胜仗的!所以要有"屡败屡战"的士气。但是,士气是在不断打胜仗的过程中形成的。正如华为消费者 BG 软件部总裁王成录所言:"这个队伍如何带?其实非常简单,就是带着大家不断打胜仗。这个队伍一旦打了胜仗,它的士气自然就有了。"2020 年的最后一天,华为对外公开了 11 月 4 日任正非在企业业务及云业务汇报会上的讲话。任正非说:"内部统一组织,是靠打胜仗来牵引的,在打胜仗中不断来组合队列。从小交换机开始,从传输开始,从 2G 无线网开始,从简单的路由器开始……无不是用胜利来牵引的。为什么四野的队伍这么彪悍?是因为他们跟着林彪一直打胜仗。从东北打到海南岛,从海南岛又打到朝鲜……他们信任林彪,全部统一在林彪的意志中。林彪并没有做多少思想工作和说教,胜利是最好的教员,靠胜利言传身教。"

在胜利中鼓舞士气,从胜利中获取利益,从胜利中赢得胜利。

持续组织变革的华为

建组织不是为了练队列、走正步,而是为了上战场,打胜仗。华为设立组织的方针就是五个"有利于":有利于强化责任,确保公司目标和战略的实现;有利于简化流程,快速响应客户需求和市场的变化;有利于提高协作效率,降低管理成本;有利于信息交流,促进创新和优秀人才脱颖而出;有利于培养未来的领袖人才，使公司实现可持续成长。

从组织结构上讲，华为从小到大，经历了从直线职能型到跨国职能型，再到全球公司的变革，组织经历了由部门制到流程化，再到项目制等变化，其基本特征是聚焦主业、中央集权、集体作战、灵活机动、重视一线。从下图中可以看出华为和海尔、联想组织变革道路的不同。

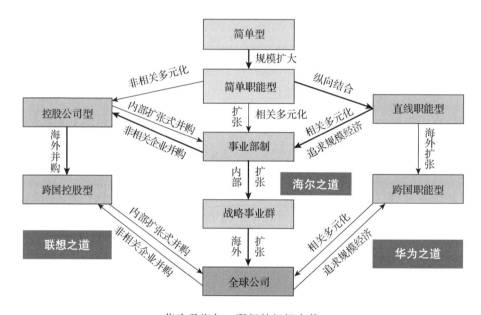

华为及海尔、联想的组织变革

近几年，华为的市场组织变革进一步推进，通过试点，逐步实现在中央集权的基础上，"机关手放开，一线放开手；机关管好钱，一线用好权""钱要体现公司意志，权要听得见炮声"的运作优化目标。"将过去的中央集权制改为对一线授权，合同在代表处审结，部分作战决策下放到代表处，数据在代表处审结……，让听得见炮声的人来决策。授权决策的数据可以不再上传，保留在当地，对各级数据透明，地区部、各 BG 中间组织不再加工，在当地接受审计。将来要在三五年内实现各国代表处'村自为战、人自为战'

的灵活机动的战略战术的管理变革。没有中央总部，也能灵活地作战，这是我们改革的目的。改革也会大大减少机关的负担，减少控制节点，减少编制，让一些机关干部有机会下连，争当将军去。"

华为还创造了"合成营"这种作战模式、商业模式转换的组织载体，组建了"突击队"这种造就有综合能力的领袖的组织形态，通过不断提供机会来促进人才发展。任正非在2009年《人力资源体系要导向冲锋，不能教条和僵化》的讲话中说："我给你个机会，你打下了50万的仗，我再给你500万的仗的机会，又打下来了，好，给你另外一个实践的机会，希望你从实践方面学习一些。"他在2012年10月30日EMT办公例会上的讲话中又说："证明是不是好种子，要看实践，实践好了再给他机会，循环做大项目，将来承担更大的重任，10年下来就是将军了。"这就是华为实行的"成长选拔制"和"轮岗制"。

华为能打胜仗，与其始终保持的高昂士气有很大关系！而这种士气，除了不断打胜仗，还有一些具有华为特色的组织活力机制在起作用，比如"四自机制"：自我批判制、自愿降级制、自动降薪制和自由雇用制。2020年有几百位高级干部自愿降级，充分说明了华为这支队伍"能上能下"的活力。

客户，奋斗——华为取胜的战略战术

为了打胜仗，企业该做什么？华为的回答是：以客户为中心，以奋斗者为本，长期坚持艰苦奋斗！方向大致正确，保持组织活力！

华为存在的唯一理由是为客户服务

多数企业认为，企业的价值观排序是客户第一、员工第二、股东第三。而华为却认为，华为存在的唯一理由是为客户服务。这个价值理念听上去比较极端，但也彻底断掉了员工利益、股东利益与客户利益冲突的可能。服务目标的唯一性，使得华为这支队伍的目标指向和资源聚焦极其清晰。

有两个故事可以说明华为是如何服务客户的。第一个故事说，运营商设备出了故障需要维护，如果是一个西装革履的小哥提着包来了，他一定是国际大牌公司爱立信的技术人员；如果是两三个人背着工具一起来了，他们应该是中兴通讯的客服人员；如果开来几辆车，下来一群人，他们一定是华为的员工。技术水平暂且放一边，客户看到这一幕就很放心：华为来这么多人，应该很重视，很有集体战斗力！华为的客户服务可是竭尽全力、不计成本的。

第二个故事说，运营商的总部领导到省公司来视察工作，整个接待和汇报过程非常顺利。领导善于发现人才，临走时说，这次工作接待和汇报中，那个高个子年轻人表现不错呀，要注意培养和提拔！省公司领导一愣，连声说："是！是！"殊不知，那个年轻人竟然不是运营商的员工，而是华为的客户经理。为了更好地为客户服务，华为的客户经理基本是"长在"客户工作现场的，极端情况就是在客户公司上班，这不仅是为了卖华为的设备，而且是为了能站在客户的立场上向华为提要求、提问题。为客户做业务、做接待，以至于客户的领导误认为这是自己公司的员工，要提拔！我们把这叫作"负距离营销"模式。

很多公司调研员工满意度，华为非常反对这一点，员工对公司太满意和太忠诚，就证明公司给的太多了，华为认为公司的薪酬制度不能成为福利制度。公司的薪酬要使公司员工在退休之前必须依靠奋斗和努力才能得到。多出来的利润，应该给客户、供应商，或者捐出去。华为要的是客户满意，对员工要的是战斗力和艰苦奋斗精神。经常有人问华为为什么不上市。华为最担心的是员工年纪轻轻就成了富翁。"科技企业是靠人才推动的，公司过早上市，就会有一批人变成百万富翁、千万富翁，他们的工作激情就会减退，这对华为不是好事，对员工本人也不见得是好事。"队伍没有嗷嗷叫的饥饿感，怎么可能有战斗力？

"股东就是员工"的华为，极大地减少了股东利益和核心员工利益的矛盾，将员工的短期利益和中长期利益通过虚拟股权等方式有机结合起来，在打好每一场胜仗的同时，还可以让核心员工从理念、行为和利益上接受企业的长远战略，留住了一支能够长期艰苦奋斗的队伍。既然股东和核心员工是同一人，那就没得说，一心一意为客户好了！

华为对谁更好？我认为至少要从四个方面来看：一是对客户比对员工好——以客户为中心，不以员工为中心；二是对奋斗者比对投资者好——以奋斗者为本，不以投资者为尊；三是对一线市场员工比对二三线机关员工好——一线比机关高一到两个级别，回到机关要自愿降级；四是对贡献者比对股东好——不断拿出股东的分红，用于奖励有贡献的员工。华为的组织机制就是，给拉车的鼓足劲，给火车头加满油，决不让雷锋吃亏！

华为的"三个一切"

按照吴春波教授的说法，华为有"三个一切"：一切为了客户，一切为了前线，一切为了胜利。这就是华为组织流程的三大特征。

一切为了客户。客户是管理流程的起点和终点，从端到端，中间环节要快速通过。始于客户需求，终于客户满意。部门之间没有轻重高低，一切以客户为中心。不能为客户服务的部门是多余的部门，不能为客户服务的流程是多余的流程，不能为客户服务的人是多余的人。

一切为了前线。挣钱的服务给钱的，花钱的服务挣钱的。中台服务前台，后台服务中台。二线服务一线，三线服务二线。一线攻下山头，二线清理战场，三线建立政权。让听得见炮声的人呼唤炮火，反官僚主义（瞎指挥），反完美主义，坚决去掉那些"山头都攻下来了，非说他姿势不好"的人。

一切为了胜利。没有结果，种果树就失去了意义。没有收成，耕地就失去了意义。效率优先于公平，效果优先于效率，业绩优先于德才，天职优先于情结！胜则举杯相庆，败则拼死相救。

估计那些追求中庸之道、梦想综合平衡、喜欢统筹兼顾思维的管理者，可能不太同意这"三个一切"的较极端的说法吧。

华为的"求助网络"就是落实"三个一切"打胜仗的重要措施之一。打仗需要快速响应，后方是重装旅，前方是陆战队、"铁三角"。求助网络使最贴近客户、最先觉察到变化和机会的、高度负责的基层主管和员工能够及时得到组织的支持，前线战士有调动后方资源和要求其他部门给予支援的权力，哪怕是公司的最高领导层，也是求之即来。华为"在公司的纵向等级结构中适当引入横向和逆向的网络运作方式，以激活整个组织，最大限度地利用和共享资源。我们既要确保纵向直线职能系统在制定和实施决策时政令畅通，又要对逆向和横向的求助系统作出及时灵活的响应"，共同为实现组织目标作出贡献。华为将"帮助"概念转换为"求助"概念，并认为求助是参与群体奋斗的最好形式。

华为的"奋斗者"机制

30 多年来，华为适应公司在不同发展阶段的需求，在用人观念和机制上经历了五次大的变革。

在创业期，华为提倡的是英雄主义、狼性文化和献身精神。然后又通过"集体大辞职"活动，来适应进入成长前期的华为。在成长前期，华为倡导的是管理者思维、狼狈机制，并花了两年多时间制定了著名的《华为基本法》。在第三阶段，华为为了适应公司规模的不断扩大和管理的复杂化，通过近 300 人的"外部大创业"等活动，形成了组织流程化、干部职业化和业务信息化的管理组织。在 2007 年 9 月，又实施了涉及 7000 多人的"老员工大让位"活动，破除论资排辈的习惯，为新员工和海外员工提供了极大的激励和巨大的机会，逐渐形成了全球化和持续奋斗的氛围，逐步建成向美军学习的重装旅、陆战队的全球作战模式。坚持持续变革的华为，又在 2010 年 4 月实施了"奋斗者大排队"的重大举措，对聚焦工作、持续艰苦奋斗的员工给予了承认和激励。而在近两年，面临更大的来自国际市场、供应链和技术封锁等方面的压力，为了活下去的华为，不抱怨，不服输，团结 19 万人的员工队伍，加紧构建产业生态，通过启用"备胎"、调整业务、出售荣耀等措施，继续成长，持续变革。

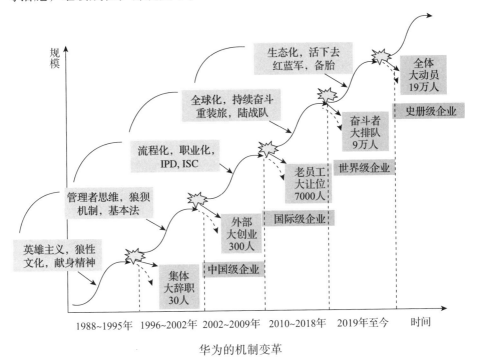

华为的机制变革

在这个过程中，始终贯彻的就是组织活力的激发：去掉山大王，去掉胡司令，激活沉淀层，清除惰怠者，激励奋斗者，奖励贡献者。

职位能上能下，干部能进能出，收入能多能少。但这个过程是痛苦的！

华为曾经流行过"烧不死的鸟是凤凰"的口号。比如1996年市场部集体大辞职，那么多打江山的干部一夜之间重新竞聘，是多么不容易！和鼓励员工走出去创业一样，这些举措标志着华为从农村市场走向城市市场，完成了从攻山头到攻城墙的战略转移；标志着华为从卖产品到建组织，完成了从地方军到野战军的组织转型；标志着华为任用干部（当时主要是办事处主任）从重关系到重综合素质再到重国际化，完成了从胡司令到军长再到国际职业经理人的干部转型。

华为的三部曲

首先是干部成长训、战、绩三部曲。华为的干部队伍，采取"成长选拔制"的训、战、绩三部曲，持续循环，螺旋上升。新员工先培训，再考试，然后上战场考核，先训后战，再训再战，然后视其业绩决定是否使用或选拔。

实行"成长选拔制"会出现四种情况。一是培训完了考试成绩好，但上战场业绩考核不好，则淘汰辞退。二是培训完了考试成绩好，上战场业绩考核也好，则作为干部苗子备选。三是苗子好，参加干部培训后考试成绩不好，则回去继续当战士。四是战场业绩好、立功多，干部训战进步快，则选拔成将军。

其次是卖产品、卖服务、建生态三部曲。以客户为中心，以奋斗者为本，这是卖好产品、做好服务的基础，而通过"深淘滩，低作堰"的理念，与同行友商和相关利益群体分享利益，构建好的产业生态，是华为持续打胜仗的重要基础。特别是在走向技术创新前沿，进入全球领域之后，华为更需要构建产业生态来保证公司的健康成长。而在面临外部打压的情况下，建生态更成为其必由之路，尽管这条路非常艰难，尽管这条路要付出更大的牺牲。

最后是做大、做强、做久三部曲。目前的华为，不仅追求做大、做强，更在追求做久，也就是追求持久的胜利！活下去不仅是持久战，而且要持久胜。打胜仗的组织不仅要有军队的胜利精神，而且要讲政治、讲信仰。这就是学习军队并要超越军队的组织管理机制，这就是长久胜利的保障。

结语：企业三命，常胜靠制

企业有三命，宿命、寿命和使命。宿命，是说企业有自己的成长发展规律，企业最终都会灭亡。下一个倒下的会不会是华为？面对这个问题，华为并不会恐惧、伤悲，或感到荣耀。即便失去"荣耀"，又怎么样？寿命，是说企业的生灭或蜕变有一个时间段，我们把企业从开始设立至清算退出的时间段称为企业的寿命。企业的寿命周期会分为几个阶段，华为目前应该处于成长中后期。

再说使命。企业并不会因为有必然要灭亡的宿命，就认命，就不去努力了。恰恰相反，正因为企业有宿命，企业家群体更有使命感，要通过自己的信仰、意志力和决策，使企业更好、更健康地活下去、成长下去。即使企业在成长过程中会遇到很多挫折、失败，遇到很多常人难以忍受和理解的困苦，使命感也会激励企业家群体不断地去奋斗，去超越。正如任正非所言："生命总是要终结的，我们现在所做的一切努力就是（要）延长华为的寿命，（让它）不要死得那么快，更不要死得那么惨！"使命不是你要做的、喜欢做的事情，而是你必须做的、不得不做的事情。有了使命感，才能像毛泽东所教导的那样：下定决心，不怕牺牲，排除万难，去争取胜利。

胜利靠什么？人们常说小胜靠智，大胜靠德。从管理的角度来看，我认为常胜靠制。华为的持续胜利，靠的是对活下去和胜利的追求，是对文化和组织的建设，以及围绕客户和奋斗者所打造的机制。

—
金
—
句
—

- 生存追求，对应的是底线思维。企业固然可以追求做强、做大、做优等目标，但从优秀企业成长与变革的基本规律来看，做久才是正理。生存问题才是企业的底层问题。

- 华为在经营上的价值排序是生存、胜利和盈利，在管理上则是德才、创新、程序三者并重。

- 一切为了胜利。没有结果，种果树就失去了意义。没有收成，耕地就失去了意义。效率优先于公平，效果优先于效率，业绩优先于德才，天职优先于情结！胜则举杯相庆，败则拼死相救。

- 胜利靠什么？人们常说小胜靠智，大胜靠德。从管理的角度来看，我认为常胜靠制。华为的持续胜利，靠的是对活下去和胜利的追求，是对文化和组织的建设，以及围绕客户和奋斗者所打造的机制。

华为向军队学习了什么

吴春波

华为管理顾问，中国人民大学教授、博士生导师

任正非就是一块大海绵，华为就是一棵洋葱头

"学不学华为"是个问题。你可以不学华为。况且，即使学华为，也不一定学得会。

学华为到底能不能学会？诸多企业带着这个疑惑依旧学着华为。任正非给出的答案是："第一，华为没有秘密；第二，任何人都可以学。"

如果要学华为，到底学什么？我认为有几点需要注意。

其一，学习华为的当下，不如学习华为的过去。当下的华为很辉煌，也很难学；过去的华为很艰辛，但很容易学。欲取辉煌，必经艰辛。欲戴皇冠，必承其重。

其二，学华为的术，不如学华为的道。术易学，道难寻。华为之道，应该是中国企业尤其是高科技企业的经营管理的普适之道，华为只不过比其他企业更早地探索到发展之路，并比其他企业更早地上路了。华为所经历的一切，不管是经验还是教训，对后来的企业都有借鉴意义。

其三，学华为的经营，不如学华为的管理。华为在初创期，在关注经营成长的同时，也关注企业的内部机制与管理，并在成长过程中实现了经营与管理的均衡。中国企业的普遍短板是机制与管理，而不是经营理念与模式。

其四，学习华为，别的可以不学，但有两条必须学，第一，学习华为是如何进行自我批判的，因为自我批判是任何组织、个人成长和进步的必要前提；第二，学习华为是如何学习别人的，因为强大的组织学习能力是华为从平庸走向卓越和优秀的关键成功要素。

伟大是熬出来的，伟大也是改出来的。持续改进使我们每个人都有可能变得优秀，变得卓越。在华为30多年的成长过程中，任正非一直把向一切优秀事物学习作为个人和组织的核心主张，其学习的对象既包括动物和植物，也包括各类组织。任正非就是一块大海绵。（因为我的性格像海绵一样，善于吸取他们的营养，总结他们的精华，而且大胆地开放输出。——任正非）华为就是一棵洋葱头，在开放的前提下，不断吸纳并转换外部能量，围绕公司的核心竞争力不断扩张，持续把公司做大、做强。

一杯咖啡，吸收宇宙能量。一桶糨糊，连接全世界。

所谓的一杯咖啡主义，如任正非所言，就是："一杯咖啡吸收宇宙能量，并不是咖啡因有什么神奇作用，而是利用西方的一些习惯……（进行）沟通与交流。……投标前的预案讨论、交付后的复盘、饭厅的交头接耳……我认为都是在交流，在吸收外界的能量，在优化自己。形式不重要，重要的是精神的神交。咖啡厅也只是交流场所之一。无论何时何地，都是交流的机会与场所。不要狭隘地理解。"

所谓的一桶糨糊，如任正非所言，就是："我个人谈不上伟大，我是个普通人，我自己什么都不懂，也什么都不会。我什么都不懂，我就是一桶糨糊，将这种糨糊倒在华为人身上，将十几万人粘在一起，朝着一个大方向拼死命地努力。"

华为向军队学习的内在机理与驱动力

军队，也是任正非与华为长期以来的学习对象。

检索任正非历年的讲话和文章，会发现其中存在大量的军事术语。向军队学习，是其长期主张。华为是如何开始向军队学习的？这与任正非密切相关，他是华为学习军队的源头所在。第一，任正非本人在军队待过。第二，他拥有强大的学习能力，他把接触到的东西通过一杯咖啡、一块大海绵吸纳过来，通过有针对性的讲话或者文章，在公司持续传播。任正非曾言：没到过世界，哪有世界观。同理，没有行伍经历，哪知道军队管理的厉害。

管理大师德鲁克在《21世纪的管理挑战》一书中曾写道："空军基地、医院和软件公司也有不同的管理方式。但是，最大的差异体现在各类组织使用的术语上。然而，这些差异主要应该体现在应用上，而不应体现在管理原则上。不同组织的任务和挑战也不存在巨大的差异。例如，所有这些组织的高级管理人员在解决人事问题上花费的时间相差无几，而且他们总是面临几乎相同的人事问题。在这些组织关心的问题中，90% 左右的问题都是普遍性问题。对于最后 10% 的问题，企业与非营利性机构之间的差异与不同行业的企业之间（如跨国银行与玩具制造企业）的差异并无太大区别。"[⊖] 军队管理与企业组织管理的共性，决定了华为向军队学习的可行性。

任正非所提倡的向军队学习，就是其领导力的体现，他为华为公司的组

⊖　德鲁克 . 21世纪的管理挑战 [M]. 北京：机械工业出版社，2019:8.

织进步指明了前进的方向，并指导华为在这条道路上心无旁骛地执着前行。

华为为什么向军队学习？第一，因为军队是所有组织中最高效的，它的使命要求它必须有强大的执行力、组织力、应变力和竞争力。第二，军队构建了一支有纪律、有追求、有活力的人力资源队伍。第三，军队是在没有任何假设的条件下实现组织目标的，军队是在资源短缺的条件下取得生存与胜利的。第四，军队面临的内外部环境更复杂，具有更高的不确定性。第五，军队面对着敌我双方的不确定性博弈，而且其胜利和失败都是以生命为代价的，非常残酷。第六，军队可使用的管理手段与工具是有限的，如薪酬、奖金与福利等物质激励手段极其有限。

华为向军队学习是一个系统过程，按其学习的内在机理可以分为三个阶段。

第一，任正非系统地吸纳古今中外军队的管理思想，并加以分析、归纳与总结，依据公司经营发展的不同阶段与存在的问题，有针对性地通过讲话、文章、会议，以各种方式持续地在公司内部传播，使大家对这些知识有了基本的认识，从而形成对标学习的共识。

这一阶段可以概括为"思想的云"。

第二，公司有组织地学习军队的管理思想、理念、举措，形成统一的管理语言与集体认知。

这一阶段可以概括为"运营的雨"。将"思想的云"化为雨，然后灌输到管理层和员工层，为实践层面的实施打下基础。

第三，依据公司的实际情况，将军队的有关管理理念与具体举措转变为华为的经营管理实践，改进、提升公司的经营管理水平，并通过华为的管理实践进一步验证向军队学习的成果。

这一阶段可以概括为"实践的树"。

这是一个闭环的学习与提升的过程。在这个过程中，华为同样坚持着对标学习的三部曲：先僵化，后优化，再固化。因此，其学习军队卓有成效。

任正非不仅自己学，而且通过推荐与军队相关的文章、书籍、影视作品，牵引员工和干部来学习军队。

曾有人问："谁是任正非的老师？"可以说，世间一切皆为"任师"。有一个人被任正非称为"永远的老师"，这个人就是马世民。2012 年 11 月，任正非为《马世民的战地日记：从悍将到企业巨人》一书作序（这是他第一次为他人的书作序）。任正非说："对于今天快速发展的中国来说，马世民对当代青年人，是一个非常好的榜样。对我来说，他是一个实在丰富的老师。我不知道他在全世界有多少产业，怎么飞的，如何分配时间的，值得我学习的还多得很。"○

马世民是一位军人。他是英国人，1940 年出生于莱斯特，曾任和记黄埔董事总经理，19 岁的时候，马世民又加入了法国的外籍军团，度过了五年的雇佣兵生涯，有过血与火的经历。59 岁的时候，马世民参加撒哈拉沙漠马拉松大赛，用七天时间跑完了 254 公里；64 岁的时候，马世民在南极洲用 58 天徒步行走了 1095 公里，成为徒步南极最年长吉尼斯世界纪录的保持者；71 岁的时候，马世民组建了世界上的第一支私人海军，打击海盗……

任正非还写道："2012 年 9 月 7 日，马世民在伦敦的办公室请我们吃饭，指着高 1000 多英尺○全玻璃的碎片大厦（当时欧洲的第一高楼，高达 309.6 米）说，三天前，他用绳索从那个楼上爬下来，这是奇人的又一斑。这可是一位 72 岁的青年人啊！"⊜

这就是任正非骨子里的军人气质，他与同为军人出身的马世民惺惺相惜！

○ 马世民. 马世民的战地日记 [M]. 余卓轩，张燮，译. 北京：中国人民大学出版社，2013.

○ 1 英尺 =0.3048 米。

⊜ 同○。

企业家的管理行为源自其管理思想，管理思想的传播要通过语言文字。思想的云一定要化为运营的雨，才能指导实践。企业家一定要润物细无声地持续传播，才能用自己的管理思想春风化雨般地滋润企业的万物生长。

下面通过一个案例来说明华为向军队学习的内在驱动力。

金一南将军曾三次到华为做讲座，他对华为影响巨大，当然首先影响的是任正非。每一次任正非全程听完之后，两个人都相互敬礼，场面令人感动。在华为成立 30 多年以来，还没有第二个人能够像金一南将军这样，在华为做讲座产生如此大的影响。

金一南将军的讲座及文章，之于华为及任正非的价值在于：

第一，以军队组织的文化、运作与管理为背书，验证了华为的管理哲学与成长逻辑，使华为更自信。

第二，军队的运作模式，特别是美军的成功经验，在很多方面给华为以重要的管理启示，包括队伍的灵魂与血性，干部的选拔、甄别、评价体系、培养与激励、组织的设置与运作。

2015 年，总裁办发电子邮件，全文转发金一南将军的文章《美军还能打胜仗吗》，建议大家阅读。有人说，军人的最大奉献是牺牲，是血洒疆场。金一南将军说，不完全对，牺牲是军人最大的付出，但不是军人最大的奉献。军人最大的奉献是胜利。国家养育军人，不是让你到关键时刻一死了之。对于军人来讲，胜利永远不可替代，军人为战而生，但不是用死亡体现忠诚。血性是会夭折的，所以需要培育，需要养护。血性也是会沉睡的，所以需要唤醒，需要点燃。

在转发这篇文章的时候，任正非加了按语："军人的责任是胜利，牺牲只是一种精神。华为的员工不只是拥有奋斗精神，更要把这种精神落实到脚踏实地的学习与技能提升上，在实际工作中体现出效率与效益来。"

2015 年 9 月 29 日，金一南将军第一次来华为做讲座，题目是《队伍的灵魂与血性》。金一南将军的讲座，任正非现场评价说，是他听过的最好的讲座。当时华为在全球有 8000 名员工同时收看。

2015 年 11 月 29 日，任正非又签发文件，在公司内部转发金一南的文章《胜利的刀锋——论军人的灵魂与血性》，再次呼唤华为人的血性与对核心价值观的坚守。2015 年 12 月 4 日，华为轮值 CEO 郭平先生发表了题为《记住插在硫磺岛上的那面旗帜》的文章，任正非为此文写了编者按："'一切为了作战，一切为了服务业务，一切为了胜利'也许会成为一个时代的口号，这个口号在华为要管十年。"他提出了"三个一切"，真正把胜利这个理念作为华为人的价值观，因为胜利是反映奋斗的一个重要指标。奋斗只是一个过程，胜利是最终的结果。

2016 年 1 月 16 日，金一南将军再次来华为，为参加 2016 年市场部大会的千余名高管做讲座，题目是《关于将军的产生——对指挥、统帅和决胜的思考》。截至 2016 年 5 月底，在华为的内网上，金一南将军上述两个讲座视频的观看人次已超过 12 万。2016 年 1 月 13 日，任正非在市场部大会上演讲的标题是《决胜取决于坚如磐石的信念，信念来自专注》，和金一南的讲座相呼应。

2016 年 9 月 22 日，金一南将军再次莅临华为做讲座，题目是《领袖是怎样炼成的》。

华为向军队学到了什么

华为向军队学习，主要包括以下几个方面。

向军队学习打胜仗的血性

军队是充满奉献精神、理想主义、英雄主义、爱国主义和浪漫主义的组织，华为向军队学习的一个重要方面，就是以此作为组织文化与组织氛围建设的外部力量，以持续地强化公司核心价值体系，持续地优化组织氛围，赋予这支队伍以血性和理性，把这支队伍打造成一支铁军。

血性可以说是军队的精神图腾，也是军人的重要特质。什么是血性？

（1）战胜对手有两次：第一次在内心中，第二次在战场上。（金一南）

（2）俄罗斯幅员辽阔，但我们已经没有退路，后面就是莫斯科。（苏联红军）

（3）胜则举杯相庆，败则拼死相救。（华为）

（4）面对强大的敌手，明知不敌也要毅然亮剑。即使倒下，也要成为一座山，一道岭。（李云龙）

（5）打胜仗始终是我们的信仰，没有退路，就是胜利之路。（美国马丁·登普西将军）

城墙是否会被攻破，不仅取决于城墙的厚度，还取决于守城将士的信心；城墙是否会被攻破，不仅取决于攻城的武器，还取决于攻城将士的血性。

军队是一个有血性的组织，华为向军队学习，第一点就是学习军队的血性。任正非在《欧亚血性自省研讨会议纪要》前面加了按语："华为呼唤有血性的员工和团队，尤其在战时，我们更期望每一个团队都成为有血性的团队。"这种理念、思想很好地传递到了华为的高管层。华为的一位高管在文章里写道，"团队要对胜利有极度的渴望，要有极度坚韧的意志，要有对失败的极度羞耻感，要有对结果极度负责的态度"。他用了四个"极度"，并把这些作为对团队、对部门、对员工的要求。

在华为，有几所军校的校歌深入人心。

"主义须贯彻，纪律莫放松，预备作奋斗的先锋。"（黄埔军校校歌）

"团结、紧张、严肃、活泼。"（抗大校歌）

"职责毋忘，荣耀闪光，西点西点，戍吾家乡。日夜教诲，尔之赤子，

珍惜荣誉，为之战之。吾等毕业，卫成海空，西点西点，报国尽忠。"（西点军校校歌）

这些年来，公司大小会必唱《中国男儿》，这是1895年云南昆明陆军讲武堂的军歌："中国男儿，中国男儿，要将只手撑天空。睡狮千年，睡狮千年，一夫振臂万夫雄。我有宝刀，慷慨从戎，击楫中流，泱泱大风。"

华为当下的精神图腾是一架二战时期的英雄飞机伊尔-2。"没有伤痕累累，哪来皮糙肉厚，英雄自古多磨难，苦难的背后都是伟大。""我们的飞机已经被打得千疮百孔了，多一个洞也没关系。我们应沉着、镇静，保持好队形。"

任正非在华为大学的后备干部毕业证上，写了两句话："只有有牺牲精神的人，才有可能最终成长为将军；只有长期坚持自我批判的人，才会有广阔的胸怀。"他认为："华为大学应该有两个基因。一个是像黄埔军校和抗大的以短训方式产生人才的基因；另一个是西方职业教育的基因，为大家赋能。个个热情奔放，但都不知道该怎么干，也不行。""我们希望用黄埔军校、抗大的精神产生人才。""华为大学应该成为将军的摇篮。""我们的队伍既要英勇奋斗，又要灵活机动。战争是产生名将的土壤。我们要不拘一格选人才。未来的领袖将在这场战争中诞生。"

所以，华为的企业文化与组织氛围有着类军队或准军队的典型特征，这也是华为企业文化与组织氛围的重要特质之一。

向军队学习组织与流程建设

华为在长期的组织建设过程中，大量吸纳了军队的组织建设与流程建设的思想与具体对策，以保证组织效率的持续提升，以及组织运作的灵活性、弹性与高效性，使公司的运作能够不断适应外部不确定的环境，有效地实现组织目标。

2006 年，冯仑先生写过一篇文章，题为《西点军校出来的 CEO 多过哈佛商学院》。任正非将这篇文章推荐给华为员工，它在华为引起了很大的反响。冯仑先生的这篇文章中有一个重要理念：军事组织变革是商业组织变革的先导。他认为现在所有商业组织的变革实际上都来源于军事组织的变革。我们在学习军队或者学习其他组织时，很重要的一点是，要先理解它们，收集更多的资料，尽量理解它们。但是，我们现在对有些东西是不理解的，拿来就用。

以 2009 年任正非的《谁来呼唤炮火，如何及时提供炮火支援》讲话为起点，华为以美军的阿富汗战争为模板，开始构建市场一线作战流程，并与之前引进的 IPD、ISC、IFC 等业务流程相对接，形成覆盖全业务的运作流程。在这个流程中，大量引入了美军现代军事变革的成果，如上校连长、铁三角、持续赋能、片区联席会议、海军陆战队、重装旅、联合勤务、战略预备队、后备干部队、精兵模式等。同时，还引入了现代军事变革实践中的理念，如：班长的战争；让一线呼唤炮火；把指挥部建在听得见炮声的地方；一切为了前线，一切为了服务，一切为了胜利；等等。

2014 年 8 月 21 日，在听取人力资源工作汇报时，任正非提出："你们要研究一下美国军队变革。乔良写的一本书叫《超限战》。军队的作战单位已经开始从'师'变成'旅'，作战的能力却增强得很厉害。而且美国还在变革，未来的方向是，作战单位有可能……还要缩小成'排''班'……班长可能真就是'少将'或'少校'，因为一个班的火力配置很强（配有巡航导弹、飞机、航母……），就没有必要大部队作战。'班长的战争'这个理念应该这么来看，大规模人员作战很笨重，缩小作战单位会更加灵活，综合作战能力提升了，机关要更综合，决策人不能更多。让组织更轻、更灵活，是适应未

㊀ "我们同时借用了美军参谋长联席会议的组织模式，提出了片区的改革方案。"（任正非）

来社会发展的，也是我们未来组织改革的奋斗目标。"

"将来华为的作战方式也应该是综合性的，我们讲'班长的战争'，强调授权以后精简前方作战组织，缩小后方机构，加强战略机动部队的建设。划小作战单位，不是指分工很细，而是通过配备先进武器和提供重型火力支持，使小团队的作战实力大大增强。当然，授权不是一两天能完成的。目前，管理上有些问题还没有解决，在三五年内要把LTC、账实相符落到实处，以'五个一'作为重点，一定要实现端到端贯通。五年以后，坚定不移地逐步实现让前方来呼唤炮火。多余的机构要关掉，这样，机关逐渐就会不再那么官僚化。"

任正非指出："前两年我们已经开始进行组织改革了，首先就是加强地区部的计划建设，这也是向美军学习的。"可以认为，在中外企业中，像华为这样系统和全面地引入军事语言、军队变革理念及军队运作方式的企业，实在不多见。这也从一个侧面反映了华为强大的组织学习能力。

向军队学习干部管理与领导力提升

在向军队学习的过程中，华为大量引进了军队对将领的管理理念与方法，目的是打造一支高素质、高境界的干部队伍。

其一，华为将各级管理者区分为"主官"和"主管"。任正非说："主官负责的是战役方向，一心一意盯着战略目标的不确定性，精力集中在胜利上，把确定性事务授权（下去）；主管就是高级职员，主要负责处理确定性事务，可能比主官在专业上更精通，在确定性的工作中，我们实行首长负责制。""以后我们的一把手要更多地充当主官。"这种区分方式来自军队。对主官强调的是管理者必须为部门结果（即军队中的"胜利"）负责。对主管强调的是管理责任，特别是对人力资源的管理责任。

华为对各级主官的要求是："一线作战团队主官既要'敢战'，有强烈的

求胜欲望，又要'善战'，具备打赢'班长战争'的新能力。"（引自《华为人力资源管理纲要 2.0》）

其二，干部的选拔与晋升必须从基层做起，走"之字形成长"路线，在"上甘岭"上选拔干部，提倡"宰相必起于州郡，猛将必发于卒伍"。如任正非所讲："（要在）上甘岭培养将军，但并不是在上甘岭（的人）就一定会成为将军。艰苦地区能够出英雄，但不一定能出将军，将军也是要学习的。"

其三，干部不能论资排辈，可以有"少将连长"。任正非所说的"少将连长"包括两种："一是少将当了连长，二是连长授了少将衔。"2017 年 8 月 29 日在"合同在代表处审结工作汇报会"上，任正非提出："在试点国家，代表处的代表应该高配，可以高于地区部总裁。我们原来说'少将连长'，为什么一定要'少将'呢？如果能力不足，一放权就会出大问题。可以换个'上将'去当代表，取得成果就有机会做总参谋长；派一个'中将'去系统部；派一个'少将'去做项目经理。这样全部重兵压过去，改革出一个样板来，我们就能在全球推广。"

其四，强调干部要率先垂范、无私奉献。任正非说："克劳塞维茨的《战争论》中有一句很著名的话，'要在茫茫的黑暗中，发出生命的微光，带领着队伍走向胜利。'战争打到一塌糊涂的时候，高级将领的作用是什么？就是要在看不清的茫茫黑暗中，自己发出微光，带着队伍前进。越是在困难的时候，我们的高级干部就越是要在黑暗中发出生命的微光，发挥主观能动性，鼓舞起队伍必胜的信心，引导队伍走向胜利。所有的领导一定要像丹柯一样，一定要像克劳塞维茨所形容的高级将领那样，在茫茫的黑暗中，鼓舞精神，激励斗志。"同时，他在不同时期依据不同的场景，为干部树立了学习的榜样。

任正非要求各级干部学习阿甘的"傻"、执着、坚守与简单，他认为：

"华为就是最典型的阿甘。阿甘精神就是目标坚定、专注执着、默默奉献、埋头苦干！这个社会，聪明人太多。要做阿甘，要傻一点。"他要求各级干部学习向坤山（老山战役主攻团副团长），他说："我们要焕发出战斗活力，就要向满广志、向坤山学习，让大家把工作干劲爆发出来。"他还要求各级干部学习《致加西亚的信》中罗文的强大执行力（《致加西亚的信》是华为在内刊上转载过两次的文章），要求各级干部学习李云龙的亮剑精神和赵刚政委的主官担当。

其五，借鉴军队变革的成果，强化对干部任职能力的评价。2019 年末，任正非在一次讲话中指出："我们公司的改革明显落后于国家的改革，落后于军队的改革。军改都在考军长了。人力资源的干部，有多少人有识别干部、专家、职员的洞察能力？有多少人熟悉主航道的业务？没有这些能力，如何能洞察公司的未来？"我军军改过程中的考军长的举措被任正非迅速引进华为："考军长是要从上到下逼各位领导学习，消灭南郭先生、铲除平庸。没有平庸的员工，只有无能的领导。我们需要满广志、向坤山、李云龙……"通过以考促训，考军长已逐步融入华为正常的干部管理体系。这就是华为持续学习和强大执行力的典型体现。

学习军队的战略管理

任正非说："什么叫战略？战略就是牺牲。打仗的时候略掉一部分就叫战略，丢的那一部分就是战略，舍弃的那一部分就是战略。舍弃的有可能是金钱，有可能是生命，也有可能是装备。"

在 2020 年 11 月 4 日关于企业业务的讲话中，任正非提出："我们要讲清楚作战的战略方针，要讲过河的'船'和'桥'，不能'口号治企'。领袖要有架构性思维，领袖的责任是讲明方向、发现问题。""内部统一组织，是靠打胜仗来牵引的，在打胜仗的过程中不断地组合队列。从小交换机开始，从传输开始，从 2G 无线网开始，从简单的路由器开始……我们无不是用胜利来牵引的。"

通过研究《失去的胜利》一书，任正非提出了"不在非战略机会点上消耗战略力量"的战略理念。

学习军队的科学管理

2014 年 6 月 17 日，华为举行了"蓝血十杰"颁奖大会，并邀请了国内媒体观摩。"蓝血十杰"奖是华为管理体系建设的最高荣誉奖。在大会上，任正非发表了题为《为什么我们今天还要向"蓝血十杰"学习》的讲话。

在讲话中，他介绍了向"蓝血十杰"学习的初衷："'蓝血十杰'对现代企业管理的主要贡献，可以概括为基于数据和事实的理性分析和科学管理，建立在计划和流程基础上的规范的管理控制系统，以及客户导向和力求简单的产品开发策略。

"我们要学习'蓝血十杰'对数据和事实近乎宗教崇拜的科学精神；学习他们从点滴做起建立现代企业管理体系大厦的职业精神；学习他们敬重市场法则，在缜密的调查研究基础上进行决策的理性主义；学习他们团队运作的集体主义。

"华为之所以能够在国际市场上取得今天的成绩，就是因为华为十几年来真正认认真真、恭恭敬敬地向西方公司学习管理，真正走上了西方公司走过的路。这是一条成功之路，是一条必由之路。我们今天为什么还要向'蓝血十杰'学习，就是因为我们还要沿着这条路走下去。"

"蓝血十杰"的成员出自美国名校，后加入美国战时陆军航空队"统计管制处"，二战结束后没多久，他们进入福特公司的计划、财务、事业部、质量等关键业务和管理控制部门。从此，他们掀起了一场以数据分析、市场导向以及强调效率和管理控制为特征的管理变革，使得福特公司重整旗鼓，扭亏为盈，再现当年的辉煌。这十位精英获得了"蓝血十杰"的称号，人们将他们称为美国现代企业管理的奠基者。后来，他们之中产生了国防部长、世界银行总裁、福特公司总裁、哈佛商学院院长和巨商。

学习军队的自我批判

华为强调各级干部必须具有批判性思维能力，并有在组织与业务运营体系中构建批判性思维的组织力量。

任正非要求各级干部学习满广志（中国陆军第一蓝军旅旅长）的批判与自我批判。他说："在研发系统的总体办[○]中，可以组建一支'红军'和一支'蓝军'，'红军'和'蓝军'这两支队伍同时行动，'蓝军'要想尽办法打倒'红军'，千方百计地钻它的空子，挑它的毛病。'红军'的司令官以后也可以从'蓝军'中产生。"

在华为，还有一个特殊的部门，叫"蓝军参谋部"，该部门成立于2006年，隶属于公司战略 Marketing 体系。该部门人不多，但皆是精英。成立该部门的目的，"就是要构筑组织的自我批判能力"。所谓"蓝军"，原指在军事模拟对抗演习中专门扮演假想敌的部队，通过模仿对手的作战特征与红军（代表正面部队）进行针对性的训练。

蓝军参谋部的定位是：负责构筑组织的自我批判能力，推动在公司各层面建立红蓝军对抗机制，通过不断进行自我批判，使公司走在正确的方向上。在公司高层领导团队的组织下，蓝军参谋部采用辩论、模拟实战、战术推演等方式，对当前的战略思想进行反向分析和批判性辩论，在技术层面寻求差异化的颠覆性技术和产品；从不同的视角观察公司的战略与技术发展，进行逆向思维，审视、论证红军的战略/产品/解决方案的漏洞或问题；模

○ 华为研发体系中的总体规划办公室的简称。

拟竞争对手的战略／产品／解决方案，指出红军战略／产品／解决方案的漏洞和问题。

任正非说："西点军校校长戴维·亨通中将[⊖]在最近的讲话中，提出了21世纪军官成功的核心是批判性思维。这一点与我们学点管理哲学是相通的。通过批判性思维、创造性思维和（科学的）历史观，审时度势，正确地判断华为的未来，是落在新一代华为人身上的重任。我们有没有决心、有没有能力前仆后继、英勇前进？有没有智慧适应社会、促进环境的改善与自身的发展？"

学习军队的训战结合

自 2013 年起，华为就开始组建战略预备队。战略预备队采用的不是企业大学的培训模式，而是来自军队的训战结合的赋能模式，其核心就是：仗怎么打，兵就怎么练。采用标准化、场景化、案例化的方式进行课堂集训，尽可能贴近实际，还原真实的业务挑战。其特征是：赋能点、翻转学习、场景化、对抗演练、复盘。其目的是：通过组织能力与个人能力的不断迭代，提升组织打胜仗的能力。

任正非强调："在华为的现实工作中，我们不主张多考试，因为浪费实战时间。但是在华为大学的培训中，（我们）主张多考试，一个星期至少考三次。培训结束之前，学员要先把自己的沙盘讲清楚，毕业后带着沙盘回去，一边实践，一边修改，最后看结果。

"在公司各部门纷纷转入战时状态时，HR 要打起背包，捆起绑腿，深入一线，走进战场，在帮助解决现场问题的过程中，训战结合，将模板知识转变为作战主管管理队伍的能力，用实践案例来内化自己的书本知识，边保障

⊖ 于 2010～2013 年任西点军校任校长。

边学习，边学习边进步，跟着大部队一起奋勇前进。"

任正非讲，华为干部要干三件事：点兵（就是关注下属，沙场点兵）、布阵（就是组织建设）、请客吃饭（就是关注客户，吸取别人的能量）。后来华为全球化了，就用了一个和国际接轨的词——"喝咖啡"，变成了"点兵、布阵、喝咖啡"。这就是"一杯咖啡主义"——请别人喝一杯咖啡，从这个人身上获取正能量，学习他的知识。这体现了华为式学习的鲜明特征。

学习军队的仪式感和精神激励

《华为人力资源管理纲要 2.0》特别强调了精神文明的作用。"精神文明建设以持续奋斗为导向，构筑了公司的核心价值观，形成了积极进取、敢于亮剑、百折不挠、集体奋斗的高绩效组织文化"。"坚持'核心价值观'，用公司的愿景和使命激发员工个人的工作动机，通过公司的发展为员工提供成长的机会，营造信任、协作、奋斗的组织氛围，持续激发组织与员工积极创造的精神动力"，要鼓励"集体主义下的个人英雄主义"。

同时提出，"要重塑大公司、中集体、小团队的集体荣誉感，让集体荣誉感所带来的团队成就感与归属感，成为各级组织主动协同、集体奋斗的精神基础；要及时对先进人员进行表彰，让个人荣誉所带来的认同感与价值感，成为个体不断追求卓越、持续奋斗的精神动力。要用好、用活荣誉仪式与荣誉信物，通过正向积极、感人至深、催人奋进的表彰仪式，让优秀的组织与个人获得更大的荣誉感，让荣誉感进一步激发出组织与个体更大的责任感，让个体性'一枝先秀'的榜样引导出群体性'百花齐放'的奋进。"

从学军队的 30 余年历程来看，在前半段，华为学习军队的重点是队伍建设、组织氛围建设和企业文化建设；在后半段，则注重组织建构与组织流程建设。

学习军队的考军长

华为近些年实行的考军长，是其向军队学习的一个经典案例。

为锻炼和提高战役筹划、指挥能力，2018 年 6 月，我军陆军 13 个集团军军长依据抽签确定的顺序依次接受考核。这是陆军首次针对高级指挥员展开的军事训练等级考评，考评内容紧贴使命、任务，坚持问题导向，具有很强的实案化背景。

我军军改过程中"考军长"的举措被任正非引进到华为，作为对标管理的对象。当时，任正非首先对 HR 队伍提出了明确的要求，他说："当前，公司组织层次太多，管理太复杂，作战人员太少。非作战人员比例过大，实行一定的精兵简政是必须的……先从你们自己的办公室淘汰几个，淘汰到连自己都胆战心惊……改革先从自己革命开始，如果 HR 自己不革命，就不要去革别人的命。

"HR 队伍更要有战斗力，这不是口号，是实操。我认为，每一个 HR 都要上战场去开几'炮'，打不准就下岗……我们很多 HR 还没有深入过基层团队，没去过作战现场，工作重心还偏高，对于炮声听不见，对于问题看不见，这样怎么能洞察需求，帮助部门主管解决问题？

"我们的目标是胜利……如果干部队伍不优秀，一定会被打垮的。干部队伍的整改若没有达到目标，就不能保证业务部门的整改达到目标，那么，我们就可能满盘皆输。有人说'我们要战斗到流尽最后一滴血'，那是苍白的，是没有用的，唯有胜利才是真正有说服力的。为了胜利，只有激发这支队伍（的活力）。"

在 2019 年 3 月 9 日的讲话中，任正非对"考军长"予以充分肯定："公司 30 多年来是成功的，人力资源管理功不可没。现在（我们）在'考军长'，在对自身组织进行改革，也是很好的。"

考军长目的就是逼着各位干部学习。考军长的过程就是"化云为雨"和

"化雨为树"的过程。任正非能注意到这些外界其他组织优秀的经典案例，然后吸纳进来，在公司中进行实践，这本身也是一个典型的对标过程。

2018年11月，人力资源管理部率先启动了"考军长"的试点工作。通过两个多月的19次尝试，逐步形成了针对中高级人力资源管理人员的"考军长"方法，并积累了相应的经验。2019年1月4日，华为下发了题为《关于在公司人力资源体系逐步实施全员"考军长"的工作要求》的文件。

华为的考军长，一是基于所发现的内部差距：对于干部自我批判等自己照镜子的机制，在干部真正内心接受、真正客观实施、真正起到实效前，需要形成一种督促自我改进的组织化机制；二是基于外部洞察：陆军"考军长"是提升军队指挥作战能力的手段，而公司考军长，是检验个人的贡献与能力、祛除平庸与惰怠的一种重要方法。

"考军长"还可以解决公司、干部、员工三个层面的以下问题。

在公司层面：当前采用的主要是自上而下的干部评价方式（任职资格除外），缺乏上下游部门、周边同僚、下属团队的反馈，"考军长"可以帮助组织全方位认识干部的长/短板，用人所长。在干部层面：当前干部工作的改进、反馈机制依赖绩效管理，干部需要一个平台来讨论和认识自身的长/短板、岗位匹配情况，发现工作误区和能力盲区，激发自我改进的能动性。在员工层面：目前缺乏足够透明的双向反馈交流，公司需要倾听、考虑和采纳员工对工作的意见和建议，并借此提升员工的归属感和认同感。

华为考军长的程序如下。

考前准备：包括确定评委资源池、围观范围管理[⊖]、考军长命题及合议维度、形成周边访谈报告、提前有针对性地收集问题、现场保障及检查六个环节。

　　⊖　围观是指在考军长的过程中邀请高层管理者及市场一线和上下游部门管理者现场观摩；围观范围管理包括围观公告通知、围观话题确定及考试主题确定等。

考中实施：包括军长陈述、评委线上提问、评估组合议三个环节。

考后闭环：包括输出合议报告、完成与军长点对点沟通、军长制订自我改进计划、发布考军长简报四个环节。

对标管理是华为式学习的最重要的方法

组织要进化，人要进化，怎么进化？要靠学习。每个企业都有一个改进和持续向优秀、卓越发展的过程。这个过程所依靠的自身内驱力包括自我批判和持续学习。

对标管理（Benchmarking）是组织优化的捷径，也是华为式学习最重要的方法。Benchmark 是标杆、基准的意思。Benchmarking，简单地说，就基准化的意思，是指组织不断学习与应用最佳实践进行变革的过程。对标管理也叫标杆管理，它的核心是通过学先进，使自己更先进，或者使自己变得先进。在 20 世纪的管理学界，对标管理曾是一种非常受追捧的管理方法，当年与企业再造、战略联盟并称为 20 世纪 90 年代三大管理方法，它也是当时企业广泛使用的一种管理方法。

真正的对标管理，绝对不是听闻某个公司有什么最佳实践，然后找点资料看看或者找人讲讲课那么简单的。它是企业以自己最强的竞争对手（或某个行业中领先的企业，或最有名望的企业）在产品和服务流程方面的绩效及最佳实践，作为自己学习和追赶的基准目标（即对标的标杆），通过资料收集、比较分析、跟踪学习、重新设计并付诸实施，最终确定自己的可持续发展的关键业绩标准及最优的绩效改进策略的一套规范化的程序与方法。

华为这 30 多年对过标的企业，既有 IBM（流程），也有丰田（精益生产、合理化建议制度）；既有微软（研发管理）和谷歌（谷歌军团），也有海底捞。2012 年底，华为 EMT 下发的最后一份文件，就是关于向海底捞和顺丰学习的决议，要求华为所有员工用一次顺丰的快递、吃一次海底捞的火锅，感受它们的服务。可见，对标也可以跨行业。

除了企业，华为还与学校、社会组织甚至建筑物等各种各样的事物对标。不过，华为对标最多的，还是古今中外的军队，所以也就有了今天的主题——对标军队管理。

可以说，自华为成立以来，军队一直是它学习与对标的对象。华为向军队学习，学得很执着、很认真、很具体、很用力，也很有成效。

金句

- 学习华为，别的可以不学，但有两条必须学，第一，学习华为是如何进行自我批判的，因为自我批判是任何组织、个人成长和进步的必要前提；第二，学习华为是如何学习别人的，因为强大的组织学习能力是华为从平庸走向卓越和优秀的关键成功要素。

- 对于军人来讲，胜利永远不可替代，军人为战而生，但不是用死亡体现忠诚。血性是会夭折的，所以需要培育，需要养护。血性也是会沉睡的，所以需要唤醒，需要点燃。

- 任正非在华为大学的后备干部毕业证上，写了两句话："只有有牺牲精神的人，才有可能最终成长为将军；只有长期坚持自我批判的人，才会有广阔的胸怀。"

- 华为干部要干三件事：点兵（就是关注下属，沙场点兵）、布阵（就是组织建设）、请客吃饭（就是关注客户，吸取别人的能量）。

附录一　任正非与军队相关的讲话、文章目录

1995 年，《解放思想，迎接 1996 年市场大战》

1996 年，《胜负无定数，敢搏成七分》

1997 年，《胜则举杯相庆　败则拼死相救》

1998 年，《狭路相逢勇者生》

2000 年，《雄赳赳气昂昂跨过太平洋》

2006 年，《华为大学要成为将军的摇篮》《上甘岭是不会自然产生将军的，但将军都曾经是英雄》

2007 年，《上甘岭在你心中，无论何时何地都可以产生英雄》《如果不知道自己错在哪里，就永远不会成为将军》

2008 年，《看〈莫斯科保卫战〉有感》

2009 年，《谁来呼唤炮火，如何及时提供炮火支援》《具有"长期持续艰苦奋斗的牺牲精神、永恒不变的艰苦奋斗的工作作风"是成为一个将军最基本的条件》(总裁办推荐)、《贴身观察俄军细节》

2013 年，《最好的防御是进攻》《要培养一支能打仗、打胜仗的队伍》《为西点军规所写按语》

2014 年，《把战略指挥中心放到力量的聚集地去》《三年，从士兵到将军》《在"班长的战争"对华为的启示和挑战汇报会上的讲话》

2015 年，《在战略预备队誓师典礼暨优秀队员表彰大会上的讲话》《在监控重装旅座谈会上的讲话》《将军是打出来的》《〈美军还能打胜仗吗〉推荐语》

2016 年，《多路径　多梯次　跨越'上甘岭'　走进'无人区'》《十六条军规》

2018 年，《坚持多路径、多梯次、多场景化的研发路线，攻上"上甘岭"，实现 5G 战略领先》

2019 年，《战场是最好的阅兵场》《不懂战略退却的人，就不会战略进攻》

《在运营商 BG 组织变革研讨会上的讲话》

2020 年,《在"2020 突击队"出征大会上的讲话》《打造洞察力强、战斗力过硬、能引领胜利的干部队伍》

附录二　任正非推荐的军事题材影视作品

1.《亮剑》

2.《人间正道是沧桑》

3.《高地》

4.《国家命运》

5.《甲午战争》

6.《从奴隶到将军》

7.《五星红旗迎风飘扬》

8.《莫斯科保卫战》

9.《野战排》

10.《绝密 543》

11.《拯救大兵瑞恩》

12.《车轮滚滚》

13.《南征北战》

14.《潜伏》

15.《巴顿将军》

16.《重庆谈判》

17.《芷江最后一战》

附录三　任正非讲话摘录

本部分内容摘自《任正非在运营商 BG 组织变革研讨会上的讲话》(2019

年 8 月 19 日在公司内网正式发布）。这篇 7000 余字的讲话，多处涉及军队或军事用语。通过以下摘录的关键句，我们既可以感受到任正非文章的特色与风采，也可以看到任正非讲话所展示的军人血性、激情与力量。任正非运用军事术语，通过特有的表达方式，传递了自己的经营管理思想，很值得企业家学习和借鉴。

1. 改革的目的是简化作战管理、简化层次，"权要听得见炮声，钱要体现公司意志"。

2. 简化作战管理。

3. 让他们在一定范围内有战斗权力、战役权力、战略的准备权力。

4. 最终打胜仗才是最重要的。

5. 将来我们就是两层作战组织：一层作战组织是代表处的系统部，一层作战组织是 BG 的野战部队。

6. 地区部总裁是管"总发财"，不是总决策。各个岗位的责任与分工不同，军事家不一定都会打枪。地区部总裁要转换角色，明确自己的岗位职责，不要总想去管下面的具体项目，不是只有冲锋到第一线开两枪才是贡献。

7. 在确定性工作中要多用本地员工，中方员工可以往地区部的战略机动部队集中。

8. 地区部负责区域性战略的制定与组织实施，提供区域性作战资源、业务力和行政服务平台。

9. 地区部做好战区主建。这与美军的军改一样，美军五大军种是主建组织，但无权调兵；有九个作战中心，没有兵，但它们有权指挥作战。

10. 在地区部成立联合作战中心协调各 BG。

11. 美军以营、团等基层为单位，作战能力非常强。这是我们公司的学习目标，这也是为什么我们要走"村自为战、人自为战"这条路线。

12．对于重大战役，地区部还是要管的，只是管的方法要有所改变。

13．明年我们对战区进行科学改革以后，战区就会"瘦身"，富余人员就会被挤到坂田机关来，挤到内部人才市场找工作。

14．组成"敢死队"对新项目进行进攻，立功以后可能还能当"连长"。

15．大量"将军"在前线，不在办公室，我们一定要建立这个政策。

16．组织"敢死队"去帮助一线作战。打了胜仗，前线基层人员多提职提级，机关下去的人员可以拿奖金包。机关人员提级要慎重，否则机关就会提一大批"将军"（出现）倒挂。

17．如果每个人都不想上战场，能撕开口子吗？当然，不是要求所有人都上战场，该在后方的还是（要）在后方。

18．能力中心承接战略诉求，既（要）参与作战，也要负责能力的主建工作。

19．以结果为导向，"火线选人、战壕中提拔"，在战斗中激励一大批新领袖产生，让英雄辈出，天才成批来；建立"军团"作战方式，强调集体奋斗、集体立功、集体受奖。

20．坚决走"精英＋精兵＋职员"队伍的建设道路，形成"弹头＋战区支援＋战略资源"的作战队列。

21．弹头部分应该是"将军"带一批有经验的人上战场；战区部分应该是有实力、有经验、善于"啃骨头"的中青年骨干；战略资源部分应该是最高级精英带低阶少壮派。（我们要）形成这三层"军团"。

22．一线充满"将军"。代表处的大系统部（负责人）应该是"少将"，（他应该）带少量善于作战的精兵。

23．鼓励积极使用本地员工，建成精干的指挥中心。需要炮火的时候，再从能力中心和资源中心调配。因此，他们是"少将"带一些"中校""少校"。

24. 在区域能力中心和战略资源中心，除高级专家外（要循环淘汰），中青年骨干的职级大概是"中尉""上尉""少校"，是补充的作战力量。

25. 机关不断压缩，将来就是"上将"带一批少壮派，少壮派是"准尉、少尉、中尉"，加一批有能力、有经验的专业职员，这些职员可能工作到五十岁、六十岁。

26. 少壮派都想将来当"元帅"，天天写"血书"，要上战场，但不一定被批准，因为战场没有那么多机会。

27. 新兵在战略预备队的训练也在后方（进行）。战略预备队和华为大学以考促训。新兵训练要像残酷的西点军校训练一样，天天考试、天天学打"枪"，一定要会开"枪"才允许上前线。

28. "火线选人、战壕中提拔"，以贡献为中心，在实战中加快基层优秀人员的选拔，提高一线直接作战人员的职级。

29. 我们要敢于提拔一批在前线作战的优秀青年员工上来，在整编过程中，每个人都有机会，也有可能从一个"小兵"升到"司令"。

30. 战争都胜利了，为什么打胜仗的人不可以提拔到合适的职级呢？攻下山头的团队，为什么不可以有"司令"？要从打胜仗的人中选干部。

31. 如果他当上了"司令"，考试还总不合格，那再下来，但可以补考。

32. 干部可以在战场上选拔，但是素质提高也是必须的，没有说允许像李云龙一样骂骂咧咧。

33. 代表处要加强从战壕中提拔基层优秀员工，基层员工中不一定就没有"上将"苗子。

34. 我们要把直接作战人员的职级提上来，如果没有一定职级，他就既没有当机立断的权力，也没有呼唤炮火的能力。

35. 代表处大部分相当于二级部门，与产品线平级，这样前线才有作战、调兵的能力。

36．如果有些地区实在选不出干部，机关的"敢死队"里有好的，你们代表处愿意留他，他就有机会；不留他，他还是在"敢死队"，只能拿奖金。

37．这次市场改革之所以重要，是因为 70% 的作战权力都下放到代表处，（代表处的人）成"将军"的机会就多了。通过这次改革，一定会英雄辈出。

38．我们要建立"军团"作战方式，强调集体奋斗，而不只是个人奋斗。我们既要把权力下放到前方，又不能层层承包到个人。

39．代表处作战，除了要有主战部队，还需要有贴近主战部队的支援保障部队，以及后勤保障部队。

40．我们强调主战部队的责任简单化，目的就是攻山头，攻下"上甘岭"。主战部队要开着主战坦克往"上甘岭"冲。修理车、加油车、担架队、炮弹供应车、馒头车……由支援保障部门负责，再加上后勤保障部门。

41．支援保障部门的业务能力一定要强，而且坚决执行主战部队的命令，保障战斗力。比如，主战部队发邮件给支援保障部门，要求支援资源几点几分送达什么地方，如果资源没有送到，就要追究支援保障部门主官的责任。

42．将来主战人员的晋升速度要快于支援保障部队。

43．我们要有正确的价值评价体系，让作战部队有光荣感、自豪感。

44．现在为什么年轻人踊跃上战场？因为只有上战场才能建功立业，才能有机会在二三十岁当上"将军"。当然，支援保障队伍中也有升官的，做得非常好。

45．将来主战部队必须是"嗷嗷叫"的精兵强将，支援保障部队要业精于勤，这样我们才能在五年内形成一个精兵组织。

46．在战时状态，我们既要激进又要保守。在市场人员努力向前进攻的同时，要加强经营质量（管理）；研发要坚持加大战略投入，"向上捅破天，向下扎到根"。

47．为什么强调"战壕中提拔"？就是要冲锋，我们一定要打赢这场"战争"，把"开枪"的权力授给你们。

48．让我们的"坦克"开上战场。如果你想上战场，可以拿根绳子绑在"坦克"上拖着走，每个人都要有这样的决心！

49．现在公司处在危亡关头，第一是号召大家立功，第二是尽快把优秀人员选拔上来，增加我们组织的"活血"。

50．绝大多数员工应心静如水。做好本职工作就是参战。

打胜仗的原理

访问美军院校见闻

马国文

中将，原广州军区副政委

导读

2020 年底，任正非密集走访多所高校。

在一次内部交流中，有人问任正非，你的管理思想最初的来源是什么？任正非称，当年《解放军报》上的一组介绍西点军校的专题文章给了自己很大的震撼和启示。

言者无意，听者有心。在田涛老师的提醒下，编者颇费周折，终于找到了这组文章。它们堪称哺育任正非管理思想的精神乳汁。

这组文章发表于 1981 年，是作者马国文跟随肖克同志率领的军事院校代表团访问美国军校的见闻感受。其时，任正非已应征入伍，正在法国支持建设的辽阳化纤总厂当基建工程兵。在思想活跃的年代，对于一个 30 多岁的年轻人而言，这里是一个开眼看世界的窗口。在这里，他广泛涉猎西方文明，也看到了这组日后让其念念不忘的文章。

今天回看，这组专题文章虽然内容朴实简单，但任正非的若干管理理念恐都发轫于此或与其相关。如何让知识型员工拥有战斗力，如何用信仰和奋斗哲学牵引组织，如何做好物质激励与荣誉激励，如何进行价值评估与价值分配……这些重要管理课题，都有西点军校与美军的答案可以借鉴参考。

所以，我们完整收录了这组文章，希望也能给你带来启示。希望一条巨流的源头活水，也能给你带来思想的洗礼。

军官的"摇篮"——访问美军院校见闻之一

不久前，我随肖克同志率领的军事院校代表团访问了美军部分院校。来去匆匆半个多月，只能写一些浮光掠影的观感。

在访问期间，主人不止一次地对我们说，在和平时期，教育训练和武器装备的发展，是美国军队最基本的两件大事。他们把办好军队院校，看成实现军队现代化的关键，把院校工作总是放在军队建设的重要位置上。几乎每到一所院校，我们都能看到美国总统亲自给学员发毕业证书或视察教学的照片，至于国家机关的一些部长和军队里的高级将领到军队院校讲课，那更是司空见惯。

统率机关对于院校的领导是强有力的。在国防部内，有一名助理国防部长负责院校训练，还设有专门的办事机构，通过三军的教育训练机构对全军院校实施管理。在陆、海、空军参谋部内，也各有一名副参谋长负责院校工作。此外，还由美国国防大学校长牵头，各军种最高学府负责人参加，组成一个教育协调委员会，每年开两次会，共商教学事宜。参谋长联席会议和陆、海、空军参谋部，各有一个选拔学员的评选委员会，严格把关，严格审查。有了这样比较系统的领导机构，院校工作就有了保证。

我们在参观访问中看到，美军有一套严格的培养和晋升制度，保证了军官素质比较适应现代战争的要求。

美军规定，必须有大学文化程度的人才有资格当军官。著名的西点军校（也叫美国陆军军官学院），以及安纳波利斯学院（美国海军学院）和科罗拉多泉学院（美国空军学院），就是"在军事环境中进行一般大学教育"的学校，学制四年，70%以上的时间是学习普通大学的课程，学员毕业时除领取大学毕业文凭和获得学士学位外，还会被授予少尉军衔。

担任军官后又如何学习呢？美国国防大学校长加德中将告诉我们，一个军人在担任军官后的学习和晋升，必须通过初、中、高三级院校进行。初级院校是各军（兵）种的专业学校，如炮兵、装甲兵、步兵、后勤和飞行学校等。从大学毕业的新任命的军官，不直接到部队服役，而是首先到初级院校的基本班学习两至四个月，尔后才能到部队任职，三四年后升至上尉，再到初级院校的高级班学习五至六个月，结业后担任连长或营、旅参谋。中级院校是陆、海、空军的指挥参谋学院和国防部的武装部队指挥参谋学院[○]。上尉、少校军官如需晋升，都要进这一级院校学习九至十个月，结业后晋升为少校或中校，任营、旅指挥官或师以上参谋。高级院校有国防大学的军事学院、武装部队工业学院、陆军军事学院、海军军事学院和空军军事学院。中校和上校军官如需晋升，分别到这五所高级学府深造十个月，结业后晋升为上校或准将，担任师以上指挥官或总部参谋。

可以看出，美军院校分工明确，重点突出，避免了任务重叠和内容重复现象。它如同一座金字塔，显示出学习时间下长上短，学习内容下宽上窄的

○ 该学院于1981年并入美国国防大学。

特点。还可以看出,美军军官的晋升是阶梯式的逐级上升,界限分明,不可逾越。这样经过层层选拔和培养,既稳定了军官的数量,也保证了军官的质量。一些有识之士都说,美军院校确实是人才辈出的"摇篮"。

千筛百选——访问美军院校见闻之二

在著名的西点军校,主人给我们放了一部名为《成功之路——西点》的电影,介绍了西点军校的历史和教学情况。看后,我们感到严格把好各类军官生的选拔关,是美军院校的一个显著特点。

主人讲了这么一件事。1977 年,由于西点军校的招生考试题被泄露,顿时舆论大哗。为了挽回影响,卡特总统以时任校长工作失职为由,撤掉了他的职务,决定由刚卸任的北大西洋公约组织司令谷德巴斯特上将继任。可以看出,这是多么严格的招生制度啊!他们尤其注意把好入学关。美军三所(陆海空各一所)军官生学校的招生条件明确规定,考生必须是美国公民,年龄在 17～22 岁之间,高中毕业,单身未婚,无赡养子女的义务,身体健康等。另外,凡报考这三所军校的人,74% 的人必须经过总统、副总统、参议员、众议员和州长、市长的推荐,剩下的人则是退伍军人、部队军官和有功人员的子弟,合乎这些条件后还要通过严格的考试才能入学。考试方法也很独特,他们把考生的入学考试成绩同其在高中阶段的一贯学习成绩以及活动能力、健康状况结合起来考察,决定取舍,以保证那些成绩真正优秀、确有培养前途的人,不因入学考试没考好而被埋没。据主人介绍,西点军校新生的考试内容是:文化基础考核占 60 分(高中毕业成绩占 23 分,入学考试成绩占 37 分);健康状况考核占 10 分;活动能力考核占 30 分(社会能力 10 分,体育活动 10 分,道德评语 10 分)。经过这三项考试,择优录取。录取率一般为 10%。

学员入校后还要进行频繁而严格的各种考试,不断淘汰一些不合格的学员，以确保学员质量。我们在参观西点军校的课堂时，发现每个学员都配有一块小黑板。教授告诉我们，这块黑板是用来检查学员平时的学习成绩的。每天课程结束后，学员在黑板上写明教员布置的作业。教员点到谁，谁就拿出自己的黑板作回答，教员当即评分。评分采取3分制，2.8分为优良线，2.0分为及格线，2.0分以下为不及格。成绩每周公布一次，累计计算，若学员一学期的平时平均成绩不够2.2分，即做退学处理。学校每年还要进行两次期中考试，如果平时成绩及格，期中考试不及格，可补考一次，再不及格，便勒令退学。西点军校每期招生1500名，学习四年后只有900～1000人能毕业，淘汰率达30%～40%。美军的初、中、高三级院校招生条件也很严格。它们主要以推荐的方式招收学员，各单位根据条件只能推荐，录取的权力则掌握在陆、海、空军参谋部和参谋长联席会议的评选委员会手中。1980年美军共推荐6000余名中校、上校军官进五所高级学府深造，最终只录取了400人。听了主人介绍，我们感到美军院校考试既严格又频繁，是保证学员质量的有效措施。淘汰率这么高，称得上是千筛百选。

一张时间表——访问美军院校见闻之三

我们的飞机于下午四点多钟在西点军校的机场上着陆。按照美国人的作息时间，人们早已离开了工作岗位，以各自的兴趣去选择自己的活动方式了。这就使我很自然地想到，美国军队特别是军队院校这时是怎样生活的呢？

我们来到掩映在绿树浓荫之中的西点军校。学员们还没有下课，工作人员也没有离开岗位，都在勤奋地工作，这里没有什么闲人，也没有闲聊天的现象。

听过主人的介绍之后，我对他们的一张时间表产生了兴趣。时间表规定：6时起床、早饭；7时30分至12时上课；12时20分午饭；13时10分至 15 时 20 分上课；15 时 40 分至 17 时 40 分体育、检阅或操练；18 时 30 分晚饭；19 时至 20 时 10 分会议或课外活动；20 时 15 分至 23 时自习；23 时熄灯就寝。作息时间安排得如此紧凑，使人叹服。然而，也使我产生了一个疑问：一个高度现代化的资本主义国家的军队院校，为什么把时间安排得这样紧凑呢？我问一位女教授，她告诉我说，这个"每天节目表"是陆军部制定的，除此之外，还对一、二年级的学员规定了三个"不准"，一是不准看娱乐性的电视和电影，二是不准谈恋爱，三是一个学期只能过一个周末，还不准在外住宿。她补充说，这样做的目的，是要求学员一到军校就养成紧张的作风，一个学员从入校到毕业的整整四年，都是在这样紧张的生活中度过的。我问她，毕业以后呢？她说，当尉官时还是比较紧张的，因为士兵每天的训练时间一般在 12 个小时左右，校官以上的就松多了。

到了晚上开饭时间，主人留我们和学员一起就餐。他们告诉我们，学员每天晚饭前都要举行队列式。这真是一个有趣的节目。学员一个个从宿舍出来，迈着正步，走向广场，以班为单位面对面地排成两行，一动不动地站在那里，各自小声地背诵着当天学过的课目内容，互相纠正。班长还要抽查，如果回答得不好，班长就要斥责，有的还要写报告向上级反映，上级会根据情节给予警告或处罚。处罚形式一般都是背枪跑步。队列式开始了。全校共编一个学员旅，如同正式检阅一样，伴随着军乐声，以连为方队，正步走向饭厅。这时，主人要我们赶快离开这里，以免被学员在冲跑时撞倒。霎时，学员潮水般地涌了进来。在一个能容纳 4000 多人的饭厅里，约一分钟就各就各位了。一名担任学员旅长的高年级优等生走上讲台，大声地通报了一天的有关情况。旅长的话音刚落，饭厅内顿时响起了一片喧嚣声，有的在大声吼叫，有的在互相拉歌，有的用手猛力拍打着饭桌，有的在使劲地跺脚，有的在用勺子敲打着盘子，有的在向空中抛帽子……这是怎么回事？我问身边的冯教授。他说，学员紧张了一天，采取这种形式是让他们松快松快。大约过了五分钟，服务员把饭菜全部送到了每个学员的面前。这时，旅长又是一声口令，顷刻间，整个饭厅变得鸦雀无声了。

当我们离开西点军校的时候，时针已经指向晚八点了。我们看到，学员们一个个迈着正步，朝着自己的教室或实验室走去，又开始了紧张的学习。

后来，我们在其他院校参观时发现，他们对训练要求都很严格。以训练尉官的步兵学校关于"突击队"一课的教学来说，时间为两个半月；每天正课训练时间为 18.5 小时，有时一天只让学员睡两三个小时，有时甚至一两天不让学员睡觉和吃饭。可见，注重严格训练和紧张生活的养成教育，是美军院校的又一个特点。

军官·学者·科学家——访问美军院校见闻之四

乍一看，军官和学者、科学家似乎不相干。然而，我们在参观美军基层院校并同一些军官交谈时，主人介绍说，一名军官同时又是一名有作为的学者和科学家，在美军军官中绝非仅有。

主人对我们说，美国自从 1923 年实行罗德奖学金制度以来，西点在全国 2700 多所高等院校中名列第四位。第一次世界大战时，在欧洲作战的 36 个军长、师长中，有 34 个出自西点军校；第二次世界大战时，艾森豪威尔、布莱德雷、巴顿、史迪威和阿诺德等著名将领都是西点军校的毕业生。海军学院院长韦尔奇少将告诉我们：美国历史上第一位诺贝尔奖获得者迈克耳孙，就是海军学院的毕业生；世界海权论的创立者马汉的母校也是海军学院。

美军院校为什么能培养出这么多的名将和科学家呢？主要是他们重视打基础，首先是科学文化知识的基础，其次是军事知识的基础。这个打基础的工作，则是由陆军的西点军校、海军的安纳波利斯学院和空军的科罗拉多泉学院完成。这三所学校用 70% 以上的时间学习科学文化，课程内容和地方大学一样，设有文科和理工科。文科有历史、文学、政治、经济、哲学和外语等，理工科有数学、化学、物理、计算机、电机、热动力、航空工程、机械工程和系统工程等。

主人告诉我们，为了使军官都具有大学文化水平，美军还充分发挥了地方大学的潜力。他们在全国比较好的350多所大学中，设有后备军官训练团，由军方负责全部经费，训练团除每周进行二至五小时的军事教育外，其他军事训练则集中在暑假进行。学员毕业后分配到军队任职，这是美军军官的重要来源之一。

美军也重视军官的军事基础知识教育和训练。以西点军校为例，一年级新生学习美军的传统、陆军各种武器的使用和单兵战术；二年级学生学习各军（兵）种知识和小分队战术等，最后还要用一周时间到诺克斯堡去进行坦克驾驶和炮兵方面的训练；三年级学生主要训练特种战术，如在巴拿马进行丛林战训练，或进行跳伞和直升机驾驶训练；四年级学生主要训练领导能力，办法是在本土或到海外的部队担任一段时间的见习排长。学生在毕业后还必须到有关军（兵）种的初级学校去学习半年专业知识，才能到部队任职。

美国政府规定，军官在一个单位的任职时间为三年，从参谋长联席会议主席到排长，包括各类院校的教员，无一例外。一个军官能够适应这样频繁的调动，在任何岗位上都能够开展工作，与他们基础打得牢是分不开的。

目前，美军96%以上的军官已达到大学文化程度，其中90%以上的军官获有学士学位或硕士、博士学位。对少数没有学位的军官，军方也要派他们到指定的地方大学学习21个月；对多数已有学位的军官，则鼓励他们攻读更高的学位，并允许他们离职到地方大学深造18个月。美国国防大学校长加德中将告诉我们：1950年他在西点军校毕业时只获得了学士学位，后考上哈佛大学，学国际政治，获得了硕士学位，1962年又入哈佛大学，获得了政治经济学博士学位。这样，在将来离开军界的时候，他就有资格到一家公司当经理了。据美国国会调查，在全国100多家最大的兵器和军用设备公司里，有近 300 名退休将军和 1500 多名退休上校担任各种领导职务。我们熟知的黑格上将，1947 年毕业于西点军校，他在 1979 年退役后就自找门路，当上了美国联合技术公司的经理，后又被里根任命为国务卿。

这说明，美军院校造就出来的人才，既是军队的栋梁之材，也可以进入社会的各个领域。真是一举数得。

博学以教，择优雇用——访问美军院校见闻之五

美军院校是怎样选拔和雇用教员的？在短暂的访问中，我们得出的答案是：博学以教，择优雇用。美军院校的教员分文职和军职两类。文职教员在全军五所高等院校中占 40% 左右，在三所军官生学校和工程技术院校中则占 60% 还多，在海军研究生学院 158 名教授中，文职的就有 132 名。国际战略、国家安全政策、社会科学和自然科学等课程，都是由文职教员讲授的。除此之外，还聘请了一些地方名流学者兼课。在一次宴会上，我问美国国防大学的托马斯·罗宾逊教授为什么愿意到军队院校任教，又是怎样被选到美国国防大学的？他告诉我，1976 年美国国防大学征招一名教国际关系课中关于中国课的教授，工资比原薪增加 10%，还可以由公家出钱经常到中国去考察。当时报名的有 10 多位，但因为他在华盛顿大学、哥伦比亚大学、加利福尼亚大学、普林斯顿大学、南卡罗来纳大学任教期间专门从事对中国问题的研究，并写有多本关于中国问题的专著，所以被选中。1976～1979年，罗宾逊曾两次以旅游者的身份到过我国。我又问他，你这 40 岁左右的年纪，怎么能在这么多大学任过教？他说，这就要看给我的钱多少来决定了，谁给的钱多，我就给谁干。在美国这个社会，博学是被金钱所左右的，因而美军院校的文职教员大都是视钱而教。

军职教官必须根据军龄、军衔、学历和职务等条件挑选，主要从部队抽调，或直接从学员中选留。具体条件是：军（兵）种初级学校的教员，要具

有大学文化程度,在军(兵)种初级院校学习过,担任过排长、连长或在营司令部任过参谋工作,有五年以上军龄的中尉、上尉;中级指挥院校的教员,必须是同级指挥院校的毕业生,担任过营长或在旅、师司令机关工作过二至三年,有12年以上军龄的少校、中校军官;高等院校的教员,必须是高级军事院校的毕业生,担任过团长,并在军以上司令机关工作过两年,有18年以上军龄的中校、上校。然而,符合这些条件的不一定都能当上教员,还必须经过考试,成绩优秀并要经过短期集训或送教官学校培养后才能任教。短期集训主要学习教育的态度和方针、口头和书面表达、教学方法,以及如何编写教材,如何评定学习成绩等。美军院校的教员同其他军官一样,任职三年即调离。这样既能使教员不脱离实际,又能使院校的教学内容与部队训练有机地结合起来。

为了掌握教员的学术水平和教学质量,美军在各个学校中都设有教学成果检查部门,经常派人到教学班中检查教学情况,新教员上头几次课时,学校和教研室的领导都要分别出席旁听,及时给予指导。我们在美国空军学院参观时发现,有些教室的墙壁全是玻璃板的,旁边还有间小屋子。经介绍才知道,这间小屋子是专门用来听课或观摩教学的。

我们还了解到,在美军军官看来,能在院校中当一名教员,那是很值得羡慕的,既可以炫耀自己知识渊博,又可以借机猎取学员的学术成果著书立说,是求之不得的好事。翻开将军们的履历表,没有几个将军不是在院校当过教员的。

在知识竞争的王国里——访问美军院校见闻之六

在美军院校中,有着令人不可轻视的精神支柱——个人荣誉感和个人奋斗热。我们参观每所院校,都会看到这种情形:墙壁上挂着一排个人的照片,会议大厅里挂着一些醒目的个人大幅肖像,甚至在广场上还有个人的雕塑。

主人告诉我们说，挂在墙上的是历届的优等毕业生，大厅里的是在社会上有名气的本校毕业生，广场上的雕塑是本校培养的著名将领或权威人士。各个院校都以有这些佼佼者而感到自豪。

在这个竞争激烈的资本主义社会里，拥有渊博的知识是一张重要的竞争王牌。谁不在知识上取得进步，谁就将被无情地淘汰掉。在美国，一般的大学生并不吃香，穷困潦倒者不乏其人。为我们代表团开车的一位司机，就上过三次大学：第一次学经济，毕业后没找到工作；第二次改学机械工程，毕业后还是没有找到工作；他不死心，又第三次上大学，但毕业后仍然找不到工作。他苦闷极了，无可奈何，只好当一名收入微薄的汽车司机。美军军官的淘汰率很高，一旦"名落孙山"，必然导致前功尽弃。因此，他们为个人而进取的精神特别强，许多中年军官不服老，甚至有的已到古稀之年还在攻读博士学位。海军研究生学院院长埃克伦少将的中尉女副官，已怀孕八个月了，她对我们说，待她分娩以后，要退出军界，重新到大学去读书，攻读硕士学位。这种渴望学习的精神十分感人，那么，是什么促使他们这样勤奋地学习呢？很显然，是对个人名利地位和在社会上求得生存的渴望。

美军非常重视对人力的投资，注意开发"人才资源"，千方百计地鼓励知识竞争。美军把办院校当成经营规模巨大的企业，把"支持和鼓励军官谋取更高的学位，直至成为某一专业或领域的权威"作为座右铭，写进军官手册。各级院校都把"在各专业领域培养尖子军官"当作主要的奋斗目标。为达此目的，它们采取了各式各样鼓励人们上进和激发个人荣誉感的措施。归纳起来主要有以下四种。①建立学位制度。军官可获得学士、硕士和博士学位，并以此来衡量他们的学识水平，学位越高，晋升的机会就越大。②实行优等生制度。每学期根据考试成绩，以 8% 的比例评定一次优等生，并以在衣领上加星作为标志。优等生在毕业分配时有选择工作去向的优先权。③实行淘汰制度。学校每月对学员进行一次排名，年终进行一次总排名，名列后 1/3 的学员，应引起警惕，加倍努力赶上，否则随时有被淘汰的危险。始终名列前 1/3 的学员，毕业分配时可以在允许的范围内选择自己的工作。④实行奖学金制度。成绩优异的学员可以得到奖学金，如果在某一方面有发明创造或有重大学术建树，一经申请，学校可以提供实验经费，让他进行专攻，并论功计赏。这些措施主要贯穿着金钱的因素。不少军官为着物质利益和个人荣誉发奋努力，以成名成家。

在参观访问中，我们还发现在美国这个社会里，知识领域内的角逐残酷无情。在海军研究生学院，我问过一位教授："在一般美国人的心目中，最大的心愿是什么？"他说："个人取得成功。"他见我有些茫茫然，便解释说："有名有利赚钱多，职位也会超越他人，而且不断提升。"我又问："人和人之间的关系呢？"他说："在这种名利思想的支配下，一些人表面上对别人很友善，但心底却恨不得他早日完蛋。什么伪造窃取、流言诽谤甚至暗杀都干得出来。一些比较有名的知识分子或学者，常被人嫉妒，他们整天都提心吊胆。"他苦笑了一下说："我就请了一个警察做我的保镖并看护财物。"这位教授还述说了在海军研究生学院有 10 多位美籍华人教授，每星期起码聚会两次，主要就如何保护自己的身家性命和财产安全分析形势，研究对策。这位教授说，这就是他在美国经历了 20 多年竞争生活后的辛酸体会。

眼光瞄向世界和未来——访问美军院校见闻之七

"作为军事战略家，我们面临的问题是：美国向何处去？本大学就是以此为宗旨来培养训练高级军政官员的。"在美国国防大学，主人开门见山地讲了这番话后，又递给我们一张课程表，上面规定了学员共同学习和研究的主要内容：①依据美国的政治、经济、外交和科学水平诸因素，研究国家安全政策的制定；②根据国际环境特别是苏联、中东各国的情况，研究美国与盟国的关系，确定国际战略重点；③依据上述两个方面的因素，研究美国的军事战略，主要是美军如何适应未来战争的需要。这充分说明，美军高等指挥院校在教学中十分注重把眼光瞄向世界与未来，努力培养具有世界战略眼光的专家。

美军院校把对当前和未来发展的研究称为"科学预测"，其基本程序是：学习、研究历史和现状，预测未来，再回过头来指导现在。我们在陆军训练与条令司令部参观时，主人说他们已研究出美国陆军到 1990 年的发展状况，以及与此相适应的武器装备、作战思想和指挥原则。

为了充分发挥学生的聪明才智，美军高等指挥院校主要采取听报告、自学和集体讨论的教学方法。如美国国防大学在 10 个月的学期内，请校外的高级军政官员、名流学者或外国专家来校讲课竟超过 100 次。教员的讲课方法也独树一帜。这天，主人安排我们听了《战争与军事技术》课，教员是位文职教授，他先阐述了自己的观点：在未来战争中，武器是战争胜负的决定因素。接着，学员们展开了热烈的讨论。有的表示赞同，有的持相反意见，也有不少人认为这两种观点都有片面性，决定因素应该是人和军事技术的结合。这时，教员对于学员的不同观点并不做结论，而是要求学员带着问题继续研究。后来在晚宴上我问那位教授：这个问题何时能统一认识，又由谁来做结论？他告诉我，为了培养学生的独立思考能力，在美军的高等军事指挥院校中，一些不同的学术观点并不做统一的结论。就是在战役战术的想定作业中，教员也不事先做想定预案，只是对敌我情况做介绍，由学员自己拟定作战方案，在小组讨论中让学员自己比较，看谁的方案更好。他还说，美国国防大学一学期有 2/3 的时间用于听报告、自学和集体讨论，1/3 的时间外出实地参观考察，主要是安排学员到国外去参观考察，然后写出学术论文。

在访问中我们还了解到，在美军高等指挥院校中，负责战略研究和教学的，只有少部分军职官员，大都是文职官员。"文人战略家"与"军人政治家"相结合，成为他们战略研究的独特组合形式。美军编写条令一般也都有文职人员参加。这样便于广开才路，取长补短。我们在五所高等军事指挥院校中，看到有不少政府和大企业的文职官员在那里学习。他们把各个学科的知识糅合到军事领域中去，对于活跃学术思想，打破那种军事战略只是军事部门的事的界限，起到了很好的作用。

我们还发现美军没有全军性的学术研究机构，一些学术研究和条令编写，主要由各级院校负责。美国国防大学和陆、海、空军的军事学院，重点研究国家安全政策，军事战略和本军（兵）种的合成作战指挥；中级、初级指挥院校，主要研究战役战术指挥，编写师以下的野战条令和各种教范。我们看到的如美军《作战纲要》《步兵营以下分队条令》等，大多是由中级、初级指挥院校编写的。这又说明，美军院校不仅是教学机构，也是研究机构。教学与研究相结合，教学与国防发展需要相结合，是美军院校又一个突出的特点。

"上帝保佑"——访问美军院校见闻之八

在美国社会，除了以个人的利己主义为基础的资产阶级人生哲学外，占统治地位的意识形态就是宗教信仰。全国 2.2 亿人，没有宗教信仰的人只占8%，仅信基督教的就有 1.1 亿人。据有关资料统计，美国有大大小小的教会329 762 个，活像一个织得密密麻麻的巨网，整个美国人的思想意识无不笼罩在这面巨网之中。

那么，美国军队里的情形又是如何呢？

我们在参观中看到，无论是在美军的院校还是部队的营房驻地，跃入眼帘的都少不了十分漂亮的教堂。这是官兵们精神生活中最神圣的地方。星期天做礼拜，结婚时牧师证婚，人死了送葬等，都要在这里聚会。在庄严的教堂中，现代化的空调、电梯、电视机和电冰箱等新式的设备比比皆是，使封建的宗教场所也涂上了现代化的色彩。《圣经》这本书在美军中很有市场，我们每到一地，住的房间里都庄重地放着一本。

一次，本宁堡步兵学校为我们的到来举行晚宴，主持宴会的特罗鲍副校长，首先要大家站起来，只见他两手合拢，领头向上帝祷告。他大声说："今天晚上我们能吃到这样丰盛的晚餐，全是上帝赐予的，我们都要感谢上帝。"然后其他人也跟着低头，默默无声地闭上眼睛，好像在沉思着什么。完成之后，才同我们碰杯欢宴。这时我问身旁一个上校军官："美国军队中有多少人信教？"他说："不信教的恐怕没有，绝大多数信基督教，其次是天主教，有少数人信犹太教或其他宗教。"说完，他反问我："你们信不信教？"待我回答后，他失望地摇摇头。

我们在美国空军学院参观时，听说那里有一所牧师学校，是专门为军队培养牧师的。可惜主人没有安排我们去参观。他们说，美国陆军也有一所牧师学校，建校时间比空军的还早，规模也更大。据了解，美军对牧师队伍建设很重视，独立战争期间就在军队中建立了牧师制度。现在，美国国防部和陆、海、空军总部都下设有牧师委员会，陆军的营、海军的舰只和空军的中队以上单位都有牧师。我们看到，这些牧师既不穿法衣，也不戴牧师帽，而是穿着军装、佩戴军衔的现役军人。牧师学校的学员大多是从部队虔诚的宗教徒中挑选的，也有从地方神学院招来的，经过考试，择优录取。他们在学校学习半年到一年，除了学习传经说道之类的学问外，主要是熟悉部队生活，学习战术和军事技术，空军牧师大都要学会开飞机。他们毕业时被授予少尉军衔，到陆军的营、海军的舰只和空军的中队从事牧师工作。其生活待遇和以后的军衔晋升同指挥军官一样。不过，牧师的最高军衔只能到少将。团以上单位的牧师，还要在经过中高级军事院校的学习后才能担任。

美军设立牧师的目的在于以宗教的面目出现，对部队进行思想控制。他们工作的对象主要是士兵。牧师以士兵的"保护人"自居，鼓励士兵向他们

"说知心话"，甚至要士兵在开小差或自杀之前，也要先告诉他们一声；经常对士兵进行"咨询"，了解士兵的困难和苦闷；调解士兵和军官之间的矛盾；战时深入前沿阵地，做礼拜、祷告和散发慰问品等。在士兵看来，牧师就是上帝的化身，不向牧师说心里话，就是对上帝不忠。而牧师则把了解到的情况随时向指挥官报告，并提出改进措施，以便更严密地控制部队。

院校也是招徕游客的游览区——访问美军院校见闻之九

在我们抵达华盛顿，还未正式参观美军院校之前，陪同我们的罗杰斯中校曾自豪地向我们介绍说："在我们美国，如果你想找个幽静的地方散散心，那就最好到军队院校去。"当时，我并没有明白他这话的全部含义。后来我们参观时才发现，罗杰斯中校讲的并非虚夸。

每当我们踏入美军院校的营区时，仿佛有一幅清新明快的图画映入眼帘：马路如刀切水洗一般；路边翠柏挺拔，纵横有序；花木扶疏，绿草如茵。这些地方清静幽雅，修整得别具匠心。我们看到，在这些军队院校里有很多游人是外国人，同我们擦肩而过。主人告诉我们，美军许多院校同时又是旅游区，学校还专门设有导游人员和与此有关的服务项目，一所院校平均每年要接待100万以上的游客。

把军事院校作为旅游胜地，对外开放，岂非怪事！一位美籍华人私下告诉我们："在美国，军事院校如同一种商标，把它打扮得漂漂亮亮，就更能增加人们的向往之心，这也是美军院校招徕学生的一个手段。"

美军院校能吸引这么多的游客，不仅因为它的环境幽美秀丽，还因为它是国家名胜古迹，属于重点保护单位。

在陆军军事学院，主人安排我们参观了他们的"马拉炮"表演。表演者穿着美国独立战争时期的军服，由六匹大马拉着独立战争时使用过的大炮，指战员按照当时的战斗队形和战术动作在操演。据介绍，现在陆军军事学院的驻地，正是当年英国殖民统治者大败于美军的地方，是"马拉炮"迫使英军投降的。美国政府为了保护这个有历史意义的地方，决定把这里列为国家文物古迹保护区，并按照当时的原貌修建了国家博物馆。我们看到，独立战争时期使用过的火炮，都原样陈列在这里，路旁隔一两丈[⊖]远就立着一个刻有马头装饰的铁柱，说是拴马用的。在营区内，我们不时还会遇见几门马拉着的火炮，炮车上还坐着几个来这里抒发怀古之情的游客呢。

在著名的西点军校，主人向我们介绍了它的由来，在美国独立战争的时候，英国殖民统治者企图以哈德逊河为界，把美国的东北部跟其他殖民地区分开，华盛顿为了不使侵略者的阴谋得逞，就从河的西岸铺建了几条很结实的铁链至河的东岸，并驻扎一个营保护它，从而阻止了英国海军的北犯，保障了东西部的统一。1802 年，杰斐逊总统决定在这个有纪念意义的地方建立陆军学校，西点军校便由此而得名。

毫无例外，在其他一些院校的营区内也都有自己的名胜古迹。即使是靠用土石填海修建起来的海军学院，也在 1963 年被列为国家文物古迹保护区，成了东海岸最幽美的名胜区。按照美国人的解释，军事院校建在有名胜古迹的地方，便于对学员进行爱国主义的传统教育，增强民族自尊心和自豪感。我想，这不是没有道理的。

旅游者纷至沓来，还因为美军各类院校都建有规模宏大的国家军事博物馆。我们在本宁堡的步兵学校，就参观了"国家步兵博物馆"。馆内设有五个分馆：历史馆，是介绍步兵发展历史的；武器装备馆，展出从大刀长矛到各种现代化的步兵武器装备；荣誉馆，介绍步兵在美军中的历史功绩，以及一些著名战例和英雄人物的事迹；服装馆，展出美军步兵在各个时期的服装；外军馆，展出一些主要国家现行步兵武器装备。主人告诉我们，美军所有各

⊖ 1 丈＝3.33 米。

军（兵）种都有自己的博物馆，如"国家海军博物馆""国家空军博物馆"等，都建立在基层院校，一则用于教学，二则用于对全国人民进行宣传教育。

教与学的知识基地——访问美军院校见闻之十

在美军院校访问，不管你是否愿意，主人都要请你去看看他们的图书馆。参观时，如果你走马观花，印象当然是肤浅的，但当你仔细考察之后，就会有这样深刻的印象：美军院校的图书馆，不单是藏书借书的地方，更是教学人员进行学习和研究的一个不可缺少的后勤基地。

陆军军事学院的图书馆，藏书 15 万多册，数量不算多，在美国来说也许是最一般的了，但它的利用率却很高，是这个学校的情报资料中心。

查阅图书的方法非常科学，是这个图书馆的一个显著特点。除珍藏的稀有图书和资料、手稿外，全部开架陈列。任何人都可以借阅，还可以到书库去随意挑选。查找目录也很容易，只要将目录缩微透明卡片往透射机上一放，很快就会找到你所需要的书。如果需要借出，读者不需填任何单子，由管理人员将你的借书证和所借的书放在一起，把相应的信息输入计算机后即可拿走。从借书证的表面来看，上面并没有什么字迹，但借书证的背面有一条黑色的磁带，磁带上已经记录了你所借的书。拿着它，你就可以安然通过图书馆的大门了。

"如果我要的图书资料该馆没有，怎么办？"我这样问主人。主人说："在美国，全国主要图书馆和各大学图书馆，都通过计算机联网了，通过计算机，在 10 多分钟内就可以查遍全国的图书资料，寻找到你所需要的资料。"他还说："如果你需要借阅，有关图书馆就会按时寄来。如果你急需的话，只要花一点钱，就可以立刻在计算机的屏幕上读到相关内容，还可以得到一份复印的资料。"

我们看到，这个图书馆除了用计算机储存和查阅图书资料外，还备有打字机、复印机、微型胶片放大阅读机等设备，用起来十分方便。

图书管理制度也是非常严格的。如果有人没办借阅手续就拿书出门，门会自动关闭，不让你出去。这时，管理人员就会走到你的跟前，罚你的款了。如果借书逾期不还，超过一天罚多少钱，规定得清清楚楚，少一分也不行。

"像这样一个现代化的图书馆，工作人员不多吧！"可是和我们的想法相反，美国陆军军事学院图书馆有工作人员35人。他们除了为读者提供图书目录外，90%的工作是回答教员和学员在研究和学习中提出的问题，或者为某个专题研究提供资料。他们还经常到政府、军队、大学和社会上收集各种资料，经过筛选，主动提供给教员、学员参考。他们经常深入教学实践，了解情况，把一些有争议的学术问题汇集起来，附上一些国内外的有关资料，通过书刊的形式发给教学人员，以丰富和活跃教学人员的学术思想。我们看到，这些工作人员一般都学有专长，他们提供的高质量的服务，为教学人员提供了很大的方便，节省了教学人员大量的宝贵时间，真称得上是一支传播科学知识的生力军。

军官的得力助手——访问美军院校见闻之十一

在佐治亚州的本宁堡步兵训练中心和步兵学校，主人为我们精心安排了步兵分队的各种战术和技术表演项目，如空降兵装备和跳伞表演，特种兵部队作战和技术表演，步兵单兵战术训练表演，陶式、龙式导弹训练器材和实弹射击表演等。从那严密的演习程序和娴熟的指挥动作来看，人们会以为这些表演一定是由有较高军事素质的军官表演的。然而，使人感到奇怪的是，向我们介绍情况和负责表演的这些人，并不是军官。每当表演结束时，军官们走到我们的前面接受祝贺，他们却退到军官们的后面。这些组织部队训练而又并非军官的人，看上去，年龄要比同级军官大一二十岁。

这是怎么回事？陪同我们的基思少校告诉我们说："这些人是军士长。他们不是军官，但做军官的工作。这是美军的一种兵役制度。"

我们在美国空军学院参观时发现，那里就有一所训练军士长的学校。从那里我了解到美军军士长的一些情况。

据主人介绍，目前美国的陆、海、空军各有一所军士长学校，负责本军种军士长的选拔和培养。报考军士长的条件是：服役三年以上、有部队实际工作经验的优秀的军士，毕业后至少继续服役五年，适合做机密工作。学校对考生择优录取。陆军和海军军士长学校的学制为一年至一年半，空军为半年。主要是训练学员管理部队和组织部队训练的能力，同时选修一些大学课程，提高文化水平，以适应现代战争的需要。

军士长是美军行政管理、部队训练和技术专业队伍的一支骨干力量。美军现有军士长 16 万人左右，约占士兵总数的 1/10。目前，陆军营、海军舰艇、空军中队以上单位，直到参谋长联席会议和陆海空军总部，都配有军士长，担任部门首长的士兵顾问。营以下分队的指挥员，编制上没有副职，这些单位的军士长，既是分队训练的战斗骨干，也是军官管理士兵和组织训练的得力助手。步兵连和排，各配有一名军士长，承担相当于副职的工作。在一些专业技术军（兵）种中，不少军士长从事技术军官的工作。我们看到，这些人都是把当兵作为终身职业。他们年龄大，一般都在 35～55 岁。他们军龄长，其中不少是在第二次世界大战和朝鲜战争时期入伍的。他们待遇较好，营以下分队的军士长的待遇一般都高于本单位同级军官。

主人告诉我们，美军各级军官的流动性很大。拿部队来说，任职三年后就要调离。但军士长却不同，他们长期在一个单位工作，熟悉情况，积累了较丰富的行政管理和训练经验。可以说，美军在很大程度上是依靠军士长来提高士兵的军事素质的。

现代化教学之窗——访问美军院校见闻之十二

随着科学技术的飞跃发展，一系列现代化技术手段都优先运用于军事领域，同样也运用于培养人才的军事教学。我们通常所讲的电化教学，就是其中之一，不过，在美军院校中叫作视听教学。

视听教学是一种理想的教学手段。在美军院校中，它的运用也是从实际出发，视教育对象而定的。在美军高级院校，视听教学并不普遍。美军的最高学府——美国国防大学的教室里，除了一张黑板外，其他什么都没有，仍然采用的是"老师讲，学生听"这样一种传统的直接授课形式。主人告诉我们，对于军队的高等指挥院校，视听教学不如直接授课灵活，因为录像或摄影只能采用照播模式，不能针对学员的情况随时增减内容，并同学员开展自由的讨论。

但是，在一些技术院校和训练中下级指挥军官的院校，情况就大不一样了。那里教学设备都比较先进，普遍采用了视听教学。从授课、解答、作业、复习到考试，几乎全是在"电化"的过程中进行的，在我们看来似乎太奢侈了。我们在美国空军学院，参观了他们的一个学习中心室，那里摆放着 17 个学习台，每个学习台的右边是一台计算机，左边是一台彩色电视机，正前方是一台打字机。如果学员需要补习某一门功课或听某一位老师讲的某一堂课，就可以坐在固定的位置上，戴上耳机，拨动电话号码盘，通过视听教学控制中心的转接，在电视屏幕上看到自己所需要学习的内容。像这样的电子学习台，仅美国空军学院就有 170 个。

不可否认，美军院校的教学手段和先进的设备是非常吸引人的，那种借助电化教学进行训练的真实感，给我们留下了很深的印象。我们在蒙特雷战斗发展司令部参观时，主人热情地介绍了他们为部队和院校训练研制的激光练习器，并为我们组织了采用这种练习器进行的步兵射击对抗表演和坦克射击表演。表演时，每个士兵的枪管上都安有一个激光发射机，身上安有八个激光传感器——四个安在钢盔上，两个安在前胸，两个安在腿上。全套器材重量总共不到 1.5 公斤。当士兵瞄准"敌人"发射一束对人体无害的低功率激光时，如果被击中，他身上的一部激光传感器就会发出"嘟"的一声长叫，这就意味着这个战士的某个部位中弹了，成了"伤亡者"。与此同时，"伤亡者"背后的测距系统发射机，便向远离"战场"1 万米的计算机中心指挥部发出信号。计算机根据收到的信号，能在三秒钟内确定出是谁击中谁的，伤亡程度如何。这时，各方指挥员便能根据计算机记录的人员伤亡数据，重新制定或调整自己的战斗方案和退出战斗的时间。据介绍，这种激光器同样适用于飞机、军舰和陶式导弹模拟训练，也可以用于连、营级的战术对抗演习。

看了主人的精彩表演，我们有了十分真实的战场感。我想，采用这样的教学方法训练部队，不仅能较快地提高士兵的战术水平，而且对于保存自己、消灭敌人，提高军官们的战术指挥能力，作用也是很大的。

招生的吸引力：金钱——访问美军院校见闻之十三

在美国，一般高中毕业生不管成绩好坏，都可以上大学。即使没有念过高中的人，也可以作为不修学位的学生进入大学。然而，美军的院校却不是这样的。陆海空军的三所军官生学院每年只录取新生 4500 人，但有受到总统、副总统、参议员、众议员和州长、市长推荐的 5 万多名高中毕业生前来投考，录取率不到 10%。

"既然条件这样严格，为什么不到地方大学学习，而非要到军队院校不可？"我有些不解地问主人。听到的却是一些冠冕堂皇的回答。了解内情的朋友告诉我：在美国，单单用爱国主义的教育去动员人们为军队服务，是不能真正解决问题的，真正的原因还在于金钱和物质的魔力，在于军队有一套优厚的福利制度。

我们了解到，美军院校在招生时，全部用广告手段。利用广播、电视、招贴画等宣传形式，在全国范围内大肆宣传。我见到一张招生广告是这样写的："你要有学历吗？美国军队院校除给你大学毕业文凭外，还可保送你攻取更高的学位，一切经费都由军队负担。你要游历吗？美国军队除给你最优厚的报酬和专门的训练外，还可给你奇妙的经历、舒适的生活、漂亮的房子、精美的伙食，还有各种无法媲美的福利待遇。青年们，美军院校驰名世界，良机莫失啊！"

据美国"大学奖学金组织"的调查，1980年每个大学生的平均学费，私立四年制大学为6082美元，公立四年制大学为5383美元，部分著名的大学，如哈佛大学、耶鲁大学，则超过9000美元。这些数字还不包括书籍、食宿、交通等费用。相比之下，军队院校的学生就不存在这个问题，一切费用统统由军队包了下来，另外，学生每月还可领取500美元的补贴金。无怪乎不少地方学生趋之若鹜了。

学生一旦毕业当上军官，各种优厚的福利待遇迎面而来：住房一律不交房费；孩子上学，可免费到高中毕业；军队商店物价一般比社会上低10%～15%；另外，还有名目繁多的各种奖金和津贴，如超期服役奖金、技术熟练津贴、危险工作津贴、接触敌火津贴，对不能带家属的军官，还有"离家津贴"。总之，金钱就是一切，一切为了金钱。这种露骨的金钱收买关系，从根本上决定了美国军队政治上的脆弱性，不能不说是他们缺乏战斗力的致命点。

弦外之音——访问美军院校见闻之十四

初到美国，对一切都感到新鲜。高楼林立的城市，绿树成荫的乡村，车水马龙的街道，这些景色是令人神往的。但是，一位长期生活在那里的美籍华人告诉我："美国是个幅员辽阔、富饶美丽的国家，这个地方有美的东西，也有丑的东西，一切取决于你想看什么。"

由于日程总是安排得满满的，我们很少有机会去逛大街。在我们快要离开旧金山去加拿大访问的那两天，才有机会在旧金山窥见美国社会的另一面。

在这里，人和人之间的关系大都是一种商品关系，买同样的商品，如果你精明，通过比较和讨价还价，就可能少花钱，否则，你就有可能被别人"敲竹杠"。在这里，用美国人自己的话说就是"有钱能使鬼推磨"。只要你有钱，什么需要都可以得到满足。

这使我想起一件事。它深刻暴露了美军军官生活的糜烂和空虚。在我们离开华盛顿去旧金山的途中，陪同我们的一位中校军官，津津乐道地讲开了他自己和同事的私生活。当说到陪同我们的一位少校有六个情妇时，这位少校流露出一种得意的神色。这位少校今年30多岁了，还没结婚。他说，这几年美国出现了一种"新的道德"观念，主张男女双方可以自由同居，并认为"结婚是监狱"，不结婚才能有"自由"。因为这样可以免去结婚和离婚的麻烦，还不用向政府缴纳结婚税。据说，这类人在美国很普遍，要占青年层的半数以上。

在旧金山市西北部伸进海水的一个突出地带，我们乘车通过了连接两个半岛的金门大桥。主人告诉我们，金门大桥是旧金山一些走投无路的人跳海自杀的地方。大桥自1937年建成以来，第一个跳海自杀的就是这座桥的设计师，到现在已有708人从桥上纵身跃海，每个月至少有一个人在这里自杀。另外，还有720人在准备跳海自杀之际，被警察或其他便衣人员一把抱住，才救回一命。后来政府规定，凡行人过桥一律要乘车通过。为了防止自杀，市政府在大桥的北边设立了"防止自杀中心"，并配有巡警，只要发现有一丝的可疑，巡警便有权拘捕桥上的任何人。我有些不解，便私下问一位朋友。他说，美国人民虽然生活上比较富裕，但精神上却极度苦闷。大多数人不知道自己的前途是什么，不知道人活着是为什么，丧失了前进的目标，再加上失业、负债、吸毒、凶杀、抢劫和种族歧视等社会弊病，一部分美国人，特别是年轻人，产生了悲观厌世的思想。我们在美国访问期间，正是总统竞选最激烈的时候。这种总统竞选，看起来好像很民主，实际不然，全是由一些财团操纵的。不论何人当选，都得维护这些财团的利益。因此，人民对它毫无兴趣，参加投票的选民只占25%。他说，几天前，旧金山有一个海岸警备队队员由于对竞选不满意，竟然从大桥跳海自杀。我想，在如何看待资本主义制度问题上，金门大桥上所发生的事情，不就是生动的民意测验吗？

旧金山这座城市尽管还在不断地增加造型新颖的大楼和各种现代化的设备，但是，它很难掩饰美国社会的疲惫和困窘。一位在美军担任连队文书的来自中国台湾的青年，见到我们格外亲热。他说："昨天听到你们要来，我一夜都没有睡着觉。"他告诉我们，他是因为在中国台湾生活不下去，才被迫到美国当兵的。他希望祖国日益强盛，早日实现四个现代化，"祖国强盛了，我们这些华人才抬得起头，不受人家欺负啊！"

访问美军院校见闻陆续发表了十四篇，到此就结束了。由于我对美军院校和美国社会的接触肤浅、有限，这些东西是凭直感写下的，只反映了个人的一点感受。其中有一些事实没有机会核对，难免有片面性，特在此加以说明。

金
句

- 在和平时期，教育训练和武器装备的发展，是美国军队最基本的两件大事。他们把办好军队院校，看成实现军队现代化的关键，把院校工作总是放在军队建设的重要位置上。

- 美军院校分工明确，重点突出，避免了任务重叠和内容重复现象。美军军官的晋升是阶梯式的逐级上升，界限分明，不可逾越。这样经过层层选拔和培养，既稳定了军官的数量，也保证了军官的质量。

- 美军院校为什么能培养出这么多的名将和科学家呢？主要是他们重视打基础，首先是科学文化知识的基础，其次是军事知识的基础。

- 在美军高等指挥院校中，负责战略研究和教学的，只有少部分军职官员，大都是文职官员。"文人战略家"与"军人政治家"相结合，成为他们战略研究的独特组合形式。

- 金钱就是一切，一切为了金钱。这种露骨的金钱收买关系，从根本上决定了美国军队政治上的脆弱性，不能不说是他们缺乏战斗力的致命点。

西点军校的领导力密码

杨 壮

北京大学国家发展研究院管理学教授、美国福坦莫大学商学院终身教授

自 1802 年建校以来，西点军校毕业生中出了 2 位美国总统（格兰特、艾森豪威尔）、4 位五星上将（艾森豪威尔、麦克阿瑟、布莱德和阿诺德）、3700 位将军，其中美国陆军有 40% 的将军来自西点军校。更让中国企业家感叹的是，自第二次世界大战以来，西点军校毕业生中出了几千名董事长、副董事长、总经理，西点军校培养的企业精英的数量甚至超过了一些美国一流商学院。2010 年，西点军校的本科教育在《美国新闻与世界报道》的年度美国大学质量排名中名列第一。

西点军校校长由美国总统任命。1919 年，美国总统威尔逊任命麦克阿瑟为西点军校校长。西点军校校长一般都是三星将军，在部队中的职位很高，有

丰富的领导和作战经验；西点军校还有两个副校长，一个是一星将军，另一个是准将，前者负责士官生的学术教育，后者负责士官生的体能和军事训练。他们三个人是领导西点军校的"三驾马车"，也是负责制定西点军校价值观及使命、明确核心教学理念、设计学术课程并进行综合素质培养的灵魂人物。

是什么原因让西点军校本科毕业生取得了这么大的成就？为什么一个没有商学院的大学可以培养出如此多的商业领袖？是西点军校严格的录取规则（选择了最优秀的士官生），还是西点军校的教学培训理念和实践？本文试图总结在过去 15 年中，我带队北京大学国家发展研究院 BiMBA 商学院 MBA/EMBA 学生，参观、学习、考察西点军校领导力的教学实践后的体会和感悟，探索西点军校领导力的五个核心密码。

入学典礼：忘记过去的辉煌，重新塑造人生

一个被西点军校录取的高中毕业生，在刚进入西点军校的第一天（R-Day），高年级士官生就会十分严肃地告诉他：今天，你不再是一个普普通通的中学生，不再是一名优秀毕业生，请忘记你辉煌的过去，你什么都不是。从现在开始，你要重新塑造你的人生。

参加入学典礼的新生在读高中时曾是班上的学霸、学生会主席、乐队队长、足球队队长等。为了被西点军校录取，申请人必须去见当地议员，得到他们的推荐，证明申请人具备很强的领导力潜质。每年报名申请西点军校的高中生有 1 万多人，但西点军校每年只录取 1000 多人，录取率保持在 10%以下，和常青藤学校的录取率十分接近。

R-Day 是西点军校一百多年来都在坚持的极有特色的开学破冰日，由西点军校三、四年级士官生策划、安排、组织，内容紧凑，过程紧张。在短短的一天里，通过高年级士官生与新生的对话，把西点军校的校训、校规、纪

律、理念、荣誉准则，以一种特殊方式传递给新的士官生。R-Day 一般持续 10 个小时左右，从早到晚。新生排着整齐的队伍，从一个教室走进另一个教室，领取洗漱用具、内衣等生活必需品和学习课本，把它们放在一个蓝色大布袋子里，背在身上。之后，新生还要在操场上练习走路、敬礼、转身等军人的基本动作。

西点军校校长或副校长通常会出席典礼并讲话，简明扼要地讲述西点军校的历史、核心理念、文化传承和纪律要求。之后，他会郑重地告诉新生："今天，你就是西点军校的士官生了。"高年级士官生穿着白色的军服，对每个新生下达指令。新生要保持精神高度集中，听到指令后，要迅速回答："是，长官！"或者"不是，长官！"或者"没有任何借口，长官！"或者"长官，我没听懂！"R-Day 要求新生对高年级士官生的指令百分之百执行，不能含糊，不能犹豫，不能出错。高年级士官生则不断提出各种问题，有意刁难新生。一旦某个新生回答错误，高年级士官生就会对他大声训斥，导致很多新生越发紧张。然而，越紧张，新生越容易犯错误，结果，就越会遭到高年级士官生更为严厉的训斥。

为什么这样做？西点军校教授解释说，R-Day 试图制造一种情景，让每个新生从入学的第一天开始，就清醒地意识到，他们与西点军校的要求实际上相差很远，他们不再是一个普通老百姓、一名学霸或者学校知名人物（如足球队队长）。他们现在的身份是西点军校士官生，必须严格遵守西点军校规则，服从命令听指挥。R-Day 旨在让新生忘却他们过去的辉煌，打掉他们身上的傲气，改掉他们身上多年养成的自由散漫的习惯及无视组织纪律的毛病，打破以前的思维和认知模式，重新学习，重新做人，经过四年严格的教育和训练，把自己塑造成一名有品格、有自我约束力、有领导力、有执行力的初级军官。

西点军校是一个由士官生自治、自我管理的学校。R-Day 的核心宗旨是要求一年级士官生从入学第一天开始，首先学习如何当好追随者，执行命令，不折不扣。西点军校认为，不懂得做下属的人当不好领导，因为他很难理解下属的内心感受，做不到上下同欲。西点军校这样做，给高年级士官生带来了更大的压力和责任。他们是新生的直接领导。他们必须身体力行，用正确的行动指引、感染、鼓励新生去做士官生应该做的事情。新生出了问题，高年级士官生要负主要责任。新生在入学第一年的任务，就是全身心学会做一个好的追随者。二年级之后，士官生开始学习如何当领导，激励他人，比如竞选班长。三年级后可以升为排长，领导更多的士官生。进入四年级，士官生可以竞选管理学校4000多名士官生的最高领导职位。

我亲眼看到，持续一天的R-Day让西点军校新生发生的变化。早上刚刚开始报到时，新生都显得十分紧张，眼神涣散，但到下午五点的时候，R-Day接近尾声，男生留着光头，女士的发型也变成一个鬓鬏，大家穿着白色士官生军服，在高年级士官生的指挥和带领下，迈着四方步，走向胜利台。新生们精神抖擞，信心百倍，眼睛也变得炯炯有神。短短10个小时的R-Day经历，就让新生发生这样的变化，令我惊叹不已。在R-Day的最后时刻，西点军校校方代表发言："同学们，我们今天要在这里集体宣誓，一定要遵守宪法，听从上级指令，为责任、荣誉、国家而战。"

对很多人来说，西点军校R-Day的方式相当残酷，和今天的人文环境有些格格不入。西点军校R-Day的严厉训斥的方式及之后持续六周的残酷无情的野兽训练，给部分新生带来了重大的心理和体能上的冲击，有10%～15%的人最终会决定放弃西点军校。20世纪80年代，R-Day也受到美国社会和媒体的质疑，但后来西点军校就是否改变R-Day的方式做了民意测验，得到大多数校友包括一些将军的支持，西点军校校方遂决定延续这个传统。

荣誉准则：不撒谎，不欺骗，不盗窃，也不允许其他人这样做

西点军校最为核心的理念就是其荣誉准则（honor code）："不撒谎，不欺骗，不盗窃，也不允许其他人这样做。"在 R-Day，高年级士官生会在不同的场合不断提示新生，要熟读荣誉准则并牢记于心，认可并落实在行动上。

西点军校坚信，士官生在学习期间学会不撒谎、不欺骗、不盗窃，是对其作为军人的第一要求，是其未来成为职业军官最为重要的一课，同时也是西点军校打胜仗的必要条件。在西点军校校园里，不论在图书馆，还是在走廊、纪念碑碑文上，到处可以看到荣誉准则。西点军校士官生时刻被告知一定要遵守荣誉准则。西点军校认为，一个士官生如果平时不养成讲真话的习惯，反而撒谎、欺骗甚至盗窃，战时就不可能得到下属的信任，最终无法打胜仗。因此，在生活中，在课堂上，在宿舍里，在训练场上，在与朋友、同学交往的过程中，"不撒谎，不欺骗，不盗窃，也不允许其他人这样做"应该成为西点军校人的基本原则。

诚信是在不断实践的过程中养成的一种习惯。西点军校校方期望士官生在学习期间，不撒谎，不讲假话，更不能剽窃他人多年的学术成果。比如，借了书没有按时还，找借口，推卸责任，就是撒谎；在完成学术论文或作业的过程中，抄袭别人的作业，或者引用书本的内容但没有标注出处，就是剽窃；士官生早上迟到了，如果解释说是因为生病，最后发现并没有这么回事，就是撒谎。士官生如果出现诸如此类的行为，必须接受纪律惩罚。

西点军校为什么这么重视荣誉准则？因为撒谎、欺骗、盗窃的行为必然导致士官生之间相互不信任。在战争环境下，如果人和人之间没有百分之百的信任，那么它给部队造成的损失将是巨大的。就像一艘大船在海上航行，船长是"船上的领航者"（Leader in the Ship），如果领航者在船上言不由衷、出尔反尔，势必得不到下属的信任，也无法引领这条船成功地驶向目的地。因此，部队成员之间的默契和信任至关重要。信任的基石是讲真话、讲实

话、不讲假话。如果一个团队的成员之间互不信任，在危机到来之际，这个团队绝不可能打胜仗。因此，西点军校从 R-Day 开始就强调士官生之间、高年级和低年级之间、士官生和老师之间建立坦诚、真诚的沟通、交流关系，不讲假话，不做坏事。

西点军校荣誉准则的形成要追溯到 1919～1922 年麦克阿瑟担任西点军校校长的年代。当时，麦克阿瑟将军正式组建了西点军校士官生荣誉准则委员会，希望学校考虑制定荣誉准则。10 多年后，西点军校正式制定了"不撒谎，不欺骗，不盗窃"的荣誉准则。一直到 70 年后，"也不允许其他人这样做"才写入西点军校荣誉准则。西点军校前领导力系系主任对我说："'也不允许其他人这样做'看起来简单，但执行起来很难。西点军校要求士官生不但要自己不讲假话，而且要阻止或举报朋友中其他人的撒谎、欺骗、盗窃行为，否则就要受到纪律处分以及不同程度的惩罚。其所受的惩罚可能是扛枪走几个小时到几十个小时，边走边思考自己为什么会犯错以及以后如何杜绝这种行为。如果发生严重违纪行为，比如学术剽窃，则由数人组成的士官生评判委员会要对事件进行审查，涉事者要陈述自己的违纪行为或提出申诉。委员会成员在审查后作出判断，投票表决，把最终处分意见（如开除学籍）上报学校，由校长作出最终决定。"

记得 10 年前我带领北大 BiMBA 商学院 EMBA 学生访问西点军校时，在与西点军校教官和士官生对话的过程中，这些 EMBA 学生问道："有多少西点军校士官生可以践行荣誉准则？"西点军校的人员回答说："经过西点军校四年的领导力培训和品格训练，士官生比较容易做到'不撒谎，不欺骗，不盗窃'，而'也不允许其他人这样做'落实起来比较难，因为这涉及同学之间的人情，真正做到的可能只有 60% 左右。但是，大家每天从早到晚工作、学习、生活在一起，如果团队中有人做了坏事，通常无法做到让所有人都替他隐瞒。没有不透风的墙，真相迟早要暴露。因此，主动认错是西点军校要求士官生做的事情。"一位三年级美国士官生对我说，他的人生准则是：遇到同伴或朋友出现违规违法行为时，他会劝阻对方及时主动报告校方，承认错误，而不要等待其他同学告发，因为被告发的后果更严重。

西点军校认为惩罚撒谎、欺骗行为固然重要，但更重要的是士官生要自律、自控，管好自己，不去撒谎、欺骗。10年前我曾遇到一名韩国裔西点军校士官生。他在西点军校上了三年学之后，暑期回到家中。母亲给他做了一桌子菜，问他，好吃吗？他说：不好吃。母亲十分惊讶，问：儿子，过去几年，你一直都说这些菜很好吃的，怎么现在觉得不好吃了？韩裔士官生回答：其实我一直就觉得不好吃，只是不好意思说出来。现在说出来，是因为我不愿意骗你。母亲听了之后虽然惊讶，但也被儿子的坦诚所感动。这位士官生说，在西点军校，荣誉准则已经融入他的血液，不说实话会心里难受，不讲真话会很不舒服。在过去10多年里，我接待了很多西点军校士官生来北京参观，每个人看上去都阳光、正向、透明、可信，给我留下了很深的印象。我担心的是，走进复杂多元的社会后，他们还能继续这样吗？

西点军校的荣誉准则对中国传统观念中强调的"忠""孝"文化是一个文化上的挑战。几年前，我带学生到西点军校与教官和士官生交流诚信问题，西点军校教授问中国学生："如果你的父亲犯罪，你会主动揭发吗？"我清楚地记得，现场的70多位中国学生中只有一个人举手。一路上我一直在思考，如果高层领导撒谎、欺骗、做坏事，下属会揭发吗？我真的没有答案。面对今天学术圈出现的一些舞弊剽窃现象以及市场经营中出现的假冒伪劣现象，我们不得不高度警觉，要在思想上、文化上、制度上、法律上进行严厉制约。从这个角度来讲，西点军校荣誉准则意义深远。

200多年来，西点军校一直强调诚信、品格的重要性，培养诚信领导力。在教学、训练、生活中，西点军校对荣誉准则的重要性及执行力度给予了极高的重视，建立了严格的惩罚制度。可是人性很难改变，人性中的弱点也不可能在复杂多变的社会人文环境中消失。在西点军校，并没有彻底杜绝违背荣誉准则的现象。1976年，西点军校曾爆出震惊世界的超百人集体作弊事件。40多年后，在2020年年末新冠疫情期间，西点军校又爆出了70多人集体考试作弊的丑闻。尽管如此，西点军校荣誉准则仍然为毕业生在战时打胜仗打下了坚固的地基。

像岩石一样刚毅、坚不可摧

为了打胜仗，西点军校领导力教学理念注重从两个方面在四年中提升士官生的综合素质和领导力。第一个方面是素质（competence）教育，包括学术、体能、军事；第二个方面是品格（character）教育，包括精神价值、道德准则、社会交往。前者是硬件，真功夫；后者是软实力、价值观。

西点军校有极为严格的学术、体能、军事要求，尤其重视高强度的军事、体能训练。每年西点军校都要对一到四年级士官生的学术、体能、军事能力进行综合实力排名（权重：学术50%，体能20%，军事30%），从第1名排到第1000名。士官生的压力很大，每个人都知道自己的名次，在下一年必须加倍努力，提高排名。

2007年，负责西点军校全校体能训练的上校军官丹尼斯在北京大学与EMBA学生分享了来自古希腊奥林匹克时代的一个核心理念。这个理念的精髓是：人可以分为身体（body）、大脑（mind）、精神（spirits）三个层面，三者相互依存，不可分割。他说，古希腊人认为高强度的体能训练可以促进人的大脑进化和身体发育，大脑进化和身体发育最终会让人的精神得到升华。西点军校认为，高强度的体能训练不仅可以提高士官生的心力、体力、抗压能力，更会对一个人的精神世界产生重大影响。在上述三个层面中，精神的升华和健康最为关键。健壮的身体、进化的大脑、刚毅的精神，让西点军校士官生在面对任何压力和挑战时都可以做到我自岿然不动。

西点军校重视军事及竞技体育运动的传统，可以追溯到 20 世纪 20 年代初麦克阿瑟担任西点军校校长时期。当时，麦克阿瑟特别鼓励西点军校士官生积极参加各类竞技体育运动。在他看来，竞技体育运动提倡的是集体主义精神和必胜的信念。这种精神和信念，在战时会自然而然地转化为取得战争胜利的重大精神力量，包括团队精神、坚毅、永不言退。近 100 多年来，虽然西点军校的学术课程随着环境变化不断改进，但是西点军校强调体能训练和竞技体育运动一直是其有别于其他常青藤大学的突出特质。

在西点军校，体育训练课程和军事领导力提升目标紧密结合在一起。四年中，士官生要上很多训练课程，包括拳击、跆拳道、生存游泳、仰卧起坐、俯卧撑、障碍赛跑、长跑、中距离跑步，等等。每天下午，西点军校士官生都要进行强度很高的体能训练，多半是集体项目，还要参加竞争性体育项目课程，有六个必修运动项目，比如两英里[⊖]跑步。毕业前，士官生要参加毕业考试，有三次机会，不及格的士官生不能毕业。西点军校的理念、制度设计允许士官生在学术提升、体能训练、品格发展上犯错误，给士官生自我反思、自我改正的机会，从错误中吸取教训，从失败中找到成功的道路。

西点军校的 R-Day 已经给士官生带来了巨大的心理和生理挑战，之后的野兽训练更是给了新生一个"下马威"。为期六周的野兽训练，是一种挑战士官生生理极限的军事体能训练。士官生在指挥官和高年级士官生的引领下，在西点军校周边进行跋山、涉水、跑步、攀岩、登高、打枪、做俯卧撑、夜行军、超负荷快速行进、模拟战争等高难度军事体能训练，其中大部分为高超负荷项目。他们白天紧张对抗，晚上很少睡眠。在野兽训练期间，训练医师、运动医师、心理咨询师与士官生共处，随时应对突发事件。野兽训练强度很高，有大约 5%～10% 的士官生最终会因无法承受而选择退学。

⊖   1 英里 =1609.344 米。

留下的士官生已经变得坚毅顽强，做好了随时挑战极限的准备。

2005～2007 年，连续三年，每年我都带领四名 MBA/EMBA 学生到西点军校体验它的领导力训练。一般为期十天。在 2007 年观看 R-Day 后的第二天，早上五点半，我和四名北京大学的学生参加了西点军校野兽训练的第一个项目——两英里跑步。不少身体超重的新生，半途退出。跑了三分之一后，我也气喘吁吁，呼吸困难，几次想退出，但是我时刻被跑在后面已经年过六旬的西点军校校长（三星将军）所激励，最后成功抵达终点。当时我问一起跑步的四名北大学生"累不累"，他们回答说"累极了"。"那你们是怎么坚持下来的？是不是西点军校校长给了你们激励？"他们回答说："没有啊。跑了一段之后，我们确实感觉很累，当时大家的目光都在你身上。如果你退出，我们也会退出。结果你一直在跑，所以最后我们和你一起跑到终点。"这段经历给我留下了终生难忘的印象。我深深地感到，当遇到挑战和危机时，榜样的力量是无穷的。身体力行是领导力的第一核心要素，老师也不例外。

2006 年，西点军校士官生来到北京大学，和我们一起参加 BiMBA 学生攀登北京延庆海坨山的体能拉练，胡大源老师和我领队。那天晚上，突然下起了大雨，电闪雷鸣，我们躺在海坨山山顶的防雨帐篷里，一夜都没休息好。第二天早上，天气转晴，阳光明媚，我们的学生和西点军校士官生比赛俯卧撑和背人跑步。西点军校士官生展现出超人的体能和顽强的毅力，在比赛中总是冲在前面，同时也表现出强烈的荣誉感和自尊心。赛后我问西点军校的一名士官生，西点军校的野兽训练是不是也会在风雨中进行？他回答说，野兽训练的难度和挑战比你们的拓展要大很多。西点军校野兽训练经常遇到暴风骤雨，士官生要在雨中淋很久，没有帐篷遮挡，即使发烧 40℃ 都不能退出。

从入学第一天到四年后毕业，西点军校士官生的学习过程充满了压力和挑战。大概每五个西点军校人中会有一个人被淘汰，约占总录取人数的

20%。大部分被淘汰的人，都是在最难熬的第一学年和第二学年离开西点军校的。在第二学年结束前离开西点军校的士官生，不用向学校缴纳任何费用。在第三学年和第四学年选择离开西点军校的士官生，要向学校缴纳全部学费。西点军校四年学费总计35万美元左右。能够坚持到第三学年的士官生，基本上度过了西点军校最艰苦、最煎熬的学习训练阶段，他们对自己的未来很乐观，充满了自信。

有品格的领导者

西点军校认为，要想打胜仗，就必须把士官生培养成"有品格的领导者"（Leader of character）。（有人把"有品格的领导者"译为"一条汉子"。）西点军校为此制定了校训："教育、培训和鼓舞士官生，使每个毕业生成为以'责任、荣誉、国家'为价值观、品格高尚、尽职尽责的领导者，在军队中作为职业军官，终身发展自我，终生为国家无私效力。"校训强调"责任、荣誉、国家"，清楚地界定了有品格的领导者的内涵。

在西点军校校园内，到处可以看到关于培养有品格的领导者的口号和标识。重视品格教育的理念，早在古希腊亚里士多德生活的时代就已经被人们所提倡。亚里士多德说过，美德教育不能仅仅是教知识，更要通过强化有美德的行为来形成好的习惯。通过学习和美学的渗透，个人就会培养出优秀的品格和良好的自我管控能力，社会就会变得更加文明。西点军校对士官生在不同情境下应担当的角色和应体现出的品格做了如下描述："在战场上是斗士，在社会上是公仆；在军队外做一个品格高尚的领导者，在军队里做一名职业军人。"

西点军校强调一个有品格的领导者不仅要有高度的执行力，更要有独立的思考和判断能力。西点军校士官生必须："追求真理，评判是非，在行动中表现出勇气和担当。品格不仅涉及伦理道德的最高准则，同时包含坚定、决断、自我约束和判断力。"西点军校认为，要想真正成为一名有品格的领导者，士官生须坚持不懈、持之以恒地培养八种品质。

（1）勇气（Courage） 勇气是领导者所应具备的最优秀品质之一。西点军校从 R-Day 和持续六周的野兽训练开始，就在极为恶劣的环境中培养士官生的勇气。在军事和体能训练课程中，士官生往往要参与许多高难度的惊险活动，很多都是集体项目，这也是在不断培养他们的勇气。西点军校还经常派士官生到国外进行实战体验，通过卫星把他们的经历传送回西点军校领导力课堂上。

（2）决策能力（Ability to Make Decisions） 西点军校认为，在形势极不确定、不清晰的状态下，士官生要学会保持头脑冷静，迅速作出判断和决策。西点军校在领导力教学和体能训练中，经常组织士官生做战略决策游戏，把提高在极端情景下（Extreme situation）的团队集体决策能力作为训练的主要目标，其方法多种多样。在课堂上，还会播放历史题材故事片或制造假想的跨文化情境，让士官生在复杂的人文情境中作出决策。

（3）诚信可靠（Integrity/Reliability） 如前文所述，西点军校荣誉准则要求士官生在四年学习期间"不撒谎，不欺骗，不盗窃，也不允许其他这样做"。通过反复灌输和宣传荣誉准则，西点军校试图把士官生真正转变成它所期望的有品格的领导者。

（4）坚韧不拔的意志（Persistence/Tenacity） 古希腊作家、历史学家、军事家色诺芬说："一个领导者必须以行动证明，在夏天能够忍受炎热，在冬天能够忍受寒冷。同时，他还必须表明，在困难的时候，他至少能和下属们一样，也能忍受痛苦。"面对困难、挑战、挫折，永不倒下。这是西点军校人的一个重要品格。西点军校对士官生的学术、体能和军事的考核标准很高，每年都有严格的考试，士官生必须有坚忍不拔的意志才能通过考试。如果三次考不过，将不得不退学。

（5）理解士兵，换位思考（Empathy for the Soldier） 西点军校在领导力教学训练中特别强调对士兵心理需求的理解。领导力教学的重点之一是士官生的跨文化情商。而在情商五要素中，换位思考或者同理心（Empathy）又是西点军校特别强调的士官生的核心品质。具有同理心，可以让领导者准确把握下属的心理，最终实现上下同欲，为实现组织目标共同努力。

（6）专家 / 知识（Expertise/Knowledge） 在西点军校的学术、体能和军事考核中，学术的比例占到 50%。对于西点军校人来讲，知识、能力、素质是领导者应具备的最重要的品格。西点军校的工程学科有着悠久的传承。20 世纪西点军校又进一步发展成一流的文理大学。面对每天几个小时的课堂作业，士官生压力很大，他们必须通过严格的自律和有效的时间管理才可能完成这些作业。

（7）适应性（Adaptability） 西点军校要求士官生对变化的形势能够迅速作出反应，在很短的时间内作出战略、战术、心理上的调整。适应性是西点军校提倡的领导者的重要品格之一。西点军校还极为注重对士官生进行外国语言的培训，选修课表中包括了很多跨文化谈判课程。过去 10 年中，中文在西点军校成为很热门的学科。2019 年之前，每年暑期都有西点军校士官生到中国参观学习。

（8）恢复力（Resilience） 为了提升士官生的心理素质，西点军校在教学安排中有意设计了无数陷阱，让士官生们在实践中犯错误。这种教育方式打破了一般大学里学霸永远不犯错误的假象，通过"理论—实践—反思"的循环过程，提升士官生的自我认知和自我纠错能力。一位西点军校士官生对我说，西点军校士官生在一年级时和哈佛大学的学生不能比，前者惊慌失措，后者踌躇满志。但是到了四年级，西点军校士官生在精神、心理、体能、目标完成方面都占了上风。

坚毅顽强、百折不挠、挑战极限、百炼成钢

马克·特拉弗斯（Mark Travers）2019 年在《福布斯》发表文章指出，一些学者在心理学教授安杰拉（美籍华人）的带领下，在对过去 10 年西点军校录取的 11 285 个士官生进行研究后发现，士官生表现出的坚韧、刚毅、意志力、抗压力，比他们在学术上的认知能力更能准确地预测他们在西点军校的成功概率。这个研究结果已经在美国《科学》杂志上发表。安杰拉教授在《坚毅》一书中也给出了同样的结论。

几年前，我到西点军校参加国际领导力会议，遇到一位年过古稀的老将军，聊了很多。从西点军校退休之后，这位将军到一个社区大学当校长。我问他，每个人每天都可能碰到不如意的事，让我们感到苦恼、烦躁、纠结，当您遇到这种事情的时候，如何应对？老将军思考了一会，平静地说："我一生中没有遇到什么烦恼的事情。我遇到的只有挑战，西点军校的经历和磨炼让我能够成功地应对每一次挑战，没有一次挑战可以把我打垮。"

10 年前，西点军校组织行为学系前系主任库德斯博士来到北京大学，讲危机状况下的西点军校领导力。我让他用一个词来概括西点军校毕业生的特质。他想了想，说了一个词："坚硬（hardiness）。"就是说，西点军校毕业生，经过在西点军校四年的艰苦磨炼，变成了一块岩石，坚不可摧。认真思考他的话之后，我又想，西点军校之所以能把士官生培养成坚不可摧的岩石，其中最为重要的因素是什么？西点军校打胜仗的核心要素是什么？可以肯定地说，是清晰的价值观、明晰的荣誉准则、紧张的学术课程、严格的体能和军事训练，以及永远不够用的时间。西点军校特殊的学习和训练环境，持续地挑战士官生的生理、心理和大脑极限，让士官生经受了有生以来最大的压力，学会了独立思考、真挚待人、自我管理、自我约束、坚毅顽强、百折不挠、永不放弃，最终百炼成钢。一位西点军校少校教官对我说："入学前，西点军校人好比一个煤球。经过四年锤炼，在压力和热量这两大要素的

共同作用下，其强度达到了顶点，出炉时，煤球就变成了钻石。"

西点军校打胜仗的理念和实践，让我更加相信西点军校前校长戴夫·帕尔默的话："随便给我一个人，只要不是精神分裂症患者，我都可以把他培养成世界上最伟大的领导者。"

后记

本篇文章的内容来自作者在过去十几年搜集的一手资料，包括参观西点军校后的体会、对西点军校领导力系系主任和教授的采访、西点军校教官在北京和纽约做的西点军校领导力讲座、对访问中国的西点军校士官生的面谈、北京大学 BiMBA 学生参观西点军校后的体会。内容真实，观点独立。

金句

- 西点军校认为，不懂得做下属的人当不好领导，因为他很难理解下属的内心感受，做不到上下同欲。

- 西点军校坚信，士官生在学习期间学会不撒谎、不欺骗、不盗窃，是对其作为军人的第一要求，是其未来成为职业军官最为重要的一课，同时也是西点军校打胜仗的必要条件。

- 部队成员之间的默契和信任至关重要。信任的基石是讲真话、讲实话、不讲假话。如果一个团队的成员之间互不信任，在危机到来之际，这个团队绝不可能打胜仗。

- 西点军校对士官生在不同情境下应担当的角色和应体现出的品格做了如下描述："在战场上是斗士，在社会上是公仆；在军队外做一个品格高尚的领导者，在军队里做一名职业军人。"

- 西点军校之所以能把士官生培养成坚不可摧的岩石，其中最为重要的因素是什么？西点军校打胜仗的核心要素是什么？可以肯定地说，是清晰的价值观、明晰的荣誉准则、紧张的学术课程、严格的体能和军事训练，以及永远不够用的时间。

推荐阅读

[1] 安杰拉·达克沃思.坚毅 [M].安妮,译.北京:中信出版社,2017.

[2] 布莱德·约翰逊,格瑞格·哈泼.将帅之道 [M].杨壮,译.北京:中国社会科学出版社,2006.

[3] 道格·克兰德尔,编.西点军校的领导力 [M].刘智强,译.北京:中国工信出版集团,2020.

[4] 丹尼斯·N. T. 柏金斯,等.沙克尔顿的领导艺术 [M].冯云霞,等译.北京:电子工业出版社,2013.

[5] 小埃德加·普里尔.为将之道 [M].陈劲莆,等译.北京:北京联合出版公司,2001.

[6] 田涛,吴春波.下一个倒下的会不会是华为 [M].北京:中信出版社,2012.

[7] 杨壮.做一个有影响力的人 [M].北京:机械工业出版社,2008.

[8] 左哈尔.量子领导者 [M].杨壮,施诺,译.北京:机械工业出版社,2016.

[9] Thomas A. Kolditz. In extremis leadership[M]. New York : John Wiley& Sons, Inc, 2007.

美军还能打仗吗

金一南

国防大学教授

2001 年，我到美国国防大学讲学，与五角大楼（美国国防部）的中国处处长打过交道。不管你提什么要求，他都趾高气扬地推诿。后来，我们见识了他的另一副嘴脸。

那次讲学，美方反映不错，临时增加了一项议程：美国国防部部长助理史密斯会见我。这个议程在最初报计划时没有，通知到我时，已来不及向国内请示了。与我同去的外事处的同志问我见还是不见，我说不就见个面嘛，见，有责任我来承担。

我们到五角大楼后，在部长助理办公室外间接待室等待。这位平时牛哄哄的处长见到我们时非常客气，照顾得极为细致周到。后来，他蹑手蹑脚地走到部长助理办公室门前，轻轻地把门拉开一条缝，伸头悄悄看一眼，又迅速关上，连第二眼都不敢再看。他退回来告诉我们："部长助理还在打电话。"一副诚惶诚恐、生怕惊扰主人的样子。那种谨小慎微，与平日里的耀武扬威相比，简直判若两人。

会见时，我与史密斯坐主沙发，他来回一路小跑搬来一把椅子，挺直腰板坐在我们面前，两手平放在膝盖上一动不动，像个随时听候召唤的听差。史密斯与我开始谈话后，他又不知从哪里摸出个本子，开始一笔一画地认真记录。从始至终，满脸虔诚和谦恭。

这个人，按照中国话说就是典型的"两面人"。上司在与不在，完全两个姿态、两副嘴脸。后来，他没有被提拔。2003 年，我陪同时任我国国防大学校长的裴怀亮到美国访问。再去五角大楼时，发现中国处处长换人了，之前的那个处长已经退役了。

可以说，任何国家的军队中都有此类"两面人"，关键要看有没有一个机制能够防止这样的人得势。

例如，美军《军人手册》规定不许当面赞颂领导，"当面直接赞颂长官或者上级是庸俗的，无论你对上级多么钦佩，当面赞颂都有阿谀奉承的嫌疑，容易引起误解"。美军《军人手册》规定，如果一名军人对上级非常佩服、非常尊重，请用以下三种方式表达：

第一，对上司施以标准军礼。

第二，认真执行上级指示。

第三，尽职尽责，提高本单位战斗力。

这不就是规矩吗？规矩绝不仅仅是不许请客喝酒、不许拉帮结伙。美军之所以把不许当面赞颂领导也立为规矩，就是为了防止阿谀奉承的人得势。

美军中央司令部前司令施瓦茨科普夫，在海湾战争中战绩不俗，很多人预测他将会出任陆军参谋长一职，但海湾战争一结束他就退休了。为什么？

1997 年我在美国国防大学学习时，美军参谋长联席会议前主席科林·鲍威尔到美国国防大学演说，送给我一本他的新著《我的美国之路》。这本书披露了施瓦茨科普夫没有得到提拔的原因——当时的美国国防部长切尼讨厌他，认为他人品有问题。

书中描述道：在飞往沙特首都历时 15 个小时的航班上，乘客们排队上洗手间，切尼看见一位少校替施瓦茨科普夫排队，快排到少校时，少校喊了一声"将军"，施瓦茨科普夫这才慢慢腾腾地站起来，插到前面进洗手间。在同一航班上发生的另一件事也被切尼看到了：一名上校双膝跪在机舱的地板上，用手把施瓦茨科普夫的制服整理平整。

就因为这两件事，切尼认为施瓦茨科普夫人品不行，不能出任陆军参谋长。切尼认为上洗手间找人排队和让人代为整理军装这类事，是涉及个人品质的事情。任何军队都有朝腐化方向发展的趋势，尤其是军队中位高权重的高级军官，如何用规矩把这些人管住，是从严治军必须解决的现实问题。

1995 年，时任美国海军作战部长的迈克尔·布尔达上将在胸前佩戴了两枚"V"形战斗铜质勋带徽章，新闻舆论质疑他是否有权佩戴这两枚徽章。美国海军条令规定，该徽章只授予直接参战并荣立战功的军人，且佩戴权利必须在荣誉证书中明确说明。

布尔达参加过越战、海湾战争，但荣誉证书中没有关于佩戴该徽章的字句。他后来摘下了徽章，但人们仍然不依不饶，认为他除了私戴徽章，肯定还有别的事，于是开始深挖他在海军服役时的其他问题。1996 年 5 月 16 日，布尔达上将自杀身亡，留下遗书：我违反了美国军官的荣誉准则，为了海军的荣誉，我今天选择死亡。

美国军官荣誉准则规定：

第一，我们决不撒谎。

第二，我们决不欺骗。

第三，我们决不盗窃。

第四，也决不允许我们当中任何人这样做。

当初在西点军校看到这几条准则时，我觉得标准太低了，不撒谎、不欺骗、不盗窃，这算"荣誉准则"吗？军人的荣誉应该是忠于祖国、忠于人民啊！

后来，通过一个个事例，我才慢慢明白：军人荣誉并非开门就是高山大海，而是需要像这样日积月累、集腋成裘的。美军军官的荣誉准则，就是从最基础的决不撒谎、决不欺骗、决不盗窃这些基点开始的。违反了这些基点，就被军队所不容，就被军人所不齿。所以，布尔达最终选择以死亡的方式来挽回荣誉。

另个一例子是担任过驻韩美军第八集团军司令官的小约瑟夫·菲尔中将。他接受了一位韩国公民赠送的一支价值 1500 美元的镀金钢笔、一个价值 2000 美元的真皮公文包，菲尔的家人还接受了 3000 美元现金，这些都没有按规定上报。菲尔中将解释说，送礼者是自己的多年好友，自己接受这些礼物是为了维持两国关系，应该合法。但调查人员对他的解释不予认可。

后来菲尔中将上交了收受的金笔和公文包，并以支票形式退还了家人收受的 3000 美元。菲尔于 2012 年 8 月退休，军衔由陆军中将降为陆军少将。从中可以看出，美军通过严格的规矩，对各级军官的错误行为进行防范和惩戒。

不仅高级军官被规矩严格约束，美国总统也是如此。2013 年 5 月 16 日，时任美国总统的奥巴马与时任土耳其总理的埃尔多安在白宫玫瑰花园举行联合记者会，恰逢下雨，奥巴马要身旁的海军陆战队士兵为他和宾客打伞，此举遭到舆论的强烈批评。

因为美军《海军陆战队手册》规定，男性士兵在穿制服时不能带伞和打伞。还规定，未获得海军陆战队司令的批准，任何官员不能向海军陆战队士兵发出与手册条款相冲突的指令。总统也不能例外。奥巴马最后被迫承认自己违规，不得不向海军陆战队道歉。连总统都不能例外，这就是规矩的力量。

1997年，我和一个同事在美国国防大学学习，每天晚上美国人用面包车送我们去包林空军基地吃饭。有天晚上下雨，基地里的美军在雨中列队行进。美军《军人手册》规定，军人在自然现象面前不能表现出恐惧。手册中还规定，军人可以穿雨衣，但不能打伞。因为打伞会影响手持武器，影响向长官敬礼。美军的这些规定，令人印象深刻。

其实，这类规矩中国自古就有。汉文帝时，匈奴时时袭击北方边塞的百姓，文帝派了几位将军驻扎在边境以备匈奴。其中有位将军周亚夫，驻扎在细柳。一天，文帝到各军中去劳军。到前几位将军的军寨时，一切顺利。快到周亚夫的军门时，文帝提前派人去通告。

不料，军士竟以周亚夫令"军中闻将军令，不闻天子之诏"为由不奉诏。待文帝到寨前时，军士仍不开门。最后，文帝派使节正式通报，军士方开门迎入。而后，军士又以周亚夫的军法为由，要求皇帝下马步行。等到见面，周亚夫称身被甲胄不便行君臣之礼，遂行军礼。

我们再来看看美军是怎么通过各种规矩来培育和养护军人血性的。

美军的住房和用车

我在美国国防大学学习期间，发现他们没有营房部门。校长、院长的官邸，都是随任职命令搬入，随卸任命令搬出，"铁打的官邸流水的官"。其他军官的住房，也是自己的事情，可以住国防大学的军官宿舍，但要交钱，还不便宜。很多军官都嫌贵，在附近租住房屋。军人的住房津贴都在工资里了，不需统一建房和统一分房，想拿房子搞腐败也搞不成。

另外，他们也没有车管部门。美国国防大学全校只有7辆车，1辆卡车拉设备，4辆面包车用于公务接待，2辆轿车（其中，校长用1辆，信息资源管理学院院长用 1 辆。信息资源管理学院院长用的这辆车，还是该学院合并到国防大学时从五角大楼带来的）。国家战争学院院长、武装力量工业学院院长这两位二星将军，都没有配专车。

美军的"军车"基本都是军事用途的迷彩车辆，平时通过城镇时需先与市政部门联系，按指定时间、路线通过。给少数高级军官配的车，牌子上有一个大大的"G"（Government 的第一个字母），即我们说的公务车，他们叫"政府车"。

这类车有严格的使用规定。美国国防大学校长的司机就跟我们说过，他每天行车只有一条固定路线：把校长接来上班，下班再送回去，然后把车开回国防大学。晚上如有计划中的公务应酬，可以去。但除此之外，你要是想路上绕个弯儿去办点私事，那就对不起了，你得回家开自己的车去。因为规矩使然，校长这位三星将军也觉得配车用起来很不方便，他经常在下班后把棒球帽往头上一扣，潇洒地开自己的车走了。

美军的预算制度

我们在美国国防大学学习，美方已做了预算：来时宴请一次，走时宴请一次。中间要请客吃饭，则没有预算，只能 AA 制。

我们到昆特克尔的陆战队大学参观，时任研究中心主任格罗夫上校很热情，招待我们在军官俱乐部品尝鹿肉。那片丘陵山地梅花鹿非常多，经常有鹿被汽车撞死。我还真以为对方请客，见他们一桌坐了将近 10 个人，心想美军陪同吃饭的人也不少啊。哪想吃到最后，坐主位的格罗夫掏出计算器，"叽叽叽"算了一下，然后宣布"每人 11.5 美元"。我赶紧问同事："带钱没有？"他说带了，我们立即各自把钱掏出来数好，跟他们一样放在桌上。

在此过程中，陪同的美军军官们没有表现出一丁点儿不自然，反倒是我们颇觉不好意思。这就是美式请客。因为没有列入预算，所以全世界军费开支最大的这支军队，没有钱请人吃饭。当时是 1997 年，美军的标准化供应——固定划拨的经费已经占到全部军费的 97% 以上，机动经费只有 2% 多一点。钱管得很死，没有多大机动空间。

美军的军产管理

我们在美国国防大学学习结束时，走前结算单身军官宿舍的房费，发现整个国防大学连开发票的地方都没有。他们专门派一辆面包车，40 分钟车程，把我们拉到迈耶尔堡（华盛顿军区所在地）结账。我觉得很奇怪也不满意，问："为什么非到这里结账？在国防大学结账不行吗？"管财务的文职老太太一头白发，她告诉我说：国防大学所在的麦克奈尔堡，土地、房屋都是华盛顿军区管辖的军产，国防大学没有权力进行任何财务结算。

我这才明白：原来华盛顿军区并不担负卫戍首都或防卫周边的任务，它只负责管理华盛顿地区美军的全部军产。千万不要小看这一职责，军产归华盛顿军区管辖的军事单位，从五角大楼到各个军事机关和基地，要是想通过炒作土地、出租房屋、开宾馆、开饭店、开商店赚钱盈利，根本就不可能。因为土地房屋等固定资产与它们完全无关，它们没有任何资格也不具备任何法人权力来卖地、租屋。

2006 年，我参加中美首次联合军事演习，乘坐的北海舰队的军舰靠泊夏威夷，停在珍珠港内。珍珠港港湾巨大，非常漂亮，唯有水上飞机码头锈迹斑斑、破烂不堪，因为水上飞机已经被美军废弃了。即便如此，美军的太平洋舰队也无权使用码头搞联合开发或军民共建，只能荒废在那里。也就是说，即使这块区域已经不能用于军事用途了，它仍然是不可变更的军产。

美军绝不仅仅是武器装备先进和信息化程度高，它设立并严格遵守的这些制度更值得我们注意并学习。他们通过对人、财、物管理权限的周密设计，堵塞漏洞，实现制衡。我觉得，不是美国人不知道腐败、不想去腐败，而是制度漏洞被堵得很死，腐败空间很小，难找机会，难寻手段。没有或很少有其他领域可以分心的军人们，只有安心本职，研究训练与作战。

美军的忧患意识

从美国回国后，我写了一篇文章，叫"世界上最不应该谈论战争的国家在天天谈论战争"，美军的忧患意识对我的触动也很大。

从地缘环境上来看，美国的北面是加拿大，南面是墨西哥，这两个邻国对它都没有威胁，但就是在这种相对安全的环境中，美军在一次次规划着毁灭对手的战争。这让我感到非常吃惊。

在参观安纳波利斯海军军官学院时，我进入了尼米兹图书馆。它给我的第一印象就是太漂亮了，巨大的玻璃墙外是切萨皮克海湾，海鸥在空中飞翔，远处的小岛和别墅也清晰可见，风景很好。

我当时就问陪同我们参观的海军上校，我说，在这么好的环境里，窗外的风景美不胜收，大家哪有工夫看书？他就反问我说，你看周围的军官都在干什么？我一看，周围的美国海军军官，每个人一张小桌子，一台笔记本电脑，一摞资料，资料里是波黑冲突、中东能源危机、南中国海未来的航道控制等，他们就在这么优美的环境里讨论战争问题，规划着毁灭对手的战争。

在这种歌舞升平的环境里，军人还保持着对战争的警觉，这让我感到非常震惊。

美军的研究重点

美军的军事院校不讲成功案例，而是把失败的案例拿来反复进行分析。以1991年的海湾战争为例。很多人把这场战争作为机械化战争向信息化战争演进的转折点，是一个很成功的案例。但美国人不这样认为，他们认为海湾战争包含了五个理想要素，即理想的敌人、理想的设施、理想的地形、理想的气候和理想的联盟，美国人说这五个理想要素很难再现，所以海湾战争没有参考价值。

他们继续在院校里讲越南战争，讲越南战争怎么栽的跟头，怎么吃的亏，还在总结越南战争的经验，这反映了什么呢？这反映了美军还在研究失败，它有着非常强烈的求胜欲望。一支军队如果一直躺在过去的光荣簿上，就很难取得未来的胜利。

美国陆军指挥参谋学院有个中心叫"Military Lesson"，我们翻译成"军事教训中心"，实际上它就是一个"败战中心"。这个中心有七八十人，他们分布在全世界，比如阿富汗战场、伊拉克战场等，在每个地方又细分为几个小组，三五人一个小组，全派到作战第一线，专门收集美军作战失利的战例，搜集后马上反馈回中心。

紧接着，指挥参谋学院的教官就在台上对台下的学员讲，三天之前，他们在某地进行了一场遭遇战，这场遭遇战美国人怎么吃亏了，有一个士兵是怎么被打死的，他们吃亏的问题在哪里。他们以身边非常鲜活的材料为案例，来研究自己的失败，从而锻造一支能够取胜的军队，避免未来的失败。

美军的用人制度

我们可以从岗位轮换、军官晋升和激励方式三个方面来看一下美军的用人制度。

一是岗位轮换。美军的岗位轮换非常普遍，一个人在一个岗位任职，两年三年就轮换，顶多四年。1997年，我在美国国防大学学习，2001年又去讲学，仅仅间隔两年多的时间，它的机关人员和教员几乎全都换了。除去几位资深的文职人员，其他人都不认识了。

他们有一个理论：如果一件事情熟悉到人闭着眼睛都能去干，那么人剩下的就全是惰性，没有创造力了。对事情越是不太了解、不太熟悉，人在工作时就越会小心戒惧。在这种状态下，反而成效更高、更富创造性。一个人在一个岗位一干就是数年甚至小半辈子，在美军看来，这简直不可想象，而且在制度上也不允许。

美国军官告诉我们，他们军旅生涯的关键词就是"move"（调动）。通过不断的"move"，实现人员的普遍轮换，不但能保持军人的职业新鲜感，保持军人的活力和创造力，还能有效防止惰性和腐败，防止因一个军官在一个单位长期经营而导致上下级之间产生人身依附关系。

美军之所以很难出现所谓"塌方式腐败"，军官定期轮换机制发挥了关键作用。这正应了中国的那句老话，"流水不腐，户枢不蠹"。可以说，军官定期轮换机制，是一个防止腐败、保持军人血性的有效机制。

二是军官晋升。1997年，我在美国学习的时候到五角大楼参观，陆军部曾提供过一个范例。当年要提升1978年的西点军校毕业生，由陆军中校提升为陆军上校。先是由计算机进行筛选，把在海外各总部服役的军官挑选出来，在太平洋总部、大西洋总部、欧洲总部、中央总部、南方总部服役的，计算机自动就把他们排在前面了。然后再从第一线服役人员中进行筛选：有没有进入过危险地带？进入危险地带后有没有接触敌对火力？在与对方交火的过程中有没有负战伤？

他们的军官提拔顺序，最高一层是在前方负过战伤的，第二层是接触过敌对火力的，第三层是进入过危险地带的，第四层是在前方总部服役的。至于在后方五角大楼或参谋长联席会议服役的，就被排到最后一层了。分层完毕，再在各个层次中分别进行"德才表现"考核。对他们来说，军官的经历永远排在第一位，学历、年龄不可能成为首要因素。

美军院校学员分配时有这样一种现象：被分配到一线服役的欢欣鼓舞，被分配到五角大楼或参谋长联席会议服役的反而一脸苦相，他们要求干一段时间后一定要到一线去。所以，美军内部就出现了"西点好战"现象：西点毕业生想去危险地带听枪响，想去打仗。不是说他们就不惜命，其实他们也惜命，但就是想丰富自己的从军经历。即便是为了尽快提拔、想当将军，也得到前方去。这也是利益驱动。

美军的机制告诉我们：军人利益最大化之点永远在前方，你的经历可能被主官忘记，但不会被计算机档案忘记，不会被晋升排序忘记。

三是激励方式。美军各种补贴名目繁多：海外驻防津贴、危险职务津贴、敌对火力津贴、紧急危险津贴、特别职务津贴、家庭分居津贴、掌握外语津贴等。美军上校服役30年、中校服役28年、少校服役20～22年后必须退役，退役金自己计算。

如一名上校退役，30年服役期间收入最高的三年的平均年薪的75%，就是他的退役金。最初看见这样的条文，我认为是不必要的，是典型的文牍主义。什么叫"30年服役期间收入最高的三年"？不就是最后那三年吗？资格最老，收入肯定最高。但他们说不是。

他们给我举了一例：某陆军上校退役，退役金按照他以上尉身份在越南战场服役时的收入计算。这位上校当时的军衔虽然只是上尉，但那三年他的平均年薪最高。所以，美军军官在退役时即便军衔一样，退役金却五花八门，差别很大。上过战场的军官退役后拿的退役金，远比一直待在后方的多得多。美军通过包括晋升选拔和物质激励在内的全套机制，来实现军人职业的普遍公平，以此培育和养护军人的血性。

血性是会夭折的，所以需要培育，需要养护。血性也是会沉睡的，所以需要唤醒，需要点燃。

军人之于国家到底有何意义？国家养育军人到底是为了什么？有人说，军人的最大奉献是牺牲，是血洒疆场。我认为不完全对，牺牲是军人的最大付出，但不是军人的最大奉献。军人的最大奉献是胜利。国家养育军人，不是让他到关键时刻一死了之。

当年甲午之战，北洋水师全军覆没，水师提督丁汝昌自杀，"定远"舰管带刘步蟾自杀，"镇远"舰管带林泰曾自杀，"镇远"舰护理管带杨用霖自杀……这确实表现出了军人气节，但国家养育军队是用来维护安全、获取胜利的。

对军人来说，胜利永远无可替代。军人生来为战胜。军人要用胜利体现对国家和民族的忠诚，而不是用死亡体现这种忠诚。所以习主席讲，军队要能打仗、打胜仗。这就是军人之于国家的全部意义。

- 军人荣誉并非开门就是高山大海，而是需要像这样日积月累、集腋成裘的。美军军官的荣誉准则，就是从最基础的决不说谎、决不欺骗、决不偷窃这些基点开始的。

- 美军还在研究失败，它有着非常强烈的求胜欲望。一支军队如果一直躺在过去的光荣簿上，就很难取得未来的胜利。

- 血性是会夭折的，所以需要培育，需要养护。血性也是会沉睡的，所以需要唤醒，需要点燃。

- 军人之于国家到底有何意义？国家养育军人到底是为了什么？有人说，军人的最大奉献是牺牲，是血洒疆场。我认为不完全对，牺牲是军人最大的付出，但不是军人的最大奉献。军人的最大奉献是胜利。

- 对军人来说，胜利永远无可替代。军人生来为战胜。军人要用胜利体现对国家和民族的忠诚，而不是用死亡体现这种忠诚。

将军是怎样产生的

——对指挥、统帅和决胜的思考[⊖]

金一南

国防大学教授

高明将帅从理解平庸将帅何以不胜开始

军事教育的目的是什么？就是一定要赶在对手之前，明白可以让我们获得胜利的伟大思想。

在军事教育界，有一句广泛传诵的话：想吃苦，到英国军校去。2000 年，我在英国皇家军事科学院学习，真的是吃尽了苦头。

皇家军事科学院在伦敦以西，距伦敦 160 公里，非常远。但人家根本不

⊖ 本文根据 2016 年底金一南在华为的内部演讲整理而成。

管我们怎么来，只要在报到那天能准时到学校报到就行。我们住在罗伯特大厦，分给我的屋子非常小，屋内只有一张床（床很窄，一翻身就有可能掉下来），没有独立的洗手间。虽然这里住的都是高级军官，但待遇跟囚犯差不多。

当时在英国学习，全都是填鸭式教育。上午 5 节课，下午 3 节课。上午灌得我晕头转向，下午上课时我只看到老师的嘴皮子动，都不知道老师在讲什么，高度疲劳。但是，我在那儿也获益巨大。我们上课的地方是英国的坦克中心。联合军种指挥参谋学院、新材料中心、航空发动机与动力中心、火炮中心、计算机中心等绝对保密的机构，全都在这儿。

英国人完全把指挥、技术融合到了一起。我们在防务管理中心开会，旁边是"咣咣咣"的炮响，不停地爆炸。我问怎么回事？有人说火药中心正在试验新型火药，"咣咣咣"地在炸。从伦敦来的高级班学员全部是坐直升机过来的。在校园里，人在路上走，挑战者二号坦克就"咕噜咕噜"开过来了，路上压得都是履带印儿。英国人力图不与战场实践脱节，不与最新技术脱节，不与最新作战方法脱节。

美国的军事学者贝文·亚历山大说：对高明将帅如何决胜的理解，是从认识平庸将帅何以不胜开始的。

军事教育中非常重要的一课是败战，它教的绝对不是从胜利走向胜利，而是从失败走向胜利，并且是大量的从失败走向胜利。只有看到了那些将帅是怎么翻船的，才有可能考虑怎样做一个稍微高明一点的将帅。

像美国国防大学，作为一个高级军官的学府，随着战争、冲突的发展，它的课程每年更新 1/3，更新得非常快，没有唯一的标准。军队训练教育的唯一标准，是能否适应未来战争需要。战争有权改变一切。

英国人非常重视传统训练。关于拿破仑，英军的惠灵顿讲过一句话：滑铁卢之战是在伊顿公学的体育场上打赢的。胜利奠基在哪里？在严酷的训练里。他们要通过这样的训练来达成什么？达成统一的、协调的一致。我们在皇家军事科学院学习期间的感受非常深刻。

在皇家军事科学院的第二天,发生了一件事:校内发现有炸弹。道路完全被封锁,各种各样的黄条全部都拉了起来,他们说赶快到罗伯特大厦去。于是我们一群人到了后门。

当时,一批英军的军官刚打完橄榄球回来,都穿着短衣短裤,谁也不能回去拿衣服。那是2000年的1月份,大家冷得在原地跳。但没有一个人牢骚满腹,没有小道消息满天飞。大家都欢声笑语,谈论着很高兴的事儿,非常规矩地在那儿等。我说你们在这儿等什么?有人回答说"等权威的消息"。

最后来了一个人,耀武扬威地站在场那儿,瞬间全场安静下来。他通报了现在的情况,包括炸弹排除到的地步,等等。后来我才知道他是皇家军事科学院的军士长,一个士官,合影的时候坐在最边上,但很多中校、上校此时全要乖乖听他的。

他们这种通过严格训练所形成的规矩,对军队来说,正是战斗力的来源。否则,让小道消息满天飞,敌人还没打垮自己,自己就先动摇了。

从不与对手公平较量

美军的军事训练,有一个非常值得注意的特点:从不与对手公平较量。一定要优于对手,一定要有明显的优势,绝不跟对手在同等水平上较量。

马其顿方阵是典型代表,强调火力优势。像毛泽东的十大军事原则,主要讲的就是兵力优势,两倍、三倍、四倍、五倍甚至六倍于敌之兵力,打歼灭战。而现在,火力优势变成了信息优势。美国人也明白所谓的优势转型问题,一定要在转型中夺取先机。

美军条令上讲:决策一定要领先、超越对手。怎么做到呢?通过卫星系统、数据链系统超越对手。同时,再切入对手的领域,使其无法有效作出及时反应。让对方比自己慢,自己就有优势了。

他们讲得非常清楚，今天的世界发生了转型，过去是大吃小，今天是快吃慢，一定要快。他们不在乎对手有多少武装力量，他们在乎的是，当跟对手在某个特定地区发生冲突时，如果冲突大约会持续三个月，对手能机动多少力量。机动不来的力量是纸面上的。若将来不快，就是不行，会失去先机。

美国今天的重装是怎么实现的呢？它在科威特、沙特预制了两三个重装旅部队的装备（包括坦克），第82空降师、第18空降军都在美国本土。一旦中东出了问题，他们在美国机动，用大量的飞机运过来，拿起装备就可以实现重装了。

一定要轻、要快、要迅速。对企业来说也是一样，面对新生的互联网企业，慢不得。我记得，20世纪90年代中期，马云还在倒腾义乌的服装，但很快就灵敏、果断地创立了阿里巴巴。现在与过去有条不紊、按部就班的时候相比，已经完全不一样了。

最怕打不倒的将

18世纪，德国元帅沙克斯讲过：战争是一种充满阴影的科学，所有科学都有原理，唯独战争没有。

21世纪，美国前总统小布什也说，阿富汗战争教给美国的东西，远远胜过精英集团和智囊学术团体10年来提供的所有意见。

军事科学的经验大多来自实践。实践是检验真理的唯一标准。将军的实践、战场的实践的结果是胜败。

没有打不倒的兵。兵败如山倒，挡都挡不住。美军的李奇微到了朝鲜战场上，说最糟糕的是韩国军队的指挥官。李奇微曾站在吉普车上，拿着卡宾枪开枪，说不能再退了，但韩国的军队像潮水一样往后退。韩军的指挥官对他说：将军，赶紧撤吧，再不跑来不及了。这就是兵败如山倒。

但是要注意另一点：最怕打不倒的将。大多数人都是这样，大家跑了，我也跑吧。但好的将领不能跑，要顶住。李奇微后来给中国带来了很大的损失。打仗打仗，很大程度上是在打将。决策对抗，这一点是最难的。

每个军官的最终职责是在作战中领导士兵。我们要选的不是一般人，是百夫长、万夫长，是能决定一批人生死的。这是巨大的权力。为什么选拔军官要特别慎重，是因为巨大的权力伴随着重大的责任。

俄罗斯人有一句话：如果连指挥员都判断错了，胜利的希望就变得非常渺茫，这时候只能靠浴血奋战的士兵来力挽狂澜。浴血奋战的士兵或许能力挽狂澜，或许也不能。指挥官一旦出错，跟士兵出错不一样，结果是灾难性的。

我给大家举个例子，关于二战初期斯大林犯的错误。斯大林过于相信《苏德互不侵犯条约》。当然他也知道，希特勒迟早要进攻，但他觉得不会那么快，起码还有一年的准备时间。

一直到德国最后发动了"巴巴罗萨行动"。在德军行动即将开始前，两个在德军服役的捷克共产党人，游泳游过来报告说第二天凌晨德军会发起进攻。消息紧急传到苏军总参谋部，这时，斯大林还不相信：不要中了别人的挑拨。

结果战争爆发。因为最高统帅出了问题，战争初期，苏军损失惨重。第一周，德军完成明斯克合围，苏军损失 30 万人。斯大林从法国电台、德国电台里听到西方方面军被围的消息，让总参谋长朱可夫赶紧查实是不是被围了。但连西方方面军自己都不知道自己的部队被包围了，因为它的无线电联络全部被切断了。

一个月之后，在明斯克合围战中，苏军损失 39 万人。又过了一个月，在基辅合围战中，苏军损失 30 万人。这场战役被列为世界陆军史上规模最大的陆上合围战，生俘苏军 67 万人。再过一个月，德军完成维亚兹马合围，苏军损失 50 万人。但最危险的是 1941 年 10 月，德军中央集群在加里宁方面军第 30 集团军的防御地段取得重大突破。

据朱可夫回忆，斯大林亲自打电话询问他能不能守住莫斯科。斯大林说，我怀着内心的痛苦问你这个问题，希望你作为一名布尔什维克，诚实地回答我，能不能守住。朱可夫说，我拿着电话筒，整整沉默了两分钟，最后告诉最高统帅，我们能守住。后来才有 1941 年 11 月 7 日的红场阅兵。阅完兵，部队直接开赴第一线，最后攻克了柏林。

据华西列夫斯基元帅说，在战争爆发之初的几个月，斯大林表现出对战略筹划的准备不足，在经历了一系列失败并付出惨重代价后，斯大林完成了一位战争指挥者的成长过程。后面斯大林几乎没有再犯战略性错误。从莫斯科保卫战到斯大林格勒战役，再到库尔斯克会战和攻克柏林，一次做得比一次好。

但作为一个将军，他在前期出现的指挥失误所付出的代价太巨大了。今天，领导者都应该思考，怎样才能避免付出这样巨大的代价。

机遇只偏爱有准备的头脑

当年的第一次世界大战为什么能够打起来？

是因为有了内燃机和铁路。过去的战争，节奏慢，弹药打光了，人也没了，新生力量上不来。但有了内燃机，再加上铁路，新生力量源源不断地上来，伤者源源不断地下去。人类的第一次世界大战因此就能够打起来了。

这说明什么？说明节奏快了。人们的生活方式决定了战争方式。今天，战争指挥员所面临的巨大压力，不知道是过去的多少倍。这要求一个最高指挥员，要同时具有两种勇气：行为勇气和道义勇气。

行为勇气

美军条令中写道：道德感召力来自现场的最高领导者。因为在战斗中，对爱国主义思想、价值观等的理性思考都会荡然无存。如果指挥官在地上匍匐或者在掩体中缩头缩脑，那部下也都跟着趴在那里。

要是指挥官都不行，让士兵怎么勇敢？指挥官的形象非常重要。指挥官是不是跃出了战壕？只有当指挥官鼓起勇气主动承担风险，在战斗最激烈的地方冲锋在前时，士兵才会表现出超乎想象的英勇气概。这是行为勇气。

道义勇气

这种勇气不是仓促间可以形成的。它有赖于指挥官在平时和战时，每天都必须表现出来的全面而细致的是非判断。如果不表现出道义勇气，指挥官就得不到部属发自内心的尊敬。

我再讲一个故事，俄罗斯总统普京的故事。当年有一个非常滑稽的现象，西方民主政治非常讲究民调，普京民调的支持率是非常高的，但当初普京上台，可不是通过选举上来的，而是前总统叶利钦指定的。

在认识普京的过程中，叶利钦对普京的作风非常欣赏。当时普京在圣彼得堡做副市长，他的恩师索布恰克当市长。而叶利钦在莫斯科正焦头烂额，因为推行休克疗法，整个区域的经济处于崩溃边缘，同时还爆发了车臣战争。战争、经济萧条，弄得叶利钦心力交瘁。

索布恰克想了一个办法。1994 年 10 月，他邀请叶利钦到圣彼得堡来散心、度假、打猎。索布恰克做了精心部署，找了一些老弱病残的野猪和棕熊放在狩猎场里。

打猎之前，大家在长条桌上吃烤肉。叶利钦发现有一个座位是空的，便问这个座位是谁的。大家回答是副市长普京的，接着解释说这个家伙总是迟到，然后嘿嘿一笑。原来普京那天开的破伏尔加半路抛锚了，修理了一个多小时。普京到了之后一看，他的恩师索布恰克到了，总统也到了，他很被动，说：对不起，我来晚了。然后他坐在那儿闷头吃烤肉，什么话都没有了。叶利钦就这样跟普京见了第一面，第一印象是一个迟到者。周围的人还介绍说普京是永远的迟到者，总是来晚，于是就对普京印象不好。

在叶利钦的回忆录里，有一段很精彩。叶利钦接着说：好。他就低头吃烤肉了。正吃着，突然远处丛林中闪出一头身材硕大的棕熊。看到这么大的家伙，叶利钦一紧张把眼镜拿了起来，接着手一抖，眼镜掉在餐桌下面的草地上了。

叶利钦的回忆录写到这儿就特别耐人寻味了，他写得很客气：我的七个助手都钻到桌子底下找眼镜去了，唯有迟到者普京突然转身操枪。普京的枪架子原本放在旁边，准备打猎用。普京拿起枪果断击发，第一枪击中棕熊，没打死，击伤了；紧接着就是第二枪，棕熊被打死了。

叶利钦在回忆录里写道：我注视着这个迟到者，迷彩服很得体，持猎枪的姿态非常自信，紧紧地抱着，就像拥抱着自己心爱的人。一瞬间，普京的所有缺点都变成优点了。棕熊被打死了，叶利钦也不打猎了，走的时候撂下一句话，"这个人必须到莫斯科去"。

叶利钦在一瞬间完成了组织部门旷日持久的干部考核。这就是我们平常讲的：看一个人可能要看一生一世，也可能看一时。

叶利钦在回忆录里面讲，我对普京研究了很长时间，不只是通过履历对他进行研究。后来，普京上台，我们看到了他的行动勇气，打击金融寡头、治理车臣乱局、应对金融危机。叶利钦在后来接受采访时曾说：我当时必须找到能够解决最棘手问题的人，而不是顾及这会对他们的政治前途有什么影响的人。应当让那些能够舍生取义、名垂青史的人来掌权。

可以说，叶利钦的整个执政一塌糊涂，但最后一个华丽转身：挑出了普京。西方有媒体说，那头棕熊拯救了俄罗斯。因为，索布恰克很快就失势下台了。要是没有那头棕熊，普京今天可能只是一个在圣彼得堡领退休金的人。真不知那七个钻到桌子底下的助手有多后悔。

但问题是，人在危机瞬间的反应是本能反应，不是理智反应。有些人天生就是钻桌子的，根本不是操枪的。

后来有很多人在回忆普京时说，他跟别人不一样。别人停车，都是车头往里一扎。普京开一辆破车来上班，停车时非要把车头对外。别人说这挺费劲的，普京的回答是"如果有行动，我第一个出动"。

这就是长期准备。就像法国的巴斯德讲的，机遇只偏爱有准备的头脑。不是没有机遇，而是大多数人在机遇面前都没有做好准备。当拯救俄罗斯的棕熊出现时，只有普京一个人做好了准备。后来还有人问我，金教授，你帮我解释一下，那头棕熊是不是普京运来的呀？他问，为什么普京在路上迟到了一个小时？他弄熊去了吧。这是典型的阴谋论。

有些人总认为发展是靠巧劲儿。我们也总想使巧劲儿，总想不战而屈人之兵。这是我们思维上的弱点。我们还是得相信实力。如果普京就是琢磨这点事的人，他也不可能成为今天的样子。这是道义勇气的来源。

决胜信念，产生两种力量

想要取胜，还需要两种信念。因为绝不是物质条件准备好了，敌方也疲软了，就能取胜。能不能取胜，取决于有没有坚定不移的信念。

信念产生自觉

有句老话：人的一生纵然漫长，但是关键的只有几步。决胜之战绝不是领导推着打、逼着打的，而是自己想打的。要让自己有这样一种自觉。

朱德，温良恭俭让、敦厚。很多人是从小学课文里认识朱德的，朱德挑扁担，在井冈山上挑粮食。南昌起义后有个三河坝分兵，那是中国人民解放军军史上的重要事件。周恩来、贺龙、叶挺、刘伯承、聂荣臻带领南昌起义主力南下作战，朱德留在三河坝负责垫后，堵住后尾的追兵。

当时朱德率领的是叶挺的第 11 军第 25 师和第 9 军教导团，共 3000 多人。周恩来跟朱德交代，在三河坝顶三天就算完成任务，三天以后，带部队南下与主力会合，把第 11 军第 25 师的指挥权再交给叶挺。

在整个南昌起义过程中，朱德只获得了三天的指挥权。但就是这三天的指挥权，让朱德成为中国人民解放军终身总司令。因为谁也没想到，后面会发生这么大的变故。这三天，朱老总完成了殿后的任务，部队伤亡六七百人，还剩 2000 多人。

朱德一看时间已到，准备南下撤出阵地与主力会合。这时南下部队 200 多官兵跑回来，向朱德报告：起义部队主力南下作战，汤坑一战全军覆没。南昌起义的全部部队，只剩下朱老总在三河坝殿后的这 2000 多人了。这 2000 多人一听到这个消息，一片慌乱。朱德在关键时刻站了出来。朱德说，我们现在还有人有枪，一定有办法，大家不要散。

后来，很多老同志回忆说，当年没有散伙是因为勉强听取了朱德的意见。由于消息来得太突然，没想好到哪儿去，先跟着朱德看看。有办法跟着干，没办法再走也不晚。

当时正是夏天，非常热，起义部队穿着短衣短裤，跟着朱老总一直走到 10 月底，还是短衣短裤，没有被装，没有药品，没有枪支弹药，没有粮草补给，人一边走一边跑，越走人越少。走到江西安远天心圩时，2000 多人跑得只剩下 800 多人。

今天回想起来，那真是中国革命千钧一发之时。因为中国革命的主要形式是武装斗争，这个武装要是散掉了，我们能胜利吗？在这个关键时刻，朱德站在稻田的土坎子上讲，大革命失败了，我们起义军失败了，但我们还是要革命的。要革命的同志们跟我走，不革命的可以回家，不勉强。朱德还举了一个例子，虽然 1905 年的俄国革命失败了，但 1917 年的十月革命成功了，我们的今天是俄国人的 1905 年，我们一定会迎来我们的 1917 年。

那些官兵后来回忆说，没有多少人知道 1905 年的俄国革命是怎么回事，但是大家从朱德火焰一般的激情言语中，感受到了信仰的力量。这 800 多人是一支丢了魂的队伍，朱老总给了他们一个魂。他说我们一定能胜利，大家都觉得是吹牛皮，但大家信了，一定能胜利。

这才是领导者。

就像陈毅所说："朱总司令在最黑暗的日子里，在群众情绪低到零度，灰心丧气的时候，指出了光明的前途，增加群众的革命信念，这是总司令的伟大。"

什么叫力挽狂澜？这就叫力挽狂澜。在这支 800 多人的队伍里，没有几个人能想到 22 年后夺取全国政权。但每一个自愿留下来的人，都从朱德身上感受到了革命一定胜利的信念。真正的将军是怎么选的？只能在这 800 多人中选了。

后来，朱德，成为共和国第一元帅；曾在第 25 师任连长的林彪，成为共和国第三元帅；曾在第 25 师第 73 团任政治指导员的陈毅，成为共和国第六元帅；曾在第 25 师任班长的粟裕，成为共和国第一大将。

没有什么复杂深刻的道理，简单的一句话：关键时刻，他们没走。他们留下来成为队伍的中坚力量，这就是自觉。当时谁布置朱德这么干了？有没有哪级组织这么要求他？当时组织要求分散突围，但朱德坚决留下，把这支残军变成了燎原的火种。

人在历史机遇面前凭什么呢？凭这种自觉。就像克劳塞维茨讲的，面对战争中的不可预见性，优秀指挥员必备两大要素：第一，即便是在最黑暗的时刻，也具有能够发现一线微光的慧眼；第二，敢于跟随这一线微光前进的勇气。

大家都觉得不行了，我觉得能行；大家都觉得万念俱灰了，我告诉你有一线光明，一起前进。决胜需要坚如磐石的信念。

信念产生气盛

什么叫作气盛？湘军悍将胡林翼说："兵事毕竟归于豪杰一流。气不盛者，遇事气先馁，而目先逃，而心先摇；平时一一禀承，奉命惟谨；临大难而中无主。其识力既钝，其胆力必减，固可忧之大矣。"

一般人平常表现很不错，唯命是从，非常听话。但是不能担当大事，一遇大事，便手足无措。胡林翼特别强调，一定要气盛。

战胜对手有两次：第一次在内心中，气盛；第二次在战场上。

我给大家举一个非常经典的例子。1946 年，解放战争最困难的时候，韩先楚在新开岭战役开创东北战场，一仗全歼敌军一个师。他不是一次两次打得好，而是连续作战的感觉特别好，他是为战争而生的人。

许世友说自己打了一辈子仗，最佩服的是韩先楚。韩先楚作战效能非常高，在新开岭战役中，他是纵队副司令，把国民党军第 25 师围住了。纵队司令部下令撤退，但韩先楚一个副司令，帽子往下一甩，说：要撤你们撤，老子不撤，能打下来，一定打败他们。

结果，最后是副司令担当了司令的角色，硬把国民党军第 25 师全部吃掉了，成为我们开创东北战场、一战全歼敌军一个师的经典战例。最后的决心在于几分钟的坚持，他坚持下来了。

抗美援朝时，韩先楚指挥三个军，对手是美军第 8 集团军的沃尔克，一个很猛的将领，欧洲战场第 4 装甲军军长，以凶猛强悍出名，有"猛狗"的称号，是巴顿特别欣赏的将领。1950 年 12 月，在志愿军第 38 军的猛烈追击下，沃尔克翻车身亡。接着，1951 年 1 月，韩先楚指挥志愿军的三个军突破"三八"线占领汉城。

后来记者采访韩先楚时，他说自己的作战经验只有一句话：对手不知道我的厉害。他们小看我了，我就让他们知道知道我的厉害。

林彪后来讲："战术有千百条。头一条就是肯打。"离开了肯打，全是白扯，全是玩概念。

我经常讲，中国革命造就了韩先楚，这一代战将也改变了中华民族的习性。韩先楚把军装一脱，就是典型的老农民，大字不识几个，放牛娃出身。中国革命改造了他，他也改造了中国革命。这就是将军是如何产生的。

金句

- 对高明将帅如何决胜的理解，是从认识平庸将帅何以不胜开始的。

- 军事教育中非常重要的一课是败战，它教的绝对不是从胜利走向胜利，而是从失败走向胜利，并且是大量的从失败走向胜利。只有看到了那些将帅是怎么翻船的，才有可能考虑怎样做一个稍微高明一点的将帅。

- 美军的军事训练，有一个非常值得注意的特点：从不与对手公平较量。一定要优于对手，一定要有明显的优势，绝不跟对手在同等水平上较量。

- 军事科学的经验大多来自实践。实践是检验真理的唯一标准。将军的实践、战场的实践的结果是胜败。

- 战胜对手有两次：第一次在内心中，气盛；第二次在战场上。

企业领导者从军事中可以学什么

宫玉振

军事学博士，北京大学国家发展研究院管理学教授、BiMBA 商学院副院长兼 EMBA 学术主任

军队从诞生那天开始，天职就是要准备打仗，而且还必须打胜仗。可以说，数千年来，军人围绕战略、组织、领导力以及执行力等所做的所有思考，都是围绕着"打胜仗"这条主线而展开的。在"打胜仗"方面，没有任何组织会比军队更加专业。这也是为什么那么多处于激烈竞争环境中的企业，纷纷向军队学打胜仗的原因。华为、阿里巴巴的成功，更是促使越来越多的企业把提升管理水平、突破竞争困境的希望寄托在了向军队学习上。

在我们今天的世界中，很少有人会像战争中的军人那样每天都要直面生死，但是对于企业领导者来说，在竞争性的商业世界中，成功与失败同样无所不在。尽管商业竞争与战争比起来算得上"温情脉脉"，但对于失败者来

说，结果同样残酷无情。

战争冲突是人类对抗的最高形式。在战争领域里，战略战术所造成的后果，远远比在任何其他领域都更为明显。战争关乎人员的生和死、组织的存和亡。在这种血与火的战场上总结出来的制胜智慧，从来都是取胜之道的最高体现。人类的竞争之道在战场上成熟得最早。

有一句话叫作"商场如战场"，战场和商场有很多共同的地方：两个领域都充满了对抗，两个领域都充满了不确定性，两个领域都需要对胜利有强烈的信念和意志。因而，两个领域都需要清晰的战略、强大的组织、卓越的领导力以及团队的执行力。战争和军事可以为商业世界的领导者提供独特的视角——从战争的角度看竞争，从军事的角度看管理，领导者可以更好地理解决定竞争胜负的那些本质性的要素。

组织最大的迷失是战略的迷失

企业领导者从军事中可以得到的第一个启示，是要学会战略性的思考。

战略这个词本就来自军事，没有一个领域会像战争这样把战略的价值揭示得如此淋漓尽致。战争史上的一个教训是，无论对于组织来说还是对于个人来说，战略的错误向来都是最致命的错误。战争中经常有这样的例子：赢了眼前，却输掉了长远；赢了局部，却输掉了全局。换言之，战术层面一时的胜利，恰恰导致了战略层面的全盘皆输。

看重一城一地得失的，是战术家。着眼整场战争去布局的，是战略家。超越战争去思考战争的，才是政治家。如果你缺乏政治头脑和战略眼光，即使取得了无数轰轰烈烈的战绩，你也无法赢得持久的胜利。如果你的战略本身就是错误的，就算你的战术和执行能力再强，往往也是南辕北辙，无法挽回战略失误所带来的损失。

美军在越南战争中遭遇失败，很重要的一个原因就在于，他们只关注战术细节，而忽略了战略全局，因而尽管打赢了几乎所有的战斗，但是输掉了整场战争。德军也犯过这样的错误。无论是在第一次世界大战还是在第二次世界大战中，德军的战术向来都大胆而精明。几乎没有军队可以在战术的优异方面与德军相比。但是，当1918年和1945年两度尘埃落定时，德军都证明自己政治无能并且战略无方。其在战术与作战方面的优异表现，无法补救在政治与战略方面的错误。

一个典型的例子是基辅会战。基辅会战是第二次世界大战时期最大的包围战，苏军5个集团军被消灭，仅被俘的就达到了65万人。德军缴获3500门火炮，还有900辆坦克。希特勒得意地称这场会战为"世界战争史上最伟大的会战"。然而这场会战，却使德军失去了占领莫斯科的最好机会：德军因为基辅会战而丧失了两个月的宝贵时间，等到德军发起莫斯科战役时，已经是10月了。先是秋雨导致德军寸步难行，接下来是严寒导致德军几乎失去了战斗力。苏军方面则因为这两个月，得到了宝贵的动员西伯利亚预备队的机会。

德军的莫斯科战役由此失败，德国在3～5个月内战胜苏联的计划由此破产，而德军的"闪击战"时代也由此宣告结束。德军陷入两线作战，从此也就成为无法改变的事实。曾任德国陆军总参谋长的哈尔德上将认为，基辅会战是"东方战役中最大的一个战略性错误"。鲁道夫·霍夫曼将军后来也总结说：基辅会战"偏离了大方向"。

战争史给企业领导者的一个教训是：过于陷入局部的争夺，反而会失去对全局的把握能力。用对抗的思维去处理事情，即使赢了，往往面对的也是残局。

管理企业也是这样，你当然要关注对手，但是过于关注对手，你的眼光就会被对手限制。太强的竞争与敌对意识会限制你的视野和格局，影响你的判断与思考，以及你的策略选择，让你陷入跟对手较劲的死结中而不能自拔。真正的高手，不会只盯着一时的你死我活，而是会着眼于不断变化的大局。

组织最大的迷失是战略的迷失。有太多的企业，就是因为太看重短期业绩，反而损害了长远发展。所以，不要为了战术上的胜利而偏离了战略上的目标，也不要用简单的战术组合去取代真正的战略。一系列看起来合理的战术调动，恰恰可能给你带来更大的战略灾难。用雷军的话来说就是，不要用战术上的勤奋，来掩盖战略上的懒惰。

而比战略上的懒惰更可怕的是：战略上出现了问题，却茫然不知，或不愿承认，甚至把问题甩锅给下属，甩锅给团队，不去解决更根本的战略问题，而企图通过战术或执行层面的努力来挽回局面。

第二次世界大战后期，面对战略上的困境，希特勒将所有的希望都寄托在了新技术与装备的研发，以及发起成功的战术性行动上，比如说那场孤注一掷的第二次阿登战役。然而希特勒的结局告诉我们，不解决战略层面的根本问题，却把大量的时间花在战术与执行上，最终只会让你更有效地去做错的事情。

战争和竞争的共同特点是：如果你没有自己的战略，就会成为对方战略的一部分；如果你没有自己的计划，就会成为对方计划的一部分。所以，高明的领导者总是把取胜的重心放在战略布局上，着眼于布长远之局，布未来之局，通过高明的布局而取胜，而不是在意一时或一地的得失。

这就要求企业领导者一定要像优秀的将军那样进行战略性的思考。要有前瞻性的眼光，要学会从眼前事务性的工作中摆脱出来——要摆脱日常竞争中束缚自己的反应式的思维模式，要有一种取势和提前布局的意识与能力。

长远的战略，才会让你的一个个行动具有深远的意义，让你的努力具有一致性和连续性，让你的每一个具体目标的实现都是在促进总体目标的达成，从而帮你把战术性的机会发展成为战略性的胜利。

新手重打仗，老手看组织

企业领导者从军事中所能得到的第二个启示是，系统性的组织能力至关重要。

在远征埃及的金字塔战役中，拿破仑的法国骑兵大败埃及的马木留克骑兵。战后，拿破仑对两支军队进行比较时，留下了一段著名的点评："2 个马木留克骑兵绝对能打赢 3 个法国骑兵，100 个法国骑兵能抗衡 100 个马木留克骑兵，300 个法国骑兵大概能战胜 300 个马木留克骑兵，1000 个法国骑兵总能打败 1500 个马木留克骑兵。"

大概没有什么能比拿破仑的这段话更好地揭示系统性的组织能力对于军队战斗力的决定性影响了。

战争，尤其是大规模的战争，对于军队来说，特别是对于军队的组织与管理能力来说，从来都是最好的压力测试。只有强大的组织和良好的管理，才能支撑起一支军队进行长期的、大规模的作战。

你要想在战争中取胜，就必须通过系统的组织、管理与保障，把组织的资源有效地整合好。这样才能将组织的整体能力充分发挥出来。事实上，回顾战争史我们就会发现，战争史上的很多战争，孰胜孰负，从根本上来说就取决于各方的组织能力。

战国时期魏国的武卒和秦国的锐士之所以能够称雄一时，成吉思汗的蒙古军队之所以能够横扫欧亚大陆，中共军队在长期的国共之争中之所以能够一步步地战胜国民党军队，在很大程度上依靠的就是强大的组织能力。

西方也是如此。罗马军团的战斗力从何而来？一名罗马士兵的战斗力总是有限的，然而 4800 名士兵所组成的罗马军团，却能变成一台强大的杀人机器。敌方的军队虽然人数众多，也不乏勇武的战士，但是缺乏罗马军团那样严密的组织，因而总是无法摆脱"匹夫之勇"的局限。这也就是为什么罗马军团总是可以在潮水般冲上来的敌方士兵面前岿然不动。

在管理上，有一个很有意思的现象：新手重打仗，老手看组织。在企业刚刚成立的时候，领导者往往关注的是市场，是产品，是营销，是爆款，是业务，是迅速的扩张。

一句话，关注的是如何打仗，如何打更大的仗。这时的领导者，往往要的是立竿见影，要的是攻城略地，要的是看得见的结果。没有多少人会去思考组织的问题，更不会真正在这方面投入。等到突然发现企业打不了硬仗了，领导者才会意识到组织能力跟不上了。原来，所有的问题都是组织的问题。忽视组织能力建设所带来的问题，一下子都浮出了水面。

在企业的起步期，往往有志同道合的追随者就可以了。到了企业的发展与扩张期，组织能力就成了决定企业生死的关键。先天不足的企业，是无法承受高速增长所带来的巨大压力的。

那些速成型的企业总是走不长远，原因很简单，离开了核心组织能力的打造，企业业务与规模的扩张就没有了根基。

阿里巴巴为什么有今天的成就？原因之一就是其具有强大的组织能力。组织能力支撑起了阿里巴巴的战略，支撑起了其高速的业务发展和组织扩张。华为成功的奥秘之一，也是把能力建立在组织上。这非常像共产党当年的"支部建在连上"。

那些伟大企业的战略，都以提出宏大的愿景开始，以打造强大的组织能力落地。再宏大的愿景，再伟大的战略，也需要落实到组织和管理的层面。真正的决胜往往是在组织层面进行的。企业家能力的最终较量，其实是驾驭和变革组织的能力的较量。

不幸的是，在现实中，虽然不乏聪明的创业者，但是有不少中国民营企业家，虽然是商业上的天才，但在组织方面却近乎无知。

组织架构随意，人事安排混乱，后勤、财务事宜一塌糊涂——我们这个时代那么多的败局，就是败在组织上。内部管理混乱，组织千疮百孔，这样一来,机会越大,发展越快,反而会败得越惨。

太多陷入败局的组织,其实都是败于自身,都是自己打败了自己。

而孙子早在 2500 年前就告诉我们:"善用兵者,修道而保法,故能为胜败之政。"真正懂得长期主义的高手,一定是先把从理念到制度这样一些组织的基本面做扎实了。这样才能奠定组织取胜的基础,才能在动荡而复杂的环境中主宰自己的命运。

好的将军从来都是打出来的

企业领导者从军事中所能得到的第三个启示是,领导者必须展现出卓越的领导力。

在培养领导者方面谁做得最好?管理大师德鲁克和通用电气前 CEO 杰克·韦尔奇对这个问题的回答都是"美国陆军"。德鲁克还写道:"军队所培养和发展的领导者比所有机构的总和还要多,并且失败率更低。"因此,他们建议企业领导者应该向军队学习领导力。

的确,战争是最需要优秀领导者的人类活动,战场也从来都是学习领导力的最佳课堂。军人从成为领导者那天起就明白,自己的首要职责,就是必须随时在复杂、残酷、危险而紧张的环境中,引导士兵展开行动,迎接挑战,夺取胜利,完成使命,而这就需要展现出卓越的领导力。用孙子的话来说就是,"聚三军之众,投之于险,此将军之事也"。

关于战争环境下的领导力,孙子提出了"智、信、仁、勇、严"五条要素,吴子也提出了"理、备、果、戒、约"五条原则,克劳塞维茨则提出了"干劲、坚强、顽强、刚强和坚定"五种表现形式。

在战争中,好的将军从来都是打出来的,而不是选出来的。一个人到底有没有领导力,一个人的领导力水平是高还是低,一上战场,就一清二楚。

回顾数千年的战争史,其中有两条要素是古今中外所有优秀的将军都具备的，一是沉着冷静的意志，二是与下属同甘共苦的品质。

战争中的领导力，首先体现在沉着冷静的意志上。战争环境最大的特点是复杂而危险。在巨大的心理压力下，人性的弱点会淋漓尽致地表现出来。这个时候，领导者所要做的，就是绝对不能允许情绪和心理压力主导自己的决策以及自己的队伍。

从战争史可以看出，战场指挥官坚定而沉着的领导力，本身就具有强大的感染力，它可以迅速渗透整个组织，尤其是在极端的环境下。这样的领导力可以帮助下属减少怀疑、犹豫，同时减少焦虑。

强大的自信，加上坚强的意志和自律，往往可以使指挥官在容易无所作为的情况下，采取必要的行动。

二战时期英国著名的元帅蒙哥马利在他的回忆录中曾经说："一个指挥官最宝贵的品质之一，也许就在于他在计划与作战行动中传播信心的能力，尽管他内心对结局并没有太大的把握。"而这就需要指挥官必须具备强大的意志和坚定的信念。

兵凶战危，人的心理很容易在瞬息万变的战争中失去平衡，从而导致决策陷入混乱。王阳明说："凡人智能，相去不甚远。胜负之决，不待卜诸临阵，只在此心动与不动耳。"人的智能差距并不太大，决定胜负的要素，在于其内心是镇定自若，还是陷入慌张。湘军名将罗泽南也说："乱极时站得定，才是有用之学。"

真正的高手，可以在任何复杂的环境中都保持不为所动的冷静。在极其混乱甚至对己极其不利的环境中，真正的高手能沉着镇定地进行清晰而合理的计算，并从容不迫地谋定后动，从而传递出强大的自信和对混乱局面的控制能力，进而一举奠定胜局。

称职而又自信的领导者，甚至可以在看来已经毫无希望的情况下，率领队伍转败为胜，扭转乾坤。拥有这种品格的领导者，才能在混乱和危险的环境中体现出强大的领导力，从而赢得下属的信任与忠诚，并能制定出正确的决策，最终带领队伍去赢得胜利。

战争中的领导力，其次体现在与下属同甘共苦的品质上。

军队所面临的是最险恶的环境，战场上的军人每天都要直面生死。用吴子的话说："凡兵战之场，立尸之地。"凡是两军相接的战场，都是尸横遍野的地方。在这样的环境中，同生死、共患难的感觉，对于战争中的军队来说，从来都是至关重要的。

领导者要知道，不能期望下属去做连领导者自己都不愿意做的事情。分享下属的苦难，和下属一起战斗，与下属同甘共苦的行为，在战争环境中比任何言语都重要。所以几乎所有的军事著作，都强调同甘共苦、同生共死对领导力的重要性。

《美国陆军领导力手册》中有一段话："好的陆军领导者，即便在最高战略领导层，也不会把战士推出去战斗而自己安坐在后方。他们会和战士一起深入实地，在第一线进行领导。"

一起哭过，一起笑过；一起流过血，一起流过汗；一起摸爬滚打，一起经受战火；一起分担失败的压力，一起分享胜利的喜悦。这样的体验，以及由此而形成的命运共同体的感觉，对于军队来说，比什么都重要。

企业也是如此。在复杂、动荡而充满压力的商业环境中，优秀的领导者要像优秀的将军一样，赢得下属的信任，打造出有凝聚力的团队，并带领团队全力以赴地去争取竞争的胜利。这同样需要强大的领导力。

再好的战略理念，也需要强大的领导力才能真正落地。战场和商场，都是如此。

这才是组织强大的精神内核

企业领导者从军事中所能得到的第四个启示是，如何打造强大的执行力。

每位企业领导者都希望自己的团队具有强大的执行力，但如何打造强大的执行力向来是困扰全球商界的一个顽固性难题。所有领导者都希望能够找到打造强大执行力的思路、方法与流程。

世界上执行力最强的组织，一定非军队莫属。军队文化在很大程度上就是"执行文化"。无论是我军的"保证完成任务"，还是西点的"没有任何借口"，都是如此。军队因而成了关注团队执行力的企业领导者共同的研究和学习对象。

在长期的战争中，军队在执行力方面已经总结出了一系列成熟而有效的心得：理解上级的意图是有效执行的前提；个人执行很重要，但组织执行才是一切；高效的执行需要制定明确且令人信服的高清目标，而不仅仅是大致的愿景；好的计划制订要去中心化，要简洁，要多元参与，要使每个人负责；没有什么事情会完全按计划进行，必须为突发事件做好详细计划；领导者要把成功归于团队，而把失败归于自己；执行过程中必须专注于那些与任务相关的最重要的任务；没有完美的信息，等待完美的信息的组织注定会失败，成功的执行者一定是敏于适时而动的，因此，迅速制订的 80% 完美的计划，胜过一个花太长时间制订的 100% 完美的计划；等等。

所有这些心得，都是从战争实践中总结出来的，对于企业领导者打造强有力的执行团队和文化而言，具有很强的借鉴意义。对于领导者来说，在执行中最困难的可能是让组织成员自觉自发地去执行。那么问题在于：战争是要死人的，为什么军人在明知道自己很可能失去生命的情况下，还会坚决地去执行？

在古人看来："将死鼓，御死辔，百吏死职，士大夫死行列。"将军就是要死在自己的指挥位置上，御手就是要死在自己的驾驶位置上，各级军官就是要死在作战的行列中。这才叫作执行。

为什么可以做到这样？除了军队的纪律、荣誉与服从意识之外，更重要的是官兵对于组织价值的高度认同。用孙子的话说，就是"道者，令民与上同意也，故可以与之生，与之死，而不畏危"。"道"让上级和下级有了共同的意愿和追求，所以他们可以同生死、共患难，而不畏惧任何危险。

在我的课堂上，我经常会以红军长征为例，问领导者一个问题。当年长征中的红军，是一支让很多人都无法理解的军队：衣不蔽体，食不果腹，装备极差，颠沛流离，每天面对的是困苦和死亡。如果这是一支国民党的军队，或者任何一支军阀的军队，离开苏区之后不久就会散掉了。红军的长征为什么取得了最后的胜利？

因为这是一支有信仰的军队，这是一个有理念的组织。

企业当然是要追求利润的，企业的员工当然是需要经济回报的，但即使在商业这种以功利为特征的世界里，缺乏清晰价值主张的企业也无法走得长远。仅仅靠利益来凝聚的企业，只能是"军阀"，只能是"雇佣军"，乃至于"土匪"。

没有愿景，没有是非；有利而来，利尽则散。从来没有哪一支军阀或土匪的队伍能够终成大事，即使是在乱世之中。尘埃落定的时候，人们就会发现，最后胜出的一定是有着清晰理念的那支力量。

为什么优秀的员工愿意留在某个企业？我们往往以为是令其满意的薪酬。薪酬当然很重要，但远远不够，金钱无法购买到真正的忠诚。在今天这样的时代，人们越来越重视自身的价值能否得到真正的体现。所有的优秀人才都在思考一个问题，就是把自己最好的时光、最有价值的努力，投到某个企业里，到底是否值得？

美国心理学会前主席马丁·塞利格曼在《真实的幸福》一书中说，幸福感由三项要素构成：快乐、投入和意义。三项要素之中，快乐带来的幸福感最为短暂。塞利格曼说：有太多的人以拥有快乐为生活的目的，但是对于幸福感而言，投入和意义却远比快乐更重要。

作为领导者，你给下属提供的究竟是什么？是一项值得为之奋斗的事业，还是一份养家糊口的工作而已？最终的结果，完全不一样。

好的组织一定会建立清晰的价值主张。卓越的愿景、使命、价值观，才能真正对优秀的员工形成强大的激励，让员工感受到自己工作的意义，从而让员工愿意去全力投入。用北宋军事学家张预的话说，就是"见义而行，不待命也"。价值主张驱动的执行，才是最强有力的执行。

如果说在战场上，真正让人超脱生死利害的，尤其是能够帮军队度过至暗时刻的，是官兵的信念与追求，那么在商业世界中，清晰的使命、愿景、价值观同样是一家成功的企业真正的核心竞争力，它们构成了其区别于对手的独特资源和竞争优势。这种竞争力也是最难被对手所复制或超越的。

领导者的一个主要任务，就是从一开始就为组织的每一个成员找到这样的可以全身心投入的理由，找到让组织成员强大的自驱力。

有了这样的理由，有了这样的自驱力，组织成员就会不计一切地付出，其执行才能真正变成自觉自发的执行。

这是让组织变得强大的无形的精神内核，这是让组织虽历经挫折却能长期生存、不断发展的根本原因，这是伟大与平庸的不同之所在，这是军事所揭示的一个真理。

企业向军队学打胜仗的三忌

他山之石，可以攻玉。企业学习和借鉴军队打胜仗的经验，从而提高打胜仗的信心和能力，这本身是没有问题的，而且是非常有意义的，但商业与军事是不同性质的领域，企业与军队是不同性质的组织，更不用说任何的学习都必须基于学习者自身的客观实际。企业如果不是从自身的实际出发，而是机械、盲目、片面地去学，反而难见成效，甚至会事与愿违。

任何事情都存在着过犹不及的风险，不少企业在这个问题上陷入了严重的误区，甚至为此付出了惨重的代价。总结这些企业的失败教训，我认为，企业向军队学打胜仗有以下三忌。

一忌：生搬硬套，形式主义

一提到向军队学打胜仗，很多人就会想到军事化管理，包括员工搞军训，高管用军事术语，稍微进一步的是搬用军队的体制编制，包括总部制、大区制，以及有中国特色的政委制，等等。轰轰烈烈，热热闹闹，但其实大多沦为口号，沦为形式。时间一长，没有太大效果，领导者也就只好灰心丧气，偃旗息鼓。

军队作为一个整体，从技术装备到战略战术、编制体制，都是为了适应此时此地的作战需要，解决此时此地所面临的战争问题。换言之，军队的管理方式与行为偏好，其背后有深层逻辑与约束条件。逻辑、条件一变，做法就会随之改变。

一般来说，装备的发展决定了战争形态的演变，战争形态的演变决定了军队战略战术的演变，战略战术的演变又必然要求体制编制的变革。所以，军队管理本身就是一个动态演进的过程。即使是军队自身，照搬过去的战略战术，或者别人的体制编制，不符合战争的时代要求，不符合自身的客观实际，同样打不了胜仗。对于企业这个不同领域、不同性质的组织而言，若不顾自身的发展阶段，不顾管理对象的不同，不顾所处行业的特点，一哄而上，盲目跟风，生搬硬套军队的做法，往往学到的东西只能是外在的、表面的、形式主义的，与企业自身的管理实践根本就是"两层皮"，反而会扭曲了企业的管理，未受其益，先蒙其害。

向军队学打胜仗，并不意味着盲目地学习。军队在打胜仗方面的探索与经验当然可以给企业带来启发，但并不是所有的企业都要向军队学习，也并不是所有的军队或者军队管理的所有方面都应该成为企业学习的对象。在古今中外的军事历史上，从来就不乏因为封闭、僵化、保守而失去变革动力与能力，从而失去战斗力，因此在实战中败得一塌糊涂的军队。把军队的所有做法变成"神话"，结果只能是与向军队学打胜仗的初衷南辕北辙。

对于企业来说，借鉴军队怎么做固然重要，思考军队为什么这样做及其背后的逻辑是什么，更为关键。想清楚军队这样做的逻辑与机制，弄明白这样做的前提与得失，揉开了，掰碎了，并切切实实地结合企业自身的客观实际与面临的问题，才能从方法论的层面为如何汲取和借鉴军队的探索与经验提供指导，才能知道自己应该学什么以及如何去学。

因此，企业向军队学习打胜仗，应该是思考其逻辑、借鉴其方法，而不是简单地照搬其做法、套用其形式。这样的学习，才是有针对性的和创造性的，才真正可以落地并取得成效。不少企业学阿里巴巴的政委体制却学不来，正是因为光看到做什么，却没有真正想明白为什么这样做。

向军队学习，最忌讳的就是学个皮毛，仅得其形，未得其神；只知其然，不知其所以然。可惜的是，很多企业向军队学打胜仗，就是停留在这个层面，因此也就很难学到点子上。

二忌：急功近利，短期主义

打胜仗需要战斗力，而战斗力的生成绝非一日之功，相反，需要长期持续的投入。无论是战略意识的养成，还是组织与团队的建设、领导力的锻造、执行力的打造，都是如此。

在战争中，从来没有真正偶然和侥幸的胜利，所有的胜利都是建立在扎实准备的基础上的。练兵千日，方能用兵一时。孙子认为决定战争胜负的是"道""天""地""将""法"这五大基本要素，他说："故善用兵者，修道而保法，故能为胜负之政。"在战争中，恰恰是这些基本要素，才是真正决定战争胜负的力量。抓住这些基本要素，持之以恒地投入，在基本面上夯实军队战斗力的基础，提升军队战斗力的水平，对于打胜仗来说，比什么都重要。真正持续性的胜利，一定是建立在长期主义的基础之上的。

战争最忌讳的是什么？

最忌讳的是"胜则一日千里，负则一败涂地"。历史上，黄巢也好，李自成也好，张献忠也好，之所以其兴也勃，其亡也忽，暴起暴落，成不了事儿，就是因为只知攻城破寨、走州过府，招兵买马、随掠而食，却没有长远的眼光，没有扎实的投入，从而陷入了所谓的"流寇主义"。流寇所有的胜利，都是无根的胜利，因而流寇也就注定只能是历史的匆匆过客，总是摆脱不了止于草莽的宿命。

然而，在向军队学打胜仗的过程中，许多企业恰恰有意无意忽略了这一条。很多企业之所以想起来要向军队学习，是抱着一种急功近利的走捷径心态，以为有一种打胜仗的"灵丹妙药"，可以立竿见影：组织上迅速扩张，市场上攻城略地，文化上脱胎换骨。这是一种典型的短期主义和功利主义的心态。打胜仗，尤其是要持续地打胜仗，是没有"速效药"的。然而不幸的是，我们看到了太多的企业恰恰是抱着这样一种速成的浮躁心态来学打胜仗的。

今天的商业竞争越来越激烈，企业之间的竞争也越来越倾向于正规战、阵地战、攻坚战、持久战，企业不得不面对越来越多的结硬寨、打死仗的阶段，这对企业基本面的要求越来越高，所带来的压力越来越大。

企业领导者都想打胜仗，但战争史告诉我们，企业要想打胜仗，就必须从决定胜负的基本要素入手，老老实实地沉下心来，一点儿一点儿地把打胜仗的基本面做好，这样才能奠定持续打胜仗的根基。否则，所谓的打胜仗，就只能是水中月、镜中花。

三忌：简单粗暴，片面主义

如果你问一位没有军旅经历的人，哪句话最能代表他所理解的军队管理的特质，十有八九他会回答"没有任何借口"，或者是"保证完成任务"。

普通人最容易陷入的误区，就是把军队管理简化成通常所理解的军事化管理，进而以为军事化管理就是绝对的服从，就是严格的纪律，就是无条件执行，就是上对下的控制，就是令行禁止，就是令出如山倒。这也是很多企业家热衷于军事化管理的基本出发点。

这样的军事化管理确实可以让企业家过一把发号施令的瘾，然而这实际上是对军队管理的片面理解——企业家可以一时爽，却并没能抓住向军队学打胜仗的精髓。军队当然要强调服从，要强调纪律，要强调完成任务，但这只是军队管理的一个侧面，而绝非全部。真正保证军队打胜仗的机制，远远比这些要复杂得多。

战争的特点是什么？战争充满了不确定性。但是，人的理性总是有限的，没有人在一开始就能看到结果，没有人对大势的理解能够一步到位，更没有人能一次性地看清所有的过程和细节。战争必须有计划，没有计划或者计划制订得漫不经心，从来都是战略的大忌。但是在战争史上，完全按照计划来实现的战略，只能是例外，而不可能是常态。这是战争中最大的悖论。

在这种情况下，军队的组织与执行就不可能完全是控制型的、指令型的，或者是绝对服从型的。片面地理解军队管理，甚至简单粗暴地把服从、纪律、控制等管理元素极端化、绝对化，是陷入了又一个巨大的误区。

实际上，即使对于军队这种以等级制为特征的组织来说，官僚化和刚性化向来也是打胜仗的大忌。僵化的军队在动态而不确定的战争环境中注定会遭遇失败。尤其是在当代战争中，不是呆板的服从，而是迅速的响应能力，才是军队战斗力的主要来源。在今天的军队中，集中化的、指令性的传统管理模式正在转型为去中心化的、涌现性的新型管理模式，敏捷型组织已经是军队组织发展的基本方向。好的军队必须适应多种作战环境、多种作战条件、多种作战形态，这就要求军队的组织与管理必须是柔性的、灵活的、敏捷的、适应性强的，这样才能充分激活下属的活力，充分发挥团队的主动性，从而可以在动态而复杂的环境中迅速调整，迅速响应，创造性地完成各种作战任务。

孙子曾经提出，好的下属的特点是"战道必胜，主曰无战，必战可也；战道不胜，主曰必战，无战可也。故进不求名，退不避罪，唯人是保，而利合于主"。也就是说，从战争规律上分析，有必胜把握的，即使君主说不打，臣子也可以坚持打；从战争规律上分析，没有必胜把握的，即使君主说一定要打，臣子也可以不去打。进不企求战胜的美名，退不回避违命的罪责，只求保全民众，且符合君主的利益，这样的下属，才是组织的宝贵财富。

领导者都喜欢忠诚的下属，战争环境中忠诚尤其重要。但这个世界上存在着两种忠诚。一种忠诚体现为对领导者的话言听计从，领导者叫干啥就干啥，丝毫不敢违背领导者的决定。这是僵硬的忠诚，是低级的忠诚，是平庸的忠诚，是缺乏担当的忠诚。本质上，这种只对领导者的命令负责的忠诚，是一种最自私的忠诚，是一种伪忠诚。

还有一种忠诚，不是体现为简单地忠诚于领导者的决定，而是体现为从整个组织的角度考虑问题。这样做的人可能未必事事顺着领导者，可能他的行为会有违领导者的指示，但是他的所作所为，是从组织长远发展的角度来考虑的。这样的忠诚，才更符合组织的利益，才更有利于达成领导者期待的目标。这种忠诚才是最可贵的。这种人是真正把自己的命运与组织的命运联系在了一起——休戚相关、荣辱与共，把组织的利益看得高于个人的得失。这种忠诚，才是真忠诚。

太听话的下属，从来就不是最好的下属。真正的最好的下属，一定是从全局的高度去思考自己任务的人，其所做的一切都是为了组织的利益，而不是为了个人的得失，不是仅仅局限于领导者给自己的命令。

在这样的背景下，服从也好，纪律也好，控制也好，就不可能是绝对的，而只能是相对的，是为更好地完成任务服务的。片面地强调这些要素，以为这是军队管理的精髓甚至是全部，以为这是军队之所以能打胜仗的原因，从而把这些要素绝对化，只会使企业的管理更快地与我们所处的这个时代背道而驰，从而离打胜仗的目标越来越远。

金
句

- 战争史给企业领导者的一个教训是：过于陷入局部的争夺，反而会失去对全局的把握能力。用对抗的思维去处理事情，即使赢了，往往面对的也是残局。

- 再宏大的愿景，再伟大的战略，也需要落实到组织和管理的层面。真正的决胜往往是在组织层面进行的。企业家能力的最终较量，其实是驾驭和变革组织的能力的较量。

- 真正懂得长期主义的高手，一定是先把从理念到制度这样一些组织的基本面做扎实了。这样才能奠定组织取胜的基础，才能在动荡而复杂的环境中主宰自己的命运。

- 领导者的一个主要任务，就是从一开始就为组织的每一个成员找到这样的可以全身心投入的理由，找到让组织成员强大的自驱力。

- 企业领导者都想打胜仗，但战争史告诉我们，企业要想打胜仗，就必须从决定胜负的基本要素入手，老老实实地沉下心来，一点儿一点儿地把打胜仗的基本面做好，这样才能奠定持续打胜仗的根基。

03

打胜仗的方法

华为成长之路

邓 斌

华为原中国区规划咨询总监、华友会华为管理研究院执行院长

华为成长之路是"教科书级"的打胜仗案例。

华为之所以能从一个初创企业发展到今天的世界级知名企业，与其在成长时期所经历的推动其历史进程的关键事件息息相关。我们会很吃惊地看到，在这些关键事件发生时，无论是 6 个人，还是 20 万人，华为始终是一个整体，"胜则举杯相庆，败则拼死相救"。这，就是军队的基因。在本文中，我将通过鲜活的案例，解析华为在打胜仗路上的目标管理、协同方法、组织赋能等关键实践，希望读者在构建自己企业的管理系统时能够从中得到有益的借鉴。

概述：打胜仗，要始终抓住当前阶段的主要矛盾

企业的成长如同人一样，不经历风雨，怎能见彩虹。

见贤思齐焉，在企业管理领域，近年来学习华为的风潮从未间断。但是，照抄、照搬华为模式并不可取，因为不是每家企业都拥有华为的资源和实力。

对于大多数企业来说，重要的不是学习华为的"现在"，而是学习华为如何走到现在；不是学习年销售收入9000亿元时的华为，而是学习年销售收入100亿元、10亿元、1亿元甚至刚刚起步时的华为。

如今年销售收入9000亿元的华为，在30多年前是基于2.1万元注册资金起步的。创业维艰，如何一步步地把企业做大？市场复杂，如何与对手抗衡？在不确定的时代里，面对重压，关键时刻该如何抉择？

这些问题，是每个企业在成长的过程中必须回答的问题。读史使人明智。读华为的成长史，读华为一路经历过的风雨和坎坷，也许会让我们在感受到情感共振的同时，对这些问题有更深入的思考。

华为30多年来的成长之路可分为四个阶段。

第一阶段：产品定位期，聚焦于"把企业做成"。

第二阶段：市场复制期，聚焦于"把企业做大"。

第三阶段：管理规范期，聚焦于"把企业做强"。

第四阶段：生态联动期，聚焦于"把企业做久"。

产品定位期的华为

我们先来看第一阶段——产品定位期，此时的华为聚焦于"把企业做成"。

华为创办于1987年，诞生在深圳市的一间单元房内，那一年，任正非43岁。

20世纪80年代的深圳，正处于市场经济腾飞的重要阶段。一次偶然的机会，任正非得知国家在大力发展民族通信产业，他抱着试一试的心态，做起了交换机代理销售的生意，结果误打误撞进入了通信行业。

当时通信产品技术含量高、利润高，吸引了世界上大部分的大型电子企业进入这个赛道进行竞争——那是寡头之间的竞争。用任正非的话讲："当时的华为就像一只蚂蚁，站在大象的脚下，口中喊着要长得和大象一样高，活脱脱是一个现代版的唐吉诃德。"

不过，恰恰就是这种无知无畏的精神，才让华为敢于踏上这条狭窄的赛道，在技术要求十分苛刻、竞争十分激烈的通信市场上大展宏图。

1987年至1994年的这7年，是华为成长的第一阶段。这个阶段的华为，核心任务只有一个，那就是活下来。但是很快，华为就迎来了一个关乎存亡的、异常艰巨的挑战。

早期的华为，做的是代理销售业务。当时的市场竞争非常激烈，国内至少有400个对手同台竞技。尽管华为的服务非常好，但经营依然深陷两难的境地：生意不好时，它发愁如何卖货；生意好时，却经常从厂家那里拿不到货。而且因为缺少相应的配件，产品在客户那里出了问题也不能及时得到维修，十分影响客户的体验。

做代理商，终究不是长久之计，华为需要拥有自己能掌控的核心产品。任正非很快看清了这个现实。1990年，在技术门槛超高的通信行业，筹款研发自己的产品实在是难上加难。但是，来不及考虑这些，为了让华为活下去，任正非义无反顾地开始了自主研发之路。

华为尝试自主研发小型用户交换机BH03，获得了初步成功。经历了数次开发，1994年，华为第一个大规模进入电信运营商市场的产品——C&C08数字程控交换机全面走向商用。华为迎来了真正"属于自己的春天"。

自主研发，就是把知识变成产品。那么，从知识到产品，中间的鸿沟靠什么来填补？答案是资金。

在当时，华为申请银行贷款较为艰难，其他渠道的外部融资也进行得相当困难。

虽然华为曾向员工承诺过比较高的薪资，但是在这段时期，业务发展需要大量的现金流。经营状况不好时，甚至出现过"只能发一半的工资，另外一半算是企业向员工借的，打白条、给利息"的情况。

那么，如何才能缓解资金窘境呢？信守契约的华为想出了一个权宜之计：那就是把欠发员工的工资、奖金通过"债转股"的方式转成内部股票，这样既可以解决燃眉之急，又可以让员工享受到企业发展的红利，提升员工对组织的归属感。

这个被窘境"逼出来"的权宜之计，不仅很奏效，后来还成了一段佳话。多年之后，"员工持股计划"成了华为留住员工的"金手铐"，反倒起了激励员工的作用。

据 2021 年 3 月 31 日华为官方发布的《华为投资控股有限公司 2020 年年度报告》，华为员工总数约 19.66 万人，个人股东 121 269 人，占华为员工总数的 61.68%，也就是说，每两位华为人中，就至少有一位持有华为的股票。

不过，需要注意的是，华为早期探索员工持股计划的初衷并不是激励员工，而是融资渡过难关，有这样的结果算是"无心插柳柳成荫"。这种持股模式有着特殊的时代背景，不宜照搬，否则可能有一定的法律风险。

企业初创时期有三道坎：产品、资金和人才。那么，早期的华为在人才招聘方面，又有什么可借鉴之处呢？

说起这个，就不得不提这样一段故事。1992 年的一天，邮电部⊖要举办一个培训班，全国从事交换机开发的企业几乎都会派技术骨干参加学习。华为也派人去了，不过，任正非派去的华为骨干除了学习之外，还有一项额外

⊖ 1998 年被撤销。

的重要任务——挖人。

当学员结束了一天的学习回到宿舍后，华为骨干们就开始活动起来，去各个宿舍与学员"聊天"。后来任华为研发部经理、华为高级副总裁等一系列要职的人员，有很多都是在这个培训班上被挖过来的。

另外，华为还陆续在各理工类高校聚集地成立了研究所，并且大力鼓励已经入职的华为员工邀请同学、朋友加入华为；对于肯跳槽的精英，华为还负责报销他们来深圳面试的往返机票，给予安家费等补偿，以减少人才的后顾之忧。

回顾初创时期的华为，虽然核心关键词只有一个——生存，但当"生存"变成了信念，企业的生命力也就深深地扎下了根。

正如任正非反复强调的那样："活下去，是华为奋斗的最低纲领，也是最高纲领。""活下去"，始终在这家企业的 DNA 之中，这不仅仅体现在 2019 年以来美国极限施压的时期，也淋漓尽致地体现在华为的产品定位期。

市场复制期的华为

惊险度过初创时期的华为，紧接着就进入了下一个阶段——市场复制期，重点在于"把企业做大"。

为什么这个阶段被称为市场复制期呢？如果说企业发展的第一阶段产品定位期是从 0 到 1，那么第二个阶段就是从 1 到 N。企业在这个阶段的关键动作就是复制、复制，再复制，扩大自己的规模。

在 1994 年至 1998 年这短短的五年间，华为的组织规模和销售收入迅速扩张了 10 多倍，步入了中型企业的行列。而被业界所熟知的"狼性文化"，也正是在这个时期成了华为的标签之一。

华为形成"狼性文化"与这个阶段的企业发展特点息息相关，它表现在三个方面。其一，敏锐性。狼最大的特点是嗅觉敏锐，能知道猎物在哪儿。其二，团队性。狼不是单独出击，而是群体作战，具有团队精神。其三，不屈不挠。狼具有不屈不挠的精神，一旦确立目标，拼死拼活也要做成这件事。

敢抢敢拼的华为员工就是凭借着这股精神，不断地冲进市场去攻城略地，甚至在客户的办公室门口等待五个小时只为换取五分钟的见面机会。他们用这样的坚持换来了一个又一个新的订单。他们跑马圈地，不停向前奔跑，只为一个梦想，那就是：10 年之后，世界通信行业三分天下，华为占其一。这支"狼群"的力量，可见一斑。

在市场复制期跑马圈地的过程中，企业需要对"以客户为中心"这一经营理念有深刻的认知。这个理念的背后其实是一组关键词：天、地、路、鞋。行业为地，客户为天，战略就是在天地之间选择的路，组织就是脚上的鞋。我们经营企业，就是在天地之间，穿上一双合脚的鞋，飞奔在自己选择的道路上。

为什么我们先谈行业和客户？因为这两者都是站在第三方的角度来看企业的。行业是什么？行业为地，就是我们脚下的土壤。隔行如隔山，你在这个行业能干得风生水起，到另一个行业就未必了。同样，你在另一个行业碰了一鼻子灰，换一个行业没准会如鱼得水。东北的黑土地适合种植大豆，江南的水乡适合种植水稻。不了解我们脚下的土壤，我们就会违背自然规律，我们能不能生长，首先得看我们所处的这个行业给不给我们机会。客户是什么？客户为天。作为"地"的行业，它决定了我们能否长起来；作为"天"的客户，它决定了我们能够长多大。一家企业要顶天立地，必须先要知天知地。我们之前强调知己知彼，现在知己知彼已经不够了，知天知地变得更为重要，这是一个前提条件。天和地加在一起就是我们的经营环境。

当我们知天知地之后，也就知道真正的驱动力是行业机会和客户需求，我们接下来就必须作出一个经营选择。行业机会有很多，客户需求也有很多，我们必须挑选适合自己能力的。"挑选"这个活动的对象实际上就是我们经常听到的一个术语——战略。对大企业来说，战略选择的重点是不做什么，因为有太多的机会向大企业涌来，如果不加以选择，它们就会分散精力。

在这种情况下，大企业必须主动排除一些机会。华为就经常对很多机会说"不"，如房地产项目、财务性投资项目、与伙伴争利的大集成项目，它都坚定地选择不做。

当我们在"天"和"地"之间作出一个选择之后，即有了自己的战略之后，我们就要通过我们的商业模式去创新，作出一些尝试。有了战略，接下来就是搭建团队，确定组织结构。组织结构和企业战略是跷跷板的两端，必须动态匹配。当组织结构高于企业战略时，组织效率就会比较低，客户给企业的钱会在内部管理中被消耗掉；当组织结构低于企业战略时，"地基"和"结构"不足以支撑业务"大厦"的向上快速发展，客户就会认为企业无法取得未来的成功，就不敢把重要的事情交给企业去做。因此，组织设计是一个动态的过程：从行业，到客户，到战略，再到组织结构。

在市场复制期，华为有三个关键事件值得我们关注。

第一个关键事件：市场部集体大辞职。

很多企业把成败寄托在企业内部"能人"和"英雄"的身上，但当这些人居功自傲，不愿听从企业的指挥和调度时，企业难免会遭遇"成也萧何，败也萧何"的境况。

早年的华为，为了让员工放开手脚去开拓市场，曾经授予了一线办事处非常大的权力。但是，在1995年下半年，这样的权力下放让华为内部出现了"山头林立"的现象。

为了消除这种不良风气，分管市场部的领导孙亚芳为任正非献上了一计。这个计策，便是"市场部集体大辞职"。

1996 年，华为拟制了一份辞职报告的模板，要求所有市场部的办事处主任"主动辞职，重新竞聘上岗"，这样的举动轰动了业界。通过这样做，让一线市场员工再次焕发活力，使华为得以继续向前发展。

第二个关键事件：建立任职资格认证体系。

现如今，各行各业都有着一定的准入门槛，比如开车的司机需要驾驶证，否则就没人敢坐他的车。那么，企业中的"驾驶证"是什么呢？答案就是"任职资格"。

1998 年，华为从英国引入了任职资格认证体系，这让华为的人力资源管理从"调兵遣将靠钦点"变成了"开山劈地有标准"，一步一步让"论功行赏"造成的混乱局面趋于规范。

第三个关键事件：颁布《华为基本法》。

《华为基本法》从 1996 年便开始起草，历时两年多，终于在 1998 年 3 月正式颁布。这件事对华为产生了深远的影响，因为这套基本法总结了华为过去 10 年来为什么能取得成功，同时为华为未来的发展指明了方向，意义重大。

在市场复制期，为了将企业做"大"，华为实行的是粗放型的扩张政策。市场份额的扩大，往往是企业舍弃眼前利益、透支未来利益换来的。那时的华为虽然扩大了市场占有率，逐步缩小了与行业巨头的差距，但企业内部的许多问题并没有得到及时解决，这些问题成了华为走向管理规范期所面临的关键问题。

管理规范期的华为

"大而不强"是无法成就一家世界级企业的。对于华为来说，要想站在世界最高点，就一定要把规范的"秩序"建立起来。因此，在经历了市场复制期之后，华为进入了成长的第三个阶段——管理规范期，主要任务是"把企业做强"。

这段时期持续了 10 多年，从 1998 年开始到 2011 年。华为在管理规范期的焦点，与之前的产品定位期、市场复制期有本质的差异，主要体现在这几个方面：职业、规范、国际化和做强。

在这个阶段最知名的关键事件就是"拜师 IBM"。

为什么华为要将 IBM 当作老师呢？这一切还要从 1997 年的冬天说起。

这一年，华为已经创立了 10 年，员工数量增长到 5600 人。虽然已经开始起草《华为基本法》，但任正非突然意识到，在起草《华为基本法》的教授和专家中，其实没有一个人是做过大企业的，甚至华为的这些领导干部中，也没有任何一个人有这样的经验。要想在这种情况下让华为成为世界级的大企业，岂不是闭门造车、天方夜谭？带着这个问题，1997 年 12 月，任正非带着几位高管远赴异国，开始寻找答案。

他们拜访了四家美国企业，分别是惠普、休斯电子、贝尔实验室和 IBM，其中，在 IBM 停留的时间最长。

那时的 IBM 刚刚经历为期五年的企业变革，正是这五年的变革，让 IBM 这个险些被时代抛弃的大型企业重新迎来了辉煌。

任正非一行人在听取了 IBM 这五年的变革历程之后，大为所动。IBM 时任 CEO 郭士纳所提出的"制造业四条基本规律"，也让华为的高管们感到如获至宝。

IBM 和华为，一个是现代企业的神话，"笨重的大象"重新起舞；一个是时代新星，用 10 年时光洗去了初生牛犊的青涩，野蛮生长之后，充满着对智慧与秩序的渴望。

面对 IBM 这种在 IT 行业有着近百年历史，经历过三次以上大变迁，同时又与华为同处制造业的大型企业，任正非决定：华为拜 IBM 为师，诚心诚意向 IBM 学管理。

"只有破除狭隘的民族自尊心才是国际化，只有破除狭隘的华为自豪感才是职业化。"对于"拜师IBM"，任正非的这句话就是最好的诠释。

除IBM外，华为的"管理老师"还有很多。

华为对标了许多世界领先企业的优秀实践来提升自身的管理水平，至今已经把全世界范围内大家耳熟能详的知名咨询公司都请了个遍，除了IBM，还有麦肯锡、埃森哲、罗兰贝格、德勤、安永、普华永道、毕马威、波士顿、合益、美世，等等。

华为每年在管理变革方面的投资占年销售收入的比例平均达到1.4%。这笔专门为管理变革而规划出的预算，其投入力度即使在如今的诸多大型企业中，也是非常少见的。

对一家企业来说，最重要的是什么？华为在不同时期，给出了不同的答案。"狼性文化"让华为在1994～1998年蓬勃发展，而为了管理更规范，发展更健全，1998～2011年的华为更加强调"不以规矩，不成方圆"。但是，规范带来的不是永恒的益处，也带来了官僚主义、总部权力感过强等弊端。随着时间的推移，有效的管理方法也会随之而变化，过去的经验不是永久的金科玉律，只有实践才能出真知。华为自2006年试点"铁三角"以来，坚定地向美军学习，把指挥所建在听得见炮声的地方，让一线呼唤炮火。

"让一线呼唤炮火"最早是任正非2007年在华为英国代表处的一次讲话中提出的，之后不断被强调，变成了华为的管理准则。任正非说："为了更好地服务客户，我们把'指挥所'建在听得见炮声的地方，把计划、预算、核算的权力和销售决策权力授予一线，让听得见炮声的人来决策。打不打仗，客户决定；怎么打仗，前方说了算。由前线指挥后方，而不是后方指挥前线。"

为了"让一线呼唤炮火"，任正非在华为管理上花了很多心思，并取得了让业界惊叹的成效。这里举两个小例子。

第一个例子是称谓的改变。

任正非要求：深圳总部只能被称为"机关"，不能被称为"总部"。随着企业的不断成长，有些站在行业风口的企业最终会发展成为集团型企业。你会发现，屁股坐在集团总部的人，有满满的自豪感，会认为决策权在总部，而那些在市场一线的人只能听总部指挥在外奔波。一旦有了这种想法，他怎么会有服务一线的精神和欲望？集团总部怎么能成为服务型总部呢？任正非认为，华为"家里没有矿"，所有的价值都是客户创造的，只有大家愿意到一线贴近客户，华为才有可持续发展的未来，因此必须给予一线足够的权力，二线只能是服务一线的"机关"，二线员工不能高高在上，对一线员工指手画脚，不要称自己是"总部"人员，这就在心理上把后端的自豪感打掉了。

另外，在称谓的正式化程度方面，华为也花了很多心思。什么叫称谓的正式化程度？"董事长""总经理""总裁""总监"等称谓是正式化程度比较高的称谓；"接口人""主管""经理""负责人""专员"等称谓是正式化程度比较低的称谓。如果你留心就会发现，很多企业二线人员的称谓正式化程度比较高，一线人员的称谓正式化程度比较低，这就会导致一种现象，比如：一线的金牌销售王主管回到二线开会，遇到财经管理部的李总裁时，他的腰会不自觉地弯下来，说一声"李总好"。为什么？因为"主管"在称谓上低于"总裁"，王主管怎么硬气得起来？此外，他内心也会盘算一件事：尽快回到二线当主管，别在一线打市场。当企业形成这样的氛围时，所有人都想往后端走，一线怎么会有优秀的人才？没有优秀的人才，一线怎么能作出更好的业绩？产生这些问题的根源是我们的机制根本就不是导向冲锋、导向未来的。我们得理解组织行为学中的一个常识：权力在哪里，人才就在哪里。

华为在称谓上的设计很有意思：同等岗位，默认一线的比二线的高出半级到一级；一线人员的称谓正式化程度普遍比较高，二线人员的称谓正式化程度普遍比较低。业界传闻,华为的"总"很多,这是怎么来的?一线的片区联席会议负责人是"总",地区部负责人是"总",各个国家和地区的业务代表是"总",业务代表下面负责客户、产品解决方案、服务、渠道的人也是"总",从中可以看出,华为就是要提升一线人员的称谓正式化程度。华为二线人员的称谓则比较简单,最典型的称谓是"部长",如果你在华为深圳坂田基地或华为东莞松山湖基地听到华为某位后端的主管被称为"部长",你不要小看他,他可能管理着5000人甚至上万人,他只是在称谓上被称为"部长"而已。

经过这样设计后,有意思的现象出现了。每年华为开市场大会时,那些一线的"总"回到华为基地,遇到二线的"部长"时会出现这类情况:西非地区部陈总遇到备件管理部赵部长,赵部长的腰就会自觉地弯下来,说一声"陈总好"。陈总因此会感觉良好,感觉自己在这家公司有地位,回到一线后会和员工们说:"这次我回基地开会,公司对咱们还是很厚道的,家里很多人靠着我们打'粮食',还得靠咱们养着,大家能者多劳,多加把劲儿。"这就是称谓正式化程度带来的心理暗示。当然,任正非也不玩儿虚的,在"分钱、分权、分机会"时确实会向一线员工大力倾斜,没有让一线员工吃亏,这便形成了"能者多劳,劳者多得"的局面。从这个例子中我们学习到一点:一个优秀的组织必须在机制层面确保最优秀的人愿意去一线。

第二个例子是关于"赋能"的。

我在华为工作的11年间,感受到的最能体现华为对"赋能"认知的一个例子是:组织赋予一个职级13级的年轻员工"呼唤"职级21级的机关干部的权力。13级是什么概念?在华为,一名通过校园招聘进入华为的研究生,工作满一年,没有犯错误,他的职级就会被默认为13级(12级及以下对应操作岗),这是华为知识型员工的起点职级。21级是什么概念?这在华为算是一个挺高的职级,没为华为持续作出卓越贡献,没经历16~18年的历练，很难达到这个级别。一个 13 级的一线"小毛孩"，因为需要项目资源，便可以三更半夜拨打机关里一个他不认识的 21 级干部的电话，而且对方还得接这个电话，这就是组织在机制层面的"赋能"。

任何一家优秀的企业都有独特的企业文化，有些文化体现在企业的"内部黑话"中。华为也不例外，也有自己的"内部黑话"。曾经有人在华为内网"心声社区"组织评选最具华为特色的"内部黑话"，最终"Welcome to join the conference"这句话得票最多。因为华为人在全球开展业务，一线和后端沟通常常只能召开越洋电话会议，"Welcome to join the conference"是华为电话会议中的第一句话。华为人听这句话几乎都听到耳朵长茧了。华为一线的很多电话会议往往没有足够的时间提前通知相关人员，当某人接到了一个电话号码是"0755-28780808"或类似号码的来电时，就知道是有会议要开了。接听之后，会议系统报出的第一句话就是这句话，然后接听者得输入自己的华为工号，一线会议召集者才会再和他说明是哪个地区部的项目需要求助于他的部门。华为的电话会议很有意思，往往开始时有三个人在开电话会议，两小时后，电话会议快结束时，在线的可能已经有 12 个人了。为什么？一线向你的部门求助，你说只能提供部分资源，其他资源还需要某部门配合，于是一线会议召集者会把你说的那个部门的负责人也"拉上线"，当下就把资源确定下来。更绝的是，当这个电话会议快结束时，一线会议召集者（很可能是 13 级的"小毛孩"）会说："感谢家里各位兄弟的支持，我稍后写一份纪要并抄送给各位，大家明早回到部门，就请把资源落实一下。"在华为，有一条不成文的规则：会议纪要具有法律效力，电子邮件就是命令（mail is order）。在业界的很多企业中，没有董事长签字，会议纪要很难被执行。在华为，任正非说："我也不知道一线要多少资源合适，只能让听得见炮声的人呼唤炮火，因为他离客户近，大家先听他的，选择先相信他，我们事后复盘时发现浪费弹药了，再'秋后算账'、总结经验就好。"是谁赋予了一线人员（13级的年轻员工也不例外）这样的指挥权？是组织！

通过这两个例子，你便可以理解华为是如何"让一线呼唤炮火"的。近些年，华为提出决策前移、下沉，让听得见炮声的人来呼唤炮火，不断总结和复盘，这在总体上有效支撑了华为在全球的快速扩张。

生态联动期的华为

当穿过产品定位期、市场复制期和管理规范期，华为来到了成长的第四个阶段——生态联动期，此时的华为主要看重建立生态文化，即看重"把企业做久"。

2011年，华为已经成了运营商设备行业的全球领军者之一。在前三个阶段当中，华为一直都将精力聚焦在自己的企业之内，在做大做强的路上不断成长，但在第四个阶段，华为的目光不再局限于自身，而是投向了企业之外更大的世界。

如果用一句话来概括，那便是：独乐乐不如众乐乐。

进入生态联动期，企业的志向便不再局限于"做成""做大"和"做强"，还要"做久"。

每一个经得住时间考验的企业，一定都不是"独善其身"的。在做好了分内之事后，组织的边界会开始跨出企业，整合企业内部与外部的资源，和产业链的上下游伙伴一起进行生态联动，它也会从独自闷头赚钱，变成帮助生态伙伴一起发展，成为平台的赋能者。

要想了解生态联动期的华为，可以通过华为内部的两个高频用语略窥一斑：一个是"深淘滩，低作堰"，另一个是"绝对不做黑寡妇"。

"深淘滩，低作堰"，是闻名世界的都江堰水利工程的治水名言。

"深淘滩"就是指每年岁修时，河床淘沙要淘到一定深度。这体现在企业管理上，就是要不断挖掘内部潜力，发展核心竞争力，企业才能做久。

"低作堰"是指堰顶适宜做得低一些，便于排洪排沙，起到"引水以灌田，分洪以减灾"的作用。这体现在企业管理上，就是不要急功近利，并且善待合作伙伴，不要为获得更高的利润率而放弃对市场的培育和对客户的回报，更不能因为短期的目标而损害长远的目标。

"深淘滩，低作堰"，就是以这样的含义成了华为生态联动期的关键思想。

另一个高频用语是"绝对不做黑寡妇"。

黑寡妇是有剧毒的蜘蛛，这种蜘蛛有一个可怕的习性，那就是在交配之后，雌性蜘蛛会把雄性蜘蛛吃掉，以此为自己孵化幼蜘蛛提供营养。

华为的学习能力很强，在20多年前快速扩张的阶段，曾有些部门在开发新产品没有思路时，会发起招标，把业界做得不错的小企业召集起来交流一下，之后就没有下文了。

正是基于这样的情况，很多合作伙伴在与华为交流时，总是会"留一手"，不敢与华为"交心"。显然，这样导致华为失去了与很多优秀的合作伙伴合作的机会。在那段时间，华为在业界供应商中的口碑也很受影响。

为了改变这种情况，让华为真正实现可持续发展，任正非引入了"黑寡妇"这个概念，认为华为绝对不能做吃掉"合作伙伴"的黑寡妇，而是要发扬开放、合作的精神，在企业生态圈打造多赢的局面。

在生态联动期，华为也发生过许多推动成长的关键事件，比如2011年"三驾马车"分立，启动轮值CEO制度，创立2012实验室，2019年以来经历了众所周知的美国"实体清单"极限施压，2021年重兵押注智能汽车赛道，等等。在这个不确定的世界里，华为越发展现了领先企业的社会责任感和民族企业的勇敢担当。

结语：没有成功，只有成长

对于华为成长的四个阶段，我们简单做一下回顾。

在第一阶段产品定位期，华为在艰难的环境中开辟了一片全新的天地，解决了产品、资金和人才的问题。在第二阶段市场复制期，华为扩大了企业规模，向领先企业进军。在第三阶段管理规范期，华为走向了精细化管理，敢于变革，乐于学习，拜师 IBM，建立起科学的管理体系。在第四阶段，也就是华为目前所处的生态联动期，华为致力于更多地向外部赋能，积极联动合作伙伴，构筑更加开放的产业链，开创更远大的未来。

纵观 30 余年四个阶段的实践，华为的持续成功来源于两个"道"。

一个"道"是对行业赛道的坚持，华为选择了一条很长很宽的"赛道"，就是任正非所说的"信息与通信技术"主航道，坚持 30 余年不动摇，坚持几十万人对一个城墙口猛攻。时间效应巨大，时间成为华为人最好的朋友。曾经那些遥不可及的竞争对手，都被华为甩在身后。

另一个"道"就是华为管理之道，简而言之就是"以客户为中心，以奋斗者为本"。以客户为中心，可以解决价值获取问题；以奋斗者为本，可以解决价值评价和价值分配问题。这本来是常识，但是人们常常忘记：常识推到极致就是哲学。环顾四周会发现，只有极少数人能够做到"以客户为中心，以奋斗者为本"。对此，不仅任正非做到了，华为内部也照此执行，并且按照这个常识坚持行事 30 余年，不被"基因论"和"宿命论"绑架，不被过去的成功局限，始终把客户需求和对市场的洞察作为未来前进的向导，不让"雷锋"吃亏，因此华为成了中国企业在世界上的名片。

做企业，犹如希腊神话人物西西弗斯推巨石上山。新时代的"硬汉"任正非始终坚信这个理：没有成功，只有成长。千古兴亡多少事，一江春水向东流……不回头。

一
金
句
一

- 行业为地，客户为天，战略就是在天地之间选择的路，组织就是脚上的鞋。

- 我们把"指挥所"建在听得见炮声的地方，把计划、预算、核算的权力和销售决策权力授予一线，让听得见炮声的人来决策。

- 一个优秀的组织必须在机制层面确保最优秀的人愿意去一线。

- 在华为，有一条不成文的规则：会议纪要具有法律效力，电子邮件就是命令（mail is order）。

- 以客户为中心，可以解决价值获取问题；以奋斗者为本，可以解决价值评价和价值分配问题。这本来是常识，但是人们常常忘记：常识推到极致就是哲学。

华为高增长的六个关键抓手

胡赛雄

华为顾问，曾任华为全球技术服务部干部部长、后备干部系主任，

华为蓝血十杰奖得主

万物皆是时空的产物。有些我们所认为的"不同"，其实只是事物的一体两面，是不可分割的，若人为分割了，反而会有问题。

伟大的目标与伟大的企业相应相生

伟大的企业必须有伟大的目标。企业是一个一体共生的生态平台，其中有客户的利益，有渠道的利益，有产业链上下游的利益，有合作伙伴的利益，有资本的利益，还有社会的利益，当然这里面最重要的，还有全体员工的利益。如果没有伟大的目标，企业是很难满足这么多相关方的利益诉求的。企业的"企"就是"企图"的意思，在事业上有企图心的组织才能称得

上企业。

这个伟大的目标怎么衡量呢？一般来说，一个企业的营业收入增长率不应低于20%，若低于20%，企业就难有活力；产品毛利率不能低于15%，若低于15%，企业可能入不敷出；如果是创新产业，它的毛利率不能低于30%，因为创新有试错成本，有市场推广成本，这些都需要在企业经营的过程当中去消化。创新意味着比其他产品更早地进入市场。既然是更早地进入市场，就应该获得溢价，没有溢价，没有更早地进入市场的产品，都不能叫创新。如果我们给客户提供解决方案，这个解决方案是个性化的，是一次性的，那就意味着解决方案的毛利率要求还会更高。一般来说，解决方案的毛利率不低于50%，因为解决方案是个性化定制的，不是标准化的，没有办法复制。当然这里列出的数字，都不是高标准，只是基线标准，企业千万别把这些基线标准当成企图心。

从组织活力来说，现代组织由五个要素构成：组织的目标、组织的主体（管理者）、组织的客体（组织成员）、组织的内部环境和组织的外部环境，即组织是组织的主体在组织内外部环境的约束下，对组织的客体进行激发和施加影响，从而实现组织目标的过程。毫无疑问，这是一个需要做功、需要消耗能量的过程，如果没有足够的外部负熵输入，这个耗散系统是难以维持的。

按照一些老板的心理预期，企业的营业收入增长率只要跑赢GDP的增长率就好了。有一次与一位老板对话，我问他，您认为企业的营业收入增长率保持在什么水平比较合适？这位老板不假思索地回答说5%～10%。我们发现，很多保持这个增长水平的企业，其经营状况就像温水煮青蛙，每况愈下。试问企业发展的速度如果不能高于员工成长的速度，企业将如何满足员工职业发展和薪酬增长的需要？尤其像华为这样以知识型员工为主的企业，人才的密集、权力的拥挤，必须通过增长来寻找出路；CPI上升，以及激烈的市场竞争所带来的产品价格下行压力等,都需要用增长来进行对冲。可能有人会问,企业能否仅靠持续降本生存下去?可以说,除创新带来的技术降本外,企业的其他降本措施的效果都非常有限,且会造成经营收敛和市场信心受挫。即便是围绕技术降本所进行的创新,也有沉没成本,投入了未必一定就有产出,中间还有试错成本,所以企业提高效率的根本出路是通过增加营业收入来提高单位投入的产出效率。根据经验,一般企业的年营业收入同比如果不能增长 20%~25% 或者更多,企业将很难消化成本上行压力。

增长是一个企业的习惯。我们来看华为早期的业绩增长。华为在早期用销售额来衡量业绩,从 1993 年到 1998 年,华为的销售额从 4.1 亿元增长到 89 亿元,年均增长率为 85%。随着规模的不断扩大,华为的增长率有所下降,但即使到了千亿元级别的体量,华为的增长率水平仍然超过了很多企业。以 2012 年到 2017 年为例,5 年时间,华为的营业收入从 2202 亿元增长到 6036 亿元,年均增长率为 22%,人员年均增长率为 6.5%,人均薪酬年均增长率为 18%。华为不仅保持了业务高速增长,而且效率得到了极大提升,华为员工在承担高增长压力的同时,实现了人力资本增值,收获了高额回报。2016 年 5 月,华为创始人任正非在全国科技创新大会上发言时说,华为力争在 2020 年实现销售收入 1500 亿美元。2015 年华为的营业收入是 608 亿美元,对于这么大体量的企业来说,要实现年均增长率 20% 的目标,绝对是一个巨大的挑战。2020 年,华为实际的营业收入为 1367 亿美元。如果没有美国打压华为的极端事件出现,华为 2020 年的营业收入应该能超过 1500 亿美元。

企业在设立目标的时候,要防止因个人在认知上存在障碍而影响了目标的制定。其解决办法就是根据外部的市场和机会来定目标,而不是根据内部的资源、能力和条件来定目标。

有一个关于华为定目标的故事。说的是华为的一位高层领导去海外分支机构出差，见了分支机构的负责人就说："现在市场的机会窗已经到来了，如果你们抓不住这个机会窗，年底目标完成情况达不到公司期望你就下课，达到了公司期望就提拔。"海外分支机构的负责人问这位高层领导："公司的期望到底是多少啊？"这位高层领导说："这样吧，你在手上写一个增长率，我在手上也写一个增长率，如果你手上的增长率低于我手上的增长率，你现在就下课。"海外分支机构的负责人一听，哪敢少写啊，一咬牙，写了个增长率120%！两个人把手伸出来，这位高层领导手上啥也没写，他说了句："行，就按你的办！"海外分支机构的负责人一听，心想，这一年有得忙乎了！这虽是故事，但说明华为的组织绩效目标一直是非常有挑战性的。年初的时候，很多人都觉得是不可能完成的目标，到了年底，大家居然都能完成，这也算华为快速增长的一个原因吧。

客户价值与企业成长相应相生

现在有一个非常流行的词——内卷化。企业为什么出现内卷化呢？因为大家都在同一个频道上竞争。中国企业成功的方式可以说多种多样，很多企业其实是因为在某个历史节点上恰好遇到了某个历史机遇而成功的。比如，有的依托资源，谁掌握了资源，像大家常说的石油和煤炭资源等，谁就可以成功；有的依托国有企业，通过给国有企业做配套获得生存的机会；有的依托银行，通过和银行系统开展合作获得一些业务；还有依托外企的，特别是20世纪90年代，外企在中国有很好的发展，与外企合作日子比较好过；有依托技术壁垒的，但技术壁垒到了一定阶段会慢慢消失；还有的企业，像一些加工企业，依托的是人口红利，靠低成本的人工获得生存。以上这些，都不是企业长久的经营之道。历史机遇在商品稀缺时代是可以经常出现的，只要做到人无我有就可以成功；在商品过剩的时代，这种机遇出现的概率太低，很多企业只能靠"人有我廉"去创造生存的机会；现在到了商品细分和商品定制的时代，企业必须靠产品创新和客户体验去创造生存的机会。

真正决定一个企业成功的要素是什么呢？还是要回归到企业的本质上来，那就是专注于为客户创造价值的力量。可以说，一个企业如果不能为客户创造价值，那么这个企业要想长期生存和发展根本不现实。任何企业，要想永续经营，都必须走到这条道上来。中国企业要想从内卷化中走出来，首先要从自己的历史中走出来，未来不是历史的延长线，企业必须调整自己的经营思维。企业在今天遇到的困局，都是昨天的错误认知导致的结果，如果企业现在不调整自己的认知，那么明天只会更艰难。

在我的《华为增长法》一书中，我把客户价值分为效用价值（或者叫使用价值）和虚拟价值。人类需求的无限性和资源的有限性之间的矛盾，决定了仅仅依靠商品效用层面的初级交换无法满足人类不断增长的需要，唯有创造出无穷尽的、虚拟价值层面的高级交换，才能慰藉人类的心灵。虚拟价值又称为人的体验，即精神上的满足感，比如人们对产品形式、款式的体验，以及在接受他人服务时的心理体验。很多企业往往将关注点集中在客户的效用价值上而忽视了客户的虚拟价值，这也许是这些企业找不到创新焦点、走不出业绩低迷困境的一个重要原因。效用价值是有限的，而虚拟价值是无限的，这启示我们，真正的蓝海可能更多存在于人们的体验世界而非物质世界，或者至少是两者的结合，企业在创造效用价值的同时应把目光投向虚拟价值。凡是品牌产品，都是高虚拟价值的产品。为什么很多企业产品的价格一直下降？因为企业忽略了虚拟价值。效用价值定价锚定的是成本，而虚拟价值定价锚定的是客户的心理定位。这个心理定位，最好能找到一个可以比较的参照系，因为价值是基于比较的，没有比较，客户对价值就没有直观的感受。比如，钻石很久以来一直被视为一种炫耀财富的饰品。19世纪后期，在南非发现了巨大的钻石矿，如果这些钻石大量流入市场，钻石将面临大幅贬值的风险，那么如何让钻石摆脱供求关系的影响且能保持价格高企？于是在商人的操控和营销策划下，钻石被贴上了爱情的标签，"钻石恒久远，一颗永流传"成为广为人知的广告语。当钻石与神圣的爱情建立了关联，爱情的价值就决定了钻石的价格。再如，华为的手机为什么越卖越贵？一方面，华为在营销策略上拼命地将自己的手机和苹果手机进行比较，在某些性能上可以"秒杀苹果"，消费者心中渐渐就被植入了华为手机好过苹果手机的概念。在这个基础上，华为再通过"徕卡双摄"和"保时捷"进行品牌加持，在消费者的认知里，华为手机已经成为一种时尚、一种奢侈品了。大家一定要记住的是：任何品牌都是用价格来证明自己的产品，只有低端的东西，才用产品来证明自己的价格。

聚焦与规模经营相应相生

很多企业都有多元化战略。企业之所以会采取多元化战略，一个常见的原因是原来的产业得不到很好的发展，然后就想到去做另一个产业，希望以此解决增长困难的问题，但这种做法往往导致企业在每个业务板块都做得不深入，核心能力始终培育不出来。事实上，这种做法背后的思维不是做业务的思维，而是做投机的思维。还有一种常见的原因是，企业在主业上面赚了钱，就想办法投入到一个新的产业，期望打造一个新的增长引擎。但是很多企业在多元化的过程当中，所选择的各个产业之间实际上相关性并不强，这种相关性不强的产业放在一起，每一个产业的学习曲线都非常长，结果就是每一个产业可能都做得不够精深，而且当其中一个产业出现问题的时候，可能会形成多米诺骨牌效应，影响到其他产业。像乐视等企业，就属于这种情况。事实上，中国有很多多元化的企业都或多或少地遇到过这种情况，乐视并不是个案。

我们一定要清楚，并不是一个企业想干什么它就可以干成什么，不是有钱就可以任性。在某一个领域里，如果一家企业用自己的短板去跟其他企业的长处竞争，那它肯定会处于劣势，所以企业要想把自己的短板业务发展起来，往往困难太大。企业最好的发展模式，是聚焦于自己擅长的核心业务领域，先把自己的核心能力培育起来，然后对自己的核心业务进行场景细分（不同的细分业务所要求具备的核心能力其实是一样的）。这就和用人的道理一样，用人所长，让人的长处更长，那么这个人的社会竞争力就越来越强，可替代性就越来越小。

华为用了 20 多年的时间聚焦网络通信领域，在网络通信发展到一定规模之后，2009 年，华为又衍生出企业业务和消费者业务。现在华为还发展了智能汽车解决方案 BU⊖，以及云计算、大数据等业务。华为的业务虽然在不断地多元化，但所有的业务，它的核心能力其实是一样的，都是通信，一个是 CT，一个是 IT，合起来就是华为自己说的 ICT 领域，这样华为的核心能力就可以进行更大规模和更大范围的复制，华为的效益就远远高于一般的企业，华为的核心竞争力就会越来越强，盈利能力就会越来越好。

所以企业在进行多元化的过程当中，最好围绕自己的核心能力实施同心圆发展战略，也就是围绕自己的核心能力不断向外延伸，在发展的过程中将自己的同心圆和某一特定的应用场景相结合，又会衍生出新的业务板块，然后又会形成新的同心圆，这样一个同心圆套一个同心圆地发展下去，会走得很稳健。这其实就是我们经常说的"摸着石头过河"。

在这个过程中，企业一定要有定力，要能经受得住诱惑，不要看到什么赚钱就想去做什么。当年华为就有这种定力，坚决不做房地产，也不做金融，心无旁骛，聚焦在自己的主业上。用华为自己的话说，热钱要是赚多了，谁还愿意赚慢钱呢？其实大家都走的路才是一条最艰难的路，而企业如

⊖ 即业务单元，英文全称为 Business Unit。

果在自己擅长的领域里持续深耕，那么总有一天它会走在别人的前面。怕就怕企业迷失了自己，不知道自己的核心能力在哪个方面。

不确定性风险与利润相应相生

有一家企业多年来一直保持几亿元的年营业收入，而且它的产品也有很强的竞争力，它所在行业的市场机会也很大。我问这家企业的老板，你对这个行业怎么判断？他说，未来三到五年，每年的市场规模是 300 亿～500 亿元。我又问他，为什么不加大投入呢？他说，怕加大投入后，万一接不到订单就麻烦了。既然他认为有这么大的市场空间，而且企业的市场份额也不大，为什么还这么怕风险呢？这样的话，企业什么时候能做大？追求确定性，没有规模效应，单位经营成本就很难降下来（实际上这家企业的单位经营成本还在上升）。我当时建议他考虑尽快把规模做上去，毕竟一点儿风险都没有的生意根本就不存在。

企业在发展过程中一般会经历几个阶段。第一个阶段叫创新驱动阶段，这个阶段是产业孵化期，没有收入，企业在这个阶段一般会引入种子轮和天使轮投资，其目的是今后有钱一起赚，有风险一起担。一旦企业在创新驱动阶段有了成果，就会加大投入力度，进入第二个阶段，即市场驱动阶段。企业在这个阶段的增长速度是比较快的，企业希望能在短时间内快速占领市场，获得有效规模。这个时候，如果企业满足于慢慢增长，那么它所面临的最大的问题可能就是它好不容易取得的创新优势难以持久，容易被其他企业成功反超。华为原来的竞争对手中兴通讯，产品力一点也不差，它的产品出来以后，由于市场增长缓慢，最后被华为抢走了市场份额，生存空间就被大大压缩了。企业经历的第三个阶段是领导力驱动阶段。在这个阶段，企业有了规模优势，增长率不可能还像以前那么高，但资源投入反而小了，固定资产也折旧得差不多了，因此企业可以获得规模利润。上面提到的那家企业已经进入了市场驱动阶段，应该加大资源投入，即使资源投入大一些也没有什么问题，因为在后续的业绩增长中，这些都可以对冲掉。风险最大的创新驱动阶段已经过去了，现在正是获得市场回报的利润期，企业反而畏葸不前，真应了那句话：企业只能赚到其认知范围内的钱。它们不知道利润其实是和不确定风险相应相生的道理。

但并不是说不确定性风险就一定能带来利润。企业如何管理不确定性风险？华为强调以客户为中心和以技术为中心"拧麻花"：在能力比较强的时候，更强调以客户为中心，尽快把能力变现；在能力（尤其是技术能力）有差距的时候，更强调以技术为中心，尽快构筑未来的核心竞争力。一家永续经营的企业，其实永远在干两件事：一是把当前的能力尽快变现，二是把变现的一部分钱拿来投资未来，构筑未来的能力，把今天的钱变成明天的现金流。不投资未来的企业，是没有未来的。就上面提到的这家企业而言，实际上它当前的能力是足够的，这其实是它以往正确决策的结果，它要做的是把当前的能力尽快变现，它更应该以客户为中心，把市场规模做大。如果今天它不作出正确的决策，明天它一定会输。

管理未来不确定性风险的比较安全的一种方式，就是常规性地拿出一部分钱来投资未来，比如华为每年拿出营业收入的10%以上投资未来，时刻做到让企业"锅里有饭，仓里有米，田里有稻"，这是比较稳健的做法。华为的理念是以规则的确定性，去应对结果的不确定性。

人才发展与接受挑战相应相生

一些企业不断通过社会招聘来补充企业内部的能力，但就是看不上企业内部的人。为什么会出现这样的情况呢？通过了解，我发现原来这些企业总感觉内部人达不到岗位要求——当面临一些挑战的时候，企业总是陷入无人可用的困境。但问题是，从外部招聘的人就好用吗？其实从外部招聘的职业经理人的生存概率也很低。任何一个人的能力，都是实践的产物。一个人可以通过过往的实践积累一些经验，这些经验可以在一定程度上证明他可能有某方面的能力，但他是不是真的有这方面的能力，还需要通过实践来检验。

企业所需要的人才如果不能内生的话，那么外部人才在这个企业里也没有生根的土壤。某些专业人才可以适度从外部招聘，目的是补短板。但如果一个企业连管理人才都要从外部招聘的话，则说明这个企业里的人才土壤本身就有问题，即便临时从外部招了一些人才，他们也很难存活下来。优秀人才其实不容易在市场上流转，因为优秀的人才一般在其所在的企业也应该是优秀的人才，不会轻易出来。真正优秀的人从原体系走出来，一般要价也比较高，否则不会出来，因此从外部招聘的人，性价比不高。从外部招聘人才看似解决了一些问题，但实际上给企业带来了系统性的硬伤，这个硬伤就是对内部人才发展起了很大的抑制作用。企业好不容易有一些岗位空缺出来，结果却从外部招聘一些人来填补这些空缺，内部的人会因此觉得失去了发展的希望。长此以往，企业怎么会有组织活力呢？所以一个企业要发展，必须解决好人才内生的问题，建立人才的内部供应机制。寄希望于招聘外部的牛人来解决问题，希望越大，失望也会越大，这其实是管理上的一种懒政行为。不愿意自己培养人才，只希望用高价去"采购"现成的人才，这样的企业不可能有效率。

企业的人才梯队是怎么发展起来的呢？其实恰恰是通过企业内部的一些挑战性任务和挑战性岗位，在实践中发展起来的。真正有效的人才发展，都是在企业增值的过程中自动完成的。能力和成果是事物的一体两面，创造价值的过程就是塑造能力的过程。比如华为的蒙哥马利计划，安排一些业务骨干去完成一些挑战性的工作任务，在他们打了一场胜仗后对其进行奖赏，再打一场胜仗再进行奖赏……这样，在磨难中，培养出了一批又一批"将军"。

　　在一些中小企业里，最简单有效的人才发展方式，就是定期把一些挑战性的工作作为一个个要攻克的山头列出来，然后鼓励员工主动请缨，谁攻克了山头，企业就为其提供晋升或者加薪的机会。企业定期评估这些人攻山头的情况，让员工来答辩，讲一讲他在什么情况下主导了什么样的山头项目，采取了什么样的行动，取得了什么样的成果，最后获得了哪些方面的成长等。在答辩过程中，管理团队会对答辩者进行考察，考察通过者将获得相应的提拔和奖赏。这种攻山头的风气形成了以后，组织内一些年轻的苗子，慢慢地就会脱颖而出。一些管理者觉得这种方式非常好，好在哪里呢？以前，在面对一些挑战性的工作时，很多人有畏难情绪，不愿意去做，关键是做了没什么好处，要是做错了，反而可能对自己有负面影响。在把这些挑战性的工作和员工的晋升和加薪联系起来以后，员工的心理假设会发生改变，很多人就会主动跳出来承担这些工作，他们把这当成证明自己的机会。所以，不是说员工没有成长的意愿，而是我们应该怎么把这种意愿激发出来，要知道每个人都是基于自己的利益考虑来决定自己的行为的。通过上述主动请缨的方式，一些能干的人就能够在这个组织里面通过打仗的方式"打"出来，而不是通过自上而下的伯乐相马的方式被"相"出来。实践是检验真理的唯一标准，在人才发展方面也是如此。

　　有的企业虽然对一些员工的表现不满意，却又无可奈何，因为无人可用，一直很被动。这类企业要认识到，不要幻想某一天储备了一批具备相应能力的人之后，再进行人员调整，企业永远等不到那一天。因为不把人放到相应的岗位上，他怎么可能习得相应的能力呢？永远不开车的人，不可能成为候选司机。把一些年轻人调整到相应的岗位上去，也许局部上会暂时受到影响，但是会激活整个组织，这对企业来说是一个好的开端。另外，用人不能求全责备，有时意愿比能力重要，有的人虽然能力欠缺一些，但如果他有强烈的意愿，那企业不应该再虚位以待，可以让他先做起来，也许慢慢地他就会适应这个新的岗位。

肯定和激发员工增值与组织活力相应相生

说到组织活力的话题,我们先来看一个故事。假如你的小孩长到一岁多,开始学走路,你看到他跟跟跄跄走了几步,然后要倒下的样子,你赶紧把他扶起来,这个时候你是什么心情?估计你会高兴地说:"我的孩子会走路了!"而不是说:"你看,孩子都一岁多了,怎么才能走几步路?"这个故事告诉我们,对自己的孩子,你会看到他的进步,哪怕是一丁点儿的进步,你都会感到欣喜,然后你期望他完全学会走路。但是,那是以后的事,是你对孩子的期望,你不会拿着这个期望去评判他现在的表现,更不会因为期望和现实之间存在差距而对孩子过分挑剔。

同样的道理,在企业里面,如果一名员工取得了进步,我们是不是也应该像父母对待孩子那样去肯定、欣赏和赞许他,然后向他提出更高要求,期待他下一次取得更大的进步?在这个过程当中,我们应该惊奇地发现,我们其实不是用对错来评判,而是用人的进步来评判,用期望来牵引。企业如果都能回到这个方向上来,那么慢慢地就会充满活力。组织活力和企业对员工增值行为的肯定是相应相生的。

我们必须清楚,任何人都不是完美的。为什么呢?因为人性本来就是不完美的,如果人性是完美的,这个世界就不会有那么多乱七八糟的事情了。企业根本不可能建立一个让员工不犯错的机制,现实的做法是企业可以建立一个及时纠错的机制。员工犯错并不可怕,关键是在犯了错之后,在这个错误产生大的影响之前要及时进行纠正。这样,企业才算拥有了一个非常好的管理系统。

企业关注什么,员工就会表现出什么。关注的是对错,员工身上可能就会出现更多的错误，怕什么，来什么；关注的是是非，员工就会搬弄是非……所以企业看员工的视角，决定了员工表现的视角。其实每一个员工都有自己的权力意志，每个人的初衷都是想把事情做好，这是毫无疑问的。员工的权力意志一般表现在三个方面：一个是思想权，一个是表达权，一个是行为权。如果一个人的思想权被剥夺了，那么他可能就变得不再思考了；如果一个人的表达权被剥夺了，那么他以后在工作当中，就会不愿意表达自己的意见了；如果一个人的行为权被剥夺了，那么他就会不再付诸行动了。如果一个员工本来有自己的权力意志，但后来他没有表现出相应的权力意志，会是什么原因呢？这往往和企业的组织文化、管理者的管理风格有很大的关系。我们是鼓励员工去挑战看似不可能实现的目标，还是停留在对员工进行批评和指责上呢？我们要思考这个问题。一个经常被批评和指责的员工，即便他本来想挑战看似不可能实现的目标，慢慢地就变得只会机械地执行指令，变得越来越不自信、容易放弃，开始明哲保身、逃避和不作为，甚至私下反对企业的各种举措，等到在企业里实在待不下去了，他就会选择离开这个企业。对此，管理者要进行反省。要想真正让组织有活力，就要对员工的增值行为给予认可。在一个组织中，如果指责和谈论是非变成了一种风气，那么这个组织肯定缺乏活力。如果私下打小报告的人越来越多，他们还可以从中捞到好处，那大家都私下打小报告去了，结果组织一定会变得乌烟瘴气。想想看，这样的组织怎么能前进呢？

还有关于信任的问题。在有的企业里，上级对下级不信任。这种不信任给下级的感觉非常不好，既然上级不信任我，那我为什么要努力呢？那些不信任下级的上级一般是这么想的：人性都是不可信的，要让我相信，下级就得不断作出成绩来证明自己，我只有看见了才会相信。但从员工的角度来看，这就相当于投名状。如果一个企业总是让下级向上级交投名状，下级肯定不愿意干，干好了得不到肯定，还要不断地交投名状，我求什么呢？员工会认为不值得，甚至会觉得这个企业是在忽悠人，会认为是员工作出了成绩而企业不愿意兑现承诺。试问，有谁愿意在一个不被上级信任的环境中工作呢？所以己所不欲，勿施于人。

那到底是因看见而相信，还是因相信而看见呢？从人性的角度来分析，其实每个人都有自我证明的需要，每个人都渴望被看见。如果企业总是对自己员工的努力视而不见，员工是不会继续努力的。所以好的组织文化应该倡导因相信而看见，上级要给团队成员创造一种相互信任的氛围，鼓励团队成员大胆工作，而且相信大家一定会干出成绩。只有相信大家，大家才会作出组织所期望的成绩。所谓不信任，是说人可能会犯错误，要建立机制，管理好大家的行为边界，让大家从心所欲而不逾矩。所以不信任不是对人不信任，而是要建立约束机制，防止人犯原则性的错误，这是上级应该承担的职责。在一个组织中，如果弥漫着不信任的氛围，员工在里面是没有归属感的。团队是一个互赖矩阵，没有信任作为基石，就不可能有良性的团队合作。组织不造钟，何来报时人？

伟大的目标与伟大的企业相应相生，意味着企业有不俗的追求；客户价值与企业成长相应相生，意味着企业的方向是正确的；聚焦与规模经营相应相生，意味着企业抓住了关系全局的战略枢纽；不确定性风险与利润相应相生，意味着企业清楚今天的利润源于昨天的认知；人才发展与接受挑战相应相生，意味着人才与实践具有一体共生性；肯定和激发员工增值与组织活力相应相生，意味着企业知道如何构建员工动员力。以上六个相应相生，堪称企业打胜仗的关键抓手，处理好了，可以极大地提升企业的战略优势，从而获得商业上的成功。

- 如果没有伟大的目标，企业是很难满足这么多相关方的利益诉求的。企业的"企"就是"企图"的意思，在事业上有企图心的组织才能称得上企业。

- 真正决定一个企业成功的要素是什么呢？还是要回归到企业的本质上来，那就是专注于为客户创造价值的力量。

- 企业最好的发展模式，是聚焦于自己擅长的核心业务领域，先把自己的核心能力培育起来，然后对自己的核心业务进行场景细分。

- 一个永续经营的企业，其实永远在干两件事：一是把当前的能力尽快变现，二是把变现的一部分钱拿来投资未来，构筑未来的能力，把今天的钱变成明天的现金流。不投资未来的企业，是没有未来的。

- 从人性的角度来分析，其实每个人都有自我证明的需要，每个人都渴望被看见。

灰度法则打造华为常胜铁军

冉　涛

华为前全球招聘总负责人、资深人力资源管理专家

危难之时方显英雄本色。在 2019 年的中美科技竞争中，以硬汉形象挺起中国科技脊梁的华为，让中国企业家心目中的英雄从过去的地产商首富变成了任正非。

近两年来，华为受关注的程度前所未有。我作为曾经的华为人，见证了它的一路成长、壮大，也与很多人交流分享过华为成功的密码，他们中既有企业的管理者，也有高校学者以及政府机关的领导干部。大家都在思考华为成功的秘诀是什么，而企业又能从华为身上学到什么。

这个问题见仁见智。我的答案是：灰度。

华为现象

华为，这家 1987 年成立、注册资本 2.1 万元的民营企业，在 2019 年一度成为全球焦点，并借此演变为一种特殊的精神符号和管理现象。

我认为，华为的成就，在三个方面体现了它的与众不同。

第一，历时 30 多年，华为已成为让世界头号资本主义强国——美国万分忌惮、举国打压的对象。这当然是一场灾难，但如果分析打压的根源，就会发现：这早已不是某个"癫狂"的领导者的一意孤行，而是美国科技与工商行业的共识。如今，华为至少在五个世界级领域对抗或超越了六家美国顶尖企业。

在传统通信领域，摩托罗拉、朗讯这两家曾经伟大的企业已经在 5G 时代来临前就销声匿迹了。在芯片领域，随着 5G 芯片的崛起，海思已经超越高通。在手机领域，华为手机 2020 年全球出货量居世界第二，已经超过苹果。在操作系统领域，从 PC 时代的微软到移动互联网时代的 iOS 和安卓，美国都是绝对领导者，而华为自研的鸿蒙打破了这一格局，并很有希望在未来的物联网时代一骑绝尘。在网络安全领域，华为与思科的双雄时代已持续多年。

在这五个领域，华为作为一家中国本土的民营企业，对抗了摩托罗拉、朗讯、高通、苹果、谷歌、思科等六家美国现象级领袖企业，其承受的压力可想而知。

第二，五年来，华为以营业收入每年增加超过 1000 亿元的速度快速增长。这是什么概念？ 2019 年，中国国内营业收入超过 1000 亿元的企业，总共 216 家，其中民营企业有 65 家。更难能可贵的是，这种高速增长在华为的发展历程中，几乎贯穿始终。

山东有位企业家曾经问我："华为的这种高速增长一旦停止，它会不会像推倒的多米诺骨牌一样轰然倒塌？"这是一个非常好的洞察。

要回答这个问题，我们需要先考虑另一个问题。

这种高速增长一旦停止，谁损失最大？华为99%的股权由员工持有，公司倒下，最大的受害者不是任正非，而是全体股东。出于"自保"，员工也会拼死相救、以命相搏，这才是华为高速增长最大的机制保障。

那么，华为有没有死穴呢？答案是肯定的，那就是让华为上市。上万名骨干员工一夜暴富，华为也就会一夜崩塌。所以，任正非早就说过：华为永不上市。

第三，华为不仅在to B业务上大放异彩，同时在to C的消费品市场上也能称霸世界，但很多人不知道，华为最擅长的却是to G业务（政府业务）。

G/B/C，分处不同行业，面对迥异的客户需求与行业竞争格局，华为如何做到在其中自由穿梭？这背后所依托的是一套以客户为中心的强大的管理体系。

牢牢抓住客户需求，不管是G、B还是C，不同客户、不同需求，但有一点是相同的，以客户为中心，为客户创造价值和实现客户的商业成功，这才是华为得以穿越行业的根本。

华为34年的成长路径，就如同下图所示，三十年河东、三十年河西。

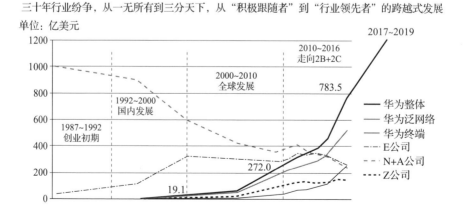

没有什么红海、蓝海的生意，
只要你足够优秀，任何行业都可以重新做一遍！　　　　　百家咨询

三十年行业纷争，从一无所有到三分天下，从"积极跟随者"到"行业领先者"的跨越式发展
单位：亿美元

我用一句话总结：世界上根本没有什么红海、蓝海的生意，只要你足够优秀，任何行业史都可以被重新书写。

在华为创立之初，其所在领域已经有营业收入超过 1000 亿美元的巨无霸。经过 31 年的日夜兼程，2018 年，华为销售收入超过 1085 亿美元，成功逆袭，而昔日的巨头早已黯然失色，营业收入仅为 200 亿美元。

成功背后的三个法则

华为 34 年，逆势增长、不断胜利。就其背后的底层逻辑，我总结出以下三大法则。

扭转危机的灰度法则：清晰的方向是在混沌中产生的，是从灰度色中脱颖而出的。

应对危机的永恒法则：用确定的管理应对不确定的结果。

战胜危机的根本法则：管住人性的恶，通过善的制度，构建起员工与企业的命运共同体。

扭转危机的灰度法则

没有海思，2019 年就是华为的末日。扭转危机的根本，是从 2005 年开始长达 14 年的超长投资与坚持。一个清晰的方向是在混沌中产生的，海思的出现是未雨绸缪、洞察的结果，而黑白分明的时候，亮出的宝剑才是华为的白马王子。

2009 年，海思芯片总裁何庭波在一个小会上说："如果我今年用不完 2 亿美元的预算，老板就要把我开除。"当时的背景是已经研发了五年的海思芯片依然看不到任何希望，而任正非的反应不是"别花这钱了"，而是"必须花掉"。为了完成 2 亿美元的战略投入目标，海思芯片开始大量引入国际一流人才，构建起强大的科研能力，最终结果便是在 2019 年遭遇美国芯片打压的时候，作为备胎的海思一夜转正。

如果没有海思，后果会是什么？看看华为的同城兄弟——中兴通讯的命运就知道了。10 亿美元罚款，4 亿美元保证金，血洗董事会，美国人派驻合规官。没有核心竞争力，就只能接受这种奇耻大辱。

扭转危机的灰度，就是在重大战略决策上，一把手不求内部团队意见的统一，力排众议，坚定前行，也借此检验一个公司战略的长远性。

这种战略耐力，需要一套科学管理体系的保证。2009 年华为从 IBM 引入的 BLM（业务领先模型），就是一套从规划到执行落地的优秀管理体系。我在过去辅导企业进行战略规划的工作中，又结合中大型企业的实际需求，逐步完善了这一体系，如下图所示。

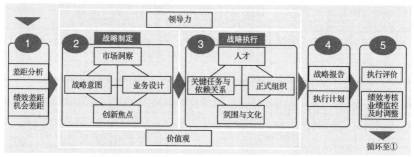

- 战略的目的在于领先，而不是跟随。
- 战略的目的在于长期核心能力建设，而非追求短期回报。
- 战略执行与制定一样重要，甚至更重要。
- 谋定而后动，谨慎确定，大胆执行。

有了一套可靠的战略管理模型，企业的战略落地才真正有了保障。就此，我也有四点总结。

第一，战略的目的在于领先，而不是跟随。

抄袭行业龙头不是什么新鲜事，这种思想也不可取。如果只是简单地把别人的产品拿过来复制，既没有时间上的先发优势，也没有强大的能力储备，企业凭什么能超越对手？真想要做一番事业，就一定要有成王成霸的野心，要以领先为目标进行战略规划。

第二，战略的目的在于长期核心能力建设，而非追求短期回报。

战略不是简单地确定 10 亿元、20 亿元的业务目标，而是在深层次找到持续驱动企业成功的核心竞争力，并在核心竞争力上长期持续投入。

华为长期将销售收入的 10% 投入到研发领域。坚持 20 年的结果，就是今天我们看到的，在高科技领域，华为有了对抗美国六家顶级巨头的技术能力。

第三，战略执行与制定一样重要，甚至更重要。

在行业内摸爬滚打多年的企业家对行业发展的脉络非常清晰，但是如何把握住，这才是问题的根本。战略管理模型的右侧，从关键任务与依赖关系、组织、人才、文化、领导力、价值观六个方面，构筑起对战略目标实现的强大支撑。

第四，谋定而后动，谨慎确定，大胆执行。

花多少时间制定战略很重要，但花多少时间坚定地执行战略更重要。事业是干出来的，不是想出来的。华为每年会花三个月的时间制定战略，然后花九个月的时间坚定地执行。三个月的时间或许太长，但也让战略的制定更加谨慎，大家对战略也高度认同，剩下的就是想方设法实现它。

而很多企业的战略可能是吃一顿午饭聊出来的，或者开三天会讨论出来的。这样的战略，在接下来的 360 多天里，大家很可能是带着怀疑的心态去执行，其结果可想而知，大概率又是未能实现。

应对危机的永恒法则

企业经营中最难的是销售目标的达成。对充分竞争的行业来说，销售结果极具不确定性，因此，几乎所有的企业都在讲如何找到有客户资源的销售人员，以及如何激发销售人员的主动性，而最为盛行的做法就是提成制。

提成制通常以销售收入或者销售毛利的一定比例来给予销售人员奖励，由此用确定的分配激励来对抗不确定的收入形成过程。从管理上来看，这没有任何问题，但这并不是一剂灵丹妙药。

确定的分配激励能否真正解决不确定的业绩难题？

（1）苹果手机没有使用提成制，但是产品一样畅销。为什么？因为它的产品非常优秀，好产品是卖得好的基础和关键。

（2）从销售结果的形成过程出发，找到可以形成好的结果的关键要素，并能够对这些关键要素进行管理。同样面对 100 个客户，靠销售人员自由发挥，可能转化率不到 10%，而华为却能够抓住大多数的机会形成结果，这就是以确定的过程来管理不确定的结果。很多企业在明确了提成政策后，就撒手不管，任由销售人员自生自灭。这些管理者忽略了重要的一点：好的结果是管出来的。

（3）如何避免前人栽树、后人乘凉的窘境？躺在成熟市场的温床上，不用使劲就可以提成满满，如此一来，又有谁愿意去拓展新市场呢？

久而久之，人才就会板结。

（4）短期的提成政策会造成决策的短视化，有时甚至会涸泽而渔，只顾追求短时间内的经营业绩，而没有办法建立长期、普遍的客户关系。但好的客户关系和口碑的形成，绝对不是一朝一夕的事。

（5）销售组织的资源调配权和其他权力。销售组织直接面对客户，深刻、及时地了解和掌握客户的需求和动态，但产品定价权、研发资源调配权、生产排产权等关键经营权力，却掌握在后方总部手中。给销售组织多大的权力来响应客户的需求和同行的竞争，制约着经营目标的达成。往往离客户越近的组织，层级越低，而后端组织离客户远，却掌握着资源调配权，这一对矛盾在以提成制为核心的分配体系下会进一步激化。如果不做一些利益输送，很多正常的销售行为就会受到制约，会影响销售一线的积极性，从而形成一个死循环。

所以，华为不搞提成制，而采用奖金分配制。

例如，很多年前，广东市场的年销售收入就已达到 100 亿元，如果采用提成制，哪怕只提 1%，也有 1 亿元的提成。那么这个"山头"上的人谁会走？都不会走。因此，要把"山头"削掉，让大家看到即使在俄罗斯市场只拿到 38 美元的订单，也能获得重奖，因为实现了客户准入。反观广东市场，虽然有 100 亿元的年销售收入，但是可能还没有达到公司的收入和利润目标，其结果便是负责这两个市场的人员拿到的奖金并不会相差多少。

在这样一种科学评价的基础上，华为的干部就会有流动意识。一直在成熟市场干，还不如打开一个新市场成长晋升快，所以干部就不会固守一个山头，而是愿意到新的市场去闯出一番天地。这样，就把成熟市场的资源释放出来了。因为干部意识到成熟市场守不住，只有开拓新市场才可以创造更多的价值。

战胜危机的根本法则

社会危机的形成，归根结底都是由于人性的问题。因为贪婪，引发了 2008 年的世界金融危机；因为恐惧，造成了 1929～1933 年的美国大萧条。所以，企业要想对抗危机，就必须构建员工与企业的利益共同体，进而形成命运共同体。

员工在一家企业里工作，追求职位晋升和加薪是出于人性的正当需求。好的体系是让员工主观上为自己挣钱，客观上为公司挣钱。

正是出于对人性的深刻洞察，华为形成了卓越的人力资源管理理念：管住人性的恶，构筑起善的制度。

因此，华为的人力资源管理从来不回避如何赚更多钱的问题，反而会在新员工入职培训的人力资源课程中，开宗明义地讲到，在公司改变命运的途径有两条：一是奋斗，二是贡献。

承认每个人都有贪婪的一面，接下来就要构建起如何引导人实现目标的正确路径。

喜欢钱没关系，公司提供让员工通过奋斗和贡献挣到大钱的机会，这是正道。同时，用制度让吃里爬外、损公肥私、吃拿卡要等不当行为的犯错成本居高不下，继而员工就会聚焦在如何提升业绩、如何做好工作上。其结果便是随着个人能力的提升，公司的目标也得以实现。

喜欢名也没关系，华为非常鼓励员工的成长。30多岁的小伙子就有机会参与联合国国际电联的专家会议，并可能成为某个小组的主席。像华为终端董事长余承东，华为就给予其一个巨大的舞台，助其成为世界第二大终端电子消费品公司的掌舵人。这种机会，任正非向来都大度地给予奋斗的人。

铁军的打造

销售之难，对于所有商业领袖来说，都有深刻的体会。华为的经验就是向军队学习，构建一支铁军军团。

以客户为中心的组织架构

（一）客户在哪里

从2005年起，华为确定了运营商TOP50计划，到2012年，实现了全球TOP50运营商中47强的准入，剩余的三强正是美国的三大运营商。

2011年华为进入企业业务领域，客户的具体形态和运营商市场有着巨大的区别。

华为手机转型从OEM到独立品牌的崛起，以时尚女性、体育狂热男、二次元一代为代表的C端大众消费者成为其新的核心受众群体。

不同类型的客户，跨越了运营商专业市场、行业细分的企业级市场和更加个性化的个人消费市场。这种挑战，对于任何一个组织而言，都是巨大的甚至是无法跨越的鸿沟。

（二）谁在照顾客户

构建倒装式组织架构，就是要从梳理谁在照顾客户开始。

第一层，直接面向客户的组织：在运营商体系中，面向各个 TOP 级别客户的系统部，以及所在国家主流运营商的代表处、办事处，都是直接服务客户的一线组织。其中，直接服务大客户的系统部，就是决定战争胜负的班长机构，但不同的是，华为的系统部长是将军，而不是士兵，这就是将军指挥一个班去夺得一场战争的胜利的配置。

第二层，为直接面向客户的组织提供支持的组织：直接支持代表处、系统部运作的就是各个资源汇聚中心的重装旅——地区部。地区部汇集了产品解决方案、集成交付、市场计划与供应链、采购、合同商务等组织。

组织设计的精髓不是上下对齐、指挥便利，而是如何使资源协同效应最大化。

美军陆军军改给华为的启发，就是根据不同量级的战争，配置其所需要的海、陆、空等信息化资源，而负责这种资源配置的中心组织被形象地称为重装旅。

在面向全球服务客户的过程中，华为发现，如果将资源配置中心设在总部机关，就无法满足灵活机动的市场响应需求；如果将其放在一线的代表处和系统部，又会造成大量的资源浪费。所以，取其中间，华为在地区部层面设立资源配置中心（每个资源配置中心兼顾 5～8 个国家），如此就最优化地解决了资源集中管理与灵活配置的问题。

第三层，销售资源居中调度、统筹服务的组织：片区联席会议（简称片联）承担了 22 个地区部的组织建设、资源调配和干部配置等重要任务。

华为在 2011 年就酝酿销售组织的变革，将原来销售与服务体系更名为片区联席会议。

片联是代表公司协调和监督权力使用以及干部管理的特派员机构，是全球区域战略制定的组织者和执行的监督者，也是区域平台建设与组织运营的管理者。

片联的成立，标志着从管理具体销售业务向管理全球区域战略与运营的转变，管理重点从原来具体要完成多少销售额，转向如何实现持续高销售增长。这是从务实到务虚的转变。

销售组织的务虚，是更高层次的管理，也是推动华为让听得见炮声的人指挥战斗的开始。

第四层，整体资源建设与补充组织：2012 实验室、人力资源、财务、法务、行政等机关组织又支撑起公司的整体运作；CEO 以及轮值 CEO/ 轮值董事长成为最后撑起公司持续发展的决策者。

这个清晰的倒装式组织架构，从客户端出发梳理组织，每一层组织存在的基础，就是为客户创造价值。如果一个组织在公司价值创造的链条中找不到位置，这个组织也就失去了存在的必要。从客户出发梳理组织的方法，非常有效地规避了组织自上而下层层对齐、职责不清、重点不明的问题。

以胜利为目标的授权体系

（一）听得见炮声的人，如何获得授权

在授权时，总部机关特别担心因授权过大而出现权力失控，给公司造成巨大风险。比如，要是授权过大，一线销售组织可能为了拿单而直接按最低折扣销售，从而直接影响了公司的盈利。为了提升交付、响应速度，一线销售组织会尽可能要求提前借货（华为内部规定，在没有签订销售合同前，销售组织可根据客户需求以借货之名下达订单，待正式合同签订后再核销），

结果会造成巨大的库存风险和流动资金的占用。

授权时，如何在价格管控与订单签订之间取得平衡？

华为使用了分层授权机制，根据不同客户等级、客户信用，授予不同的一线销售负责人差异化的授权权限，以便在授权的折扣范围内快速作出决定，而一旦超出授权权限，就需要得到上一级的批准。同时，对一线存货的周转率进行考核，如果存货超过预警线，就直接扣减奖金包。所以，一线销售负责人在决定是否借货时，需要考虑由此产生的机会成本和对自身的影响。

（二）将军级别的班长，到底有多大的权力

在华为的职级体系中，13级是正式员工的起点职级，应届毕业生入职时的职级就是13级。15级是独立贡献者，16级是小团队的领导者，18级是三级部门的部长，一般定义下，18级及以上的管理者，就构成了华为的中高级管理层。2011年进行组织架构变革时，在9万多名华为员工中，18级及以上的干部与专家仅有3000多人，我们可以将这一层面的人员称为"将军"。

在一线直接服务客户的代表处代表和系统部部长，他们的职级可以达到19～20级，小代表处和小系统部会在这个基础上降1～2级。在华为，直接在一线带兵面对客户的"班长"，其级别是"将军"。

在华为的体系中，谁掌握着客户的需求，谁就有最大的发言权。所以，将军级别的班长，可以通过若干个业务流程来指挥后方的资源支持，而研发、供应链、技术服务等部门，为了客户的成功，则须无条件地支持与服从。

（三）机关存在的价值

2006年，随着总部机关部门的快速膨胀和海外业务的急速发展，任正非签发文件专门规定，"总部"这个词只能由公司经营管理团队（EMT）使

用，各个总部机关部门统一叫"机关"，机关存在的价值就是支撑公司整体运作，服务一线，帮助客户成功。

机关的高效运作，是支持一线组织成功的关键。华为规定，机关的职责除了管控之外，更多的是协调资源与服务。

华为每年都需要补充大量的海外客户经理，除了部分人员要由一线部门在所在国自己招募外，华为每年都会由机关组织，强制要求产品行销部门向客户线输送客户经理，研发部门向行销线输送产品经理。这个过程需要各个部门反复协商、讨价还价。

每年通过这种指令性调配，会有数百人充实到客户经理序列，有数千人充实到产品经理序列，而研发部门又通过校园招聘源源不断地补充所需的优秀人才。这种调配体系，就是极具华为特色的人才供应链体系。这种运作方式，解决了向关键岗位持续供应人才的难题。

（四）助力客户成功的铁三角组织

华为铁三角组织发端于 2006 年。那一年，在苏丹首都喀土穆，苏丹电信邀请华为和另外一个供应商参加移动通信网络的招投标，在只有一个竞争对手的情况下，华为败走麦城。

事后分析，其原因主要是：在一个项目中，客户经理在前端掌握的信息无法快速传递到后端，造成团队沟通不畅，进而导致产品解决方案完全不符合客户需求，交付能力也让客户极度不满。

这也是华为铁三角理念产生的缘起。在痛定思痛后，华为苏丹团队决意建立以客户经理、交付经理、产品经理为核心的业务管理团队。

客户经理的使命就是搞定客户关系。产品经理的使命就是提供让客户无法拒绝的产品解决方案，比如性价比最优、帮助客户挣钱，总之，让客户无法拒绝。交付经理的使命就是兑现承诺，让客户放心，确保成功交付。

三个角都站好位了，哪里还有什么拿不下的客户、签不了的合同！

以持续胜利为目的，构建不依赖人的成功体系

华为打开欧洲大门的经典之作，是名为 SingleRan 的分布式基站。与传统大型基站相比，分布式基站更加小巧、灵活，不受场地限制，可以部署在房屋外部、电线杆上，大大降低了基站建设的成本。

2008 年华为在欧洲实现了 29.8 亿美元的收入，成为欧洲的主流供应商。

2019 年，华为在 5G 领域遭受美国打压时，正是因为华为的 5G 产品拥有领先业界 12～18 个月的绝对优势，华为才可以在世界第一大国的强势封锁下，取得了 60 多个 5G 商用合同的优异成绩。任正非甚至说："不用华为的 5G，就是选择了落后。"

通过 LTC（从线索到现金）的流程建设、产品研发核心能力建设等一系列变革，华为构建起了不依赖人的成功体系。

结语

华为的成功不是偶然的，而是强大的组织能力带来的必然结果。华为通过一套强大的管理体系，在战略、流程、组织、人才、机制等方面打造核心竞争力，构建起一支战无不胜的铁军。

很多企业家问我，华为与我们的行业不同、业务不同、体量不同，真的可以学吗？我们到底该跟华为学习什么？

任正非说：华为的成功，在很大程度上是人力资源管理的成功。

从 BLM 模型中，我们可以看到，在战略管理过程中有一半的关键要素与人力资源息息相关。

许多企业把人力资源管理部门定义为后台部门，而在华为，人力资源管理部门存在的意义就是帮助业务成功。相比之下，我们不难看到两者的差距。

我创办咨询公司三年来，借鉴华为的管理经验为五十多家企业提供了战略与人力资源管理咨询服务，帮助这些企业构建起更具战斗力、更贴近业务的管理结构。

2020年，面对疫情，我们的许多客户不仅扛住了风险，有的甚至在市场低迷的情况下业绩创了新高，这也证明了华为的成功经验完全可以被复制。

我们学华为，既要学习它识人用人的智慧，也要学习它构建一套不依赖人的高效的管理机制；既要鼓励人性的善的发挥，也要构建制度高墙管住人性的恶；既要保证持续的业务增长，也要确保关键的战略投入。

向华为学习，就是学习华为的灰度管理法。

金
句

- 华为 34 年，逆势增长、不断胜利。就其背后的底层逻辑，我总结出以下三大法则。扭转危机的灰度法则：清晰的方向是在混沌中产生的，是从灰度色中脱颖而出的。应对危机的永恒法则：用确定的管理应对不确定的结果。战胜危机的根本法则：管住人性的恶，通过善的制度，构建起员工与企业的命运共同体。

- 牢牢抓住客户需求，不管是 G、B 还是 C，不同客户、不同需求，但有一点是相同的，以客户为中心，为客户创造价值和实现客户的商业成功，这才是华为得以穿越行业的根本。

- 员工在一家企业里工作，追求职位晋升和加薪是出于人性的正当需求。好的体系是让员工主观上为自己挣钱，客观上为公司挣钱。

- 华为的成功不是偶然的，而是强大的组织能力带来的必然结果。华为通过一套强大的管理体系，在战略、流程、组织、人才、机制等方面打造核心竞争力，构建起一支战无不胜的铁军。

- 我们学华为，既要学习它识人用人的智慧，也要学习它构建一套不依赖人的高效的管理机制；既要鼓励人性的善的发挥，也要构建制度高墙管住人性的恶；既要保证持续的业务增长，也要确保关键的战略投入。

参考文献

[1]　冉涛 . 华为灰度管理法 [M]. 北京：中信出版社，2019.

04

打胜仗的启示

《孙子兵法》的制胜奥秘

洪 兵

战略研究专家，曾任中国孙子兵法研究会副会长

　　《孙子兵法》是2500多年前中国著名军事家孙子（孙武）撰写的一部兵书。在2500多年后的今天，这部兵书不仅没有被人们遗忘，反而在更大范围内受到更高的关注。在国际畅销书的排行榜中，《孙子兵法》也名列前茅。孙子的思想，不仅在军事领域，而且在政治、经济、外交、体育等各个领域得到广泛的应用。现代的许多著名企业家，都是依据《孙子兵法》的思想寻找到商战制胜灵感的。

　　竞争成为现代经济领域的核心理念。企业要想成为竞争中的强者和胜者，就必须认识竞争的规律，掌握制胜之道。在这方面，《孙子兵法》能够给予我们最有价值的指导。

实际上，在当今激烈竞争的时代，世界环境发生着巨大的变化。这是一个快节奏的时代，是一个充分体现了"适者生存""优胜劣汰"的自然法则的时代。企业不是在竞争中得到更多的回报，而是付出了更多的难以接受的代价。这种无序的竞争状态，充满了机遇或挑战，充满了神话或偏见，充满了迷茫或激情，企业的价值观念和行为准则在改变，原有的竞争游戏规则在改写。在这种情况下，企业纷纷调整自己的战略，争夺战略优势地位，掌握战略主动权。

面对这种情况，以往人们熟悉的西方竞争理论无法令人信服地解释现实问题，无论是市场经济理论，还是国家宏观干预理论，都已不是灵丹妙药。企业需要重新思考从前的理论，需要寻找新的出路，需要提出新的竞争理念，需要重新建构运行机制和经营模式。总之，当今时代，企业面对激烈的竞争，急于得到新的理性引导。

作为中国战略的代表作，《孙子兵法》其核心观点之一体现为"胜"。企业的对抗是一种力量与力量的较量。战略无非是运用力量求胜的一种科学和艺术。"胜"是组织追求的目标。《孙子兵法》通过对竞争规律深刻的阐述，引导人们走出现代竞争迷宫的"理性之光"，展示出现代竞争制胜的深层奥秘。

全国为上，破国次之

"全胜"是《孙子兵法》中非常重要的一个战略思想。它将"全"作为一种战略追求和战略境界，尽可能实现战略目标的完美和保持战争力量的完整，力求最大限度地降低战争的破坏作用，尽可能在不使用武力的情况下达成使用武力的目的。

我认为，中国的"全胜"战略思想明确了这样一个重要观点：在对抗中，改变力量只是手段，不是目的，而从意志上征服对手，才是目的。"全胜"

是一种着眼于长远的彻底的胜利，是一种着眼于实现更高层次目的的胜利，是一种真正意义上的胜利。从眼前看，损失最小；从长远看，不留后患。

深入研究孙子"全胜"的思想，必须了解中国古人对"胜"的理解。

"胜"，是力量与力量较量的结果，这往往使人得出这样一种直观的结论："胜"，是通过双方力量直接接触和激烈拼杀获得的，是建立在双方力量形态有形改变的基础之上的。中国古代战略对此有一种更高层次的认识："胜"，不是指将对方打倒，而是让对方服从自己的意志，接受自己的条件，从而达成自己所追求的目的。仅仅是力量形态上的有形的改变，是"曲胜"，只有从意志上彻底征服对手，才是"全胜"。用通俗的话来说，所谓"全胜"，就是指"全面"和"全局"的胜利，强调了战略目标实现的彻底性。有许多"胜利"，从局部和眼前看是胜了，但从全局和长远看却没有胜，甚至有害，有失败的隐患，这就不是孙子说的"全胜"。

孙子说"凡用兵之法，全国为上，破国次之"。(《孙子兵法·谋攻》) 这句话蕴含着非常深刻的战略思想，告诉我们应该追求的战争目的是什么，告诉我们应该追求的战略价值究竟在哪里。

在孙子看来，战争追求的目的、获胜的结果，是一个"完整的国家"，而不是一个"残破的国家"。你可能在战役和战斗上打得很漂亮，但获得的结果不完美，你仍然是一个失败者。孙子阐述了一个非常重要的"制胜标准"和"制胜定位"的问题，告诉我们什么是真正的"胜"。

《孙子兵法》所倡导的竞争，是一种更符合人类理性的竞争，它十分适应当今时代的特征，十分符合当今时代的要求，并为当今时代的战略界所推崇。

许多参加过越战的美国将军都奇怪地问自己：我们在越南战场上获得了许多战术上的胜利，为什么在战略上失败了呢？美国前国防部长拉姆斯菲尔德在被迫辞职的时候也很困惑：我几个星期拿下了巴格达，总共伤亡几十个人，为什么要辞职呢？答案很简单，他们获得的不是一个"全国"，而是一个"破国"，美国背上了沉重的战略包袱，得到的仅仅是一些战术价值，而没有得到战略价值。在孙子看来，获得战术价值不是"胜"，而获得战略价值才是"胜"。

这种战略价值体现在什么地方？这与我们追求的战争目的有关。我们一直认为，战争的目的就是为了赢得战争，就如克劳塞维茨所说，是赢得会战，是消灭敌人。如果深刻理解孙子的这一思想，就会发现我们的这种认识大错特错了。在孙子看来，真正的胜利，不是简单地看是否消灭了对手，消灭了多少，而是看自己得到了什么结果，这个结果是否完美。用孙子的观点来看：战争的目的绝不是简单地赢得战争，而是赢得和平。赢得战争不是胜，赢得和平才是胜；赢得"破国"不算胜，赢得"全国"才算胜。正是由于这种认识上的错误，人类历史上爆发了两次可怕的世界大战，有数千万人失去了生命，而且人类现在仍然面临着可怕的核恐怖。

美国有一位叫麦克内利的商战专家，对孙子的这句话做过专门的研究，并用一个下棋的比喻形象地谈了自己的体会。他比喻说，西方人下国际象棋，下完后棋盘是空的，用商业的话来说，就是市场被破坏，大家都是输家；中国人下围棋，下完后棋盘是满的，用商业的话来说，就是市场繁荣，大家都是赢家。他的这个比喻道出了孙子制胜思想的一个更为深层的含义：真正的"胜"，并不是萧条的"你死我活"，而是繁荣的"共存多赢"。

"全胜"是以最小的代价来夺取战争的胜利。孙子所追求的"全胜"，并不是一般意义上的胜利，而是以最小的代价来夺取战争的胜利，这也就是所谓"兵不顿而利可全"。所谓"全"，体现在代价与结果效费比的全面分析和全面衡量上；所谓"胜"，体现在将代价与结果统一起来考虑的战略目标上。

《孙子兵法》的竞争思想告诉我们：我们追求的"胜"，不是简单定位在对方的得与失上，而是在一个更高战略层面的和平与繁荣的价值追求上。我们求胜的着眼点，不是建立在"你得我失""你死我活"的冲突利益上，而是建立在"相得益彰""共存多赢"的共同利益上。应当说，孙子的竞争思想，更多地表现为"竞合"，而不是单纯的"竞争"。这种思想正是我们在当今的和谐世界所要倡导的。

依据《孙子兵法》的竞争思想，企业会从对抗双方的共同利益上去设定目标和实现目标，这样，竞争的对手不是会越来越多，而是会越来越少。依据《孙子兵法》的竞争思想，企业在竞争中还会把更多的对手变为朋友，这是明智的。用美国前总统林肯的一句话来说，就是："要想永久地消灭你的敌人，最好的办法是把他变为你的朋友"。

胜兵先胜，败兵先战

某种程度上，企业家是企业的将领，也是企业的战略家。作为战略家，他的所知、所见、所思，就是与一般人不一样，否则，他就称不上是战略家。在一般人看来，胜利来自实际的交战，如果没有实际交战，怎么会有胜利？可是孙子并不这样看，他谈道："胜兵先胜而后求战，败兵先战而后求胜。"（《孙子兵法·形篇》）他的意思是说：真正会打仗的将领，不是通过实际交战获得胜利的，而是在交战之前就已经决出了胜负。这些将领在交战之前，已经将胜利的条件、获胜的资源、取胜的优势牢牢掌握在自己的手里，他们已经稳操胜券，他们已经获得了胜利，至于交战或不交战，已经并不重要了。

孙子明确地告诉我们：真正高明的统帅的决胜点，并不在实际的交战中，而是在战前的战略运作之中。对抗双方战前的战略较量，要远比实际交战过程中的战役战术较量重要得多。我们历史上的许多战略决策者（注意，这里说的是"战略决策者"，而不是"战役战术指挥员"），并没有领会孙子的这一思想，他们考虑得更多的是在实际交战中如何通过激烈的搏杀来赢得胜利，而没有更多地关注如何在交战之前通过更高明的手段赢得胜利。这种关注点的错位，使一些本来可以避免的战争发生了，使一些本来可以消除的灾难出现了。

孙子的"先胜"思想，是典型的"战略制胜"的思想，而不是"交战制胜"的思想。"战略制胜"强调一种高层面的综合较量，而"交战制胜"强调一种低层面的单打独斗。

"没有勋章的将军是最好的将军"。这些"无智名""无勇功"的将军，才是真正善战的将军，才是最大限度避战争之害且最大限度取战争之利的将军，才是孙子最欣赏的将军。在孙子看来，最辉煌的胜利、最高妙的战略，必须超出一般人的策略思考，超越通常的胜利形式，那种通过浴血奋战才能实现的战略和取得的胜利，不是"善之善者"。

就商战而言，这一思想要求企业家具有一种属于战略层次的谨慎与小心，将一切危险化解于事前，我曾在一篇文章中看过这样的报道，一位记者采访张瑞敏，在听完对海尔的经营思路和管理措施的介绍之后，有点着急地问张瑞敏："在海尔的发展过程中，有没有点传奇的故事？"张瑞敏笑了："海尔这十几年，还真没有什么称得上传奇的事儿。"也许正是由于海尔十几年的"谨慎小心"，因此张瑞敏一直没有机会"力挽狂澜"，尽管从亏损几百万元到销售额达几十亿元本身就是一个不是"传奇"的传奇。对于一家企业来说，没有什么传奇恐怕反倒是一件幸事。如果经常有一些"险情"让老总时不时地去排除，这家企业也就濒临破产的边缘了。

孙子提出的"先胜而后求战"的"先胜"思想，是一个非常著名的战略思想。我们在理解时要着重把握住这个"先"字。这一思想在商战中也能够得到很好的证明。有的企业家认为市场领先者掌握着主动权，如果它珍视市场份额的话，就没有人能够取代它的地位，除非它缺乏维持生产的资金。然而，很多市场领先者却在无意中犯了这样或那样的错误，丢失了市场份额，成全了进攻者的愿望。

深入理解孙子的这一思想，会让我们思考这样一个问题：解决一个危机，是在它出现以后解决好呢，还是在它出现之前解决好呢？孙子"先胜"的思想明确告诉我们：真正高明的战略家，是在危机出现之前就妥善地化解了危机。这样的战略家，会像一位名医一样，治病不是"治于当下"，而是"治于未发"。这样的战略家，会事先敏锐地察觉风险，事先巧妙地规避风险，所以他总是遇不到险，总是一帆风顺。正因如此，这样的战略家，看起来就像一个"无智无勇"的平常人，就像孙子所说："故善战者之胜也，无智名，无勇功。"（《孙子兵法·形篇》）

上兵伐谋，其下攻城

孙子说："上兵伐谋，其次伐交，其次伐兵，其下攻城。"（《孙子兵法·谋攻》）孙子认为用兵的上策是"伐谋"，用兵的下策是"攻城"。所谓"上兵伐谋"与"其下攻城"，用我们现在的话来解读，也可以说是"攻心为上"和"强攻为下"。"伐谋"与"攻城"，反映了两种截然不同的竞争思想，前者理性多一些，而后者则非理性多一些。

所谓"谋攻"，是运用智慧而不是硬拼去战胜对手，运用巧力而不是蛮力去实现目标。这也深刻反映了中国战略"以智克力"的思想。在竞争中，企业无论是"谋攻"还是"以智克力"，都不能离开实际的力量去谈"谋"和"智"。

孙子告诉我们一个重要的道理：所谓"胜"，最终是让对方服从自己的意志，接受自己的条件，从而达成自己所追求的目的。仅仅是力量形态上的有形改变，并不是"胜"的本意，而从意志上彻底征服对手，才是"胜"的本意，才是"全胜"。

中国古人将"胜"分为"三胜"，即"凡兵有以道胜，有以威胜，有以力胜。讲武料敌，使敌之气失而师散，虽形全而不为之用，此道胜也。审法制，明赏罚，便器用，使民有必战之心，此威胜也。破军杀将，乘阉发机，溃众夺地，成功乃返，此力胜也。"（《尉缭子·战威》）这里所说的"道胜"，也就是我们所说的"全胜"，这是一种因"使敌之气失而师散，虽形全而不为之用"而达成的胜利。

中国古人还有"王""霸""强"的说法。荀子曾经谈道："王夺之人，霸夺之与，强夺之地。夺之人者臣诸侯，夺之与者友诸侯，夺之地者敌诸侯。臣诸侯者王，友诸侯者霸，敌诸侯者危。"（《荀子·王制》）这里所说的"王者之胜"（"王夺之人"），就是一种"攻其心""夺其志"的"全胜"。

由此看出，《孙子兵法》在竞争的学问上强调"服"，而不是"制"。既然是"服"而不是"制"，中国古代战略家因而特别关注"德"与"力"的关系，强调暴力的运用首先必须具有一种道德上的合法性。与西方战略相比，《孙子兵法》竞争思想带有更多的"理"的成分，包含更多的"服"的分量。

对于以上的论述，可以用成都武侯祠的一副对联来概括：能攻心则反侧自消，从古知兵非好战；不审势则宽严皆误，后世治蜀要深思。

再做深层次的挖掘，这背后蕴含着"不争之争"的思想，避免过度竞争，最好的结果是不战而胜。中国人讲力量的运用，而不是单纯讲力量的碰撞。中国人讲"任智而不恃力"，通过"伐谋""伐交"达成胜利目标。

在商战中，企业决策者要考虑的具体问题是：如何使发出的威慑信号具有说服力？有的专家分析说，企业在表示自己将继续某项行动的意图时态度越坚决，实现上述成果的可能性就越大。实际上，"不战而胜"绝不是一厢情愿的事情。这种追求必须建立在"实战"和"真战"的基础之上。这就是竞争的辩证法。

我们希望当今的企业决策者，能像孙子说的那样，多出一些"伐谋"的上策，少出一些"攻城"的下策。

形兵之极，至于无形

"胜"，是力量与力量较量的结果，这往往使人得出这样一种直观的结论："胜"，是通过双方力量直接接触和激烈拼杀获得的，是建立在双方力量形态有形改变的基础之上的。但是，《孙子兵法》的制胜理念与此完全不同。《孙子兵法》强调胜于无形，强调不露形迹地战胜对手。在孙子看来，胜于无形，更多地体现在对抗双方智慧的较量上，更多地通过各种方法不露声色地左右对方的动机，改变对方的决心，达成自己的目的。古往今来，这方面的实例很多，中国有一个"二桃杀三士"的故事，能够由小见大地反映中国战略的这一思想。

胜于无形，集中体现在"不战而胜"的思想上。孙子对这一思想做了明确的表述："是故百战百胜，非善之善者也；不战而屈人之兵，善之善者也。""故善用兵者，屈人之兵而非战也，拔人之城而非攻也，毁人之国而非久也。必以全争于天下，故兵不顿而利可全，此谋攻之法也"。(《孙子兵法·谋攻》)

《兵经》对"不战而胜"的思想做了很好的总结："战者争事也，兵争交，将争谋，将将争机。夫人而知之，不争力而争心，不争人而争己。夫而知之，不争事而争道，不争功而争无功。无功之功，乃为至功；不争之争，乃为善争。"(《兵经·争》)

胜于无形，不战而胜，强调的不是直接地运用力量，而是间接和潜在地运用力量；强调的不是实际地运用力量，而是巧妙地展示力量。

实现战略目标，可以通过"示力"和"施力"两种方式。在战略上运用"力"的高明之处，更多地表现在"示"而非"施"上。在对抗过程中，受力的一方通常有两种基本的感受：一是有形的感受，遭到"力"的直接打击，自己受到损伤；二是无形的感受，得知"力"的存在和预知可能发生的结果，在精神上或意志上受到一种压力。后者，就涉及了"力"的显示。

　　不战而胜，也是《孙子兵法》"全胜""先胜"思想的集中体现。从严格意义上讲，胜利是力量较量的结果，也就是说，双方不经过力量的较量，任何一方也不可能获得胜利。这里所说的"不战"，只是说没有发生力量的直接碰撞，即战场上的拼杀。但从战略上看，对抗的双方已经发生了交战，只不过这是一场在"寂静战场"上的较量，是双方潜在地运用力量作用于对方意志的较量。所以说，不战而胜，并不是强调"不战"，而是侧重于战略层面的交战，突出在"实战"之前以间接接触的方式进行的"战"。

　　不战而胜，是一种典型的理性竞争思想。依据这一思想，我们会认识到：力量对抗的目的并不是消灭力量，而是征服对方的意志，达到自己的目的。理性竞争的战略家的成就感，不是表现在力量的直接硬性对抗上，而是表现在围绕达成目的的力量运用上，只要力量运用巧妙，就完全可以"不战"而达成目的。这种"不战"之"用"，才是对力量最高明的运用。

　　必须强调一点，胜于无形不能离开有形。我们需要深刻认识这两者的辩证关系。无形的意志对抗绝不能离开有形的物质基础。运用有形于无形，这是高超的战略艺术。离开有形去追求无形，就是离开了必要的力量去空谈战略，无异于痴人说梦、天方夜谭。

　　按照孙子"胜于无形""不战而胜"的思想去指导企业竞争行为，商业社会就有可能在很大程度上将竞争形态由"有形"转化为"无形"，将力量的使用更多地由"直接"转化为"间接"，这无疑对维护商业秩序是非常有益的。

　　对一家企业而言，要想在竞争中获得成功，就必须拥有一些宝贵的无形资产。这种无形资产可能是企业文化、先进技术、置业价值、著名品牌等。这种无形资产最好是与众不同的、不可复制的。现在的企业经营者一定要更加重视无形资产。

知天知地，胜乃可全

孙子说："知天知地，胜乃可全。"（《孙子兵法·地形》）这句话告诉我们，在战争中，要知彼知己，但还不够，还要知天知地。这个"知天知地"不只是要了解"天时""地利"，还有着更深层的含义，就是要从一个更高的层面上，从一个更大的整体上，把握战争的全局，寻找更安全的途径，寻求更高明的对策。这是一种如孙子所说的"动于九天之上""藏于九地之下"的大战略运作，这是一种着眼于整体解决问题的竞争思想，它可以让我们跳出原有的局限和偏见，从一个更宏观的总体上得到一个更完美的结局。

这一思想告诉我们：不要仅从一个局部和一种手段上去考虑竞争，而要从全局和综合手段上去考虑竞争；不要仅在表面的现象和联系上思考问题，而要在背后更深层的原因和根源上思考问题。

一个好的战略家，不仅知道拥有力量的多寡和强弱，还知道这些力量生成/构成的条件和过程（如孙子所说"地生度，度生量，量生数，数生称，称生胜"）。一个好的战略家，不仅知道"荷戟持戈""肉体之身"的可见之兵，还知道"日月星辰""风云水火"等不可见之兵。一个好的战略家，就像一位好的棋手，不仅知道一枚棋子如何投放，还知道整个棋局如何谋划。一个好的战略家，他的眼光不会仅仅盯住一个局部的点，而是会放眼一个既有面积又有纵深的立体空间。在这样的战略家眼中的竞争全局，并不是对竞争要素的简单综合，而是对具有各种繁杂关系的事物的整体抽象，其关注点也并不是将几种所谓好的要素简单相加，而着眼于更多要素组合的整体效益。

在商战的关键时刻，企业决策者必须将最大的力量投入到决战中，这些力量除了自身力量之外，还包括通过各种渠道调集的其他方面的力量。解决这个问题的关键在于一个"借"字。高明的战略家，能充分利用自然条件、时空条件以及其他方面的条件，增强自身的力量。比如，企业占据产品价值链中有利的位置，能够形成强大的位势，使自己的力量增强。企业还可以借用"第三方"的力量，利用债权融资、股权融资等手段，在更大范围内调动和利用各方面的资源。

我们可以称这种思想为"整体理性"。这种理性类似中国的中医疗法。中医治病，不是简单地针对病灶而治，也不是头痛医头、脚痛医脚，而是着眼于全身的整体调理，疏通经络，舒筋活血，提高自身的抵抗力，从根本上消除病患。这是一种全身性的整体治疗，是一种着眼于根本的治疗，是一种最有效的、最有益于人体健康的治疗。用一位非常有名的中医的话来说，就是："灌根叶自茂，澄源流必清。"

这种"整体理性"的竞争思想，主张的是一种在更大范围内和更高层次上的战略性对抗。中国古人力求将血淋淋的战争厮杀提升为战略统帅之间的智力较量，力求将一种"瞋目而语难""相击于前"的较量提升为"包以四夷""裹以四时"的整体运筹。中国的战略家们从这种提升中得到一种至善至美的感觉。这种战略的追求和战略的境界，是西方战略所不具备的。中国战略追求完美的这种特性决定并铸就了它自身的完美，并体现出一种与西方战略完全不同的魅力。

这种中国战略的完美和魅力，可以通过中国古代哲学家庄子的话得到展现。庄子说：

> 有天子剑，有诸侯剑，有庶人剑。……天子之剑，以燕溪石城为锋，齐岱为锷，晋魏为脊，周宋为镡，韩魏为夹；包以四夷，裹以四时；绕以渤海，带以常山；制以五行，论以刑德；开以阴阳，持以春夏，行以秋冬。此剑，直之无前，举之无上，案之无下，运之无旁，上决浮云，下绝地纪。此剑一用，匡诸侯，天下服矣。……诸侯之剑，以知勇士为锋，以清廉士为锷，以贤良士为脊，

以忠圣士为镡，以豪杰士为夹。此剑，直之亦无前，举之亦无上，案之亦无下，运之亦无旁；上法圆天以顺三光，下法方地以顺四时，中和民意以安四乡。此剑一用，如雷霆之震也，四封之内，无不宾服而听从君命者矣。……庶人之剑，蓬头突鬓垂冠，曼胡之缨，短后之衣，瞋目而语难。相击于前，上斩颈领，下决肝肺。(《庄子·说剑》)

结语

《孙子兵法》竞争制胜思想的奥秘之处突出表现为：在追求的战略结果上，更加注重共存多赢的"全国"，而不是你死我活的"破国"；在战略运作的过程中，更加注重战前的"未雨绸缪"，而不是战中的"化险为夷"；在战略的作用点上，更加注重心理和意志的征服，而不是简单的力量对比的有形改变；在战略对抗方式上，更加注重间接和潜在地运用力量，而不是直接和有形地运用力量；在战略运作的机制上，更加注重溯本求源的"整体调理"，而不是急功近利的"外科手术"。

《孙子兵法》的竞争思想，将会纠正那些"只看自己，不看别人""只看有利，不看有害""只看局部，不看全局""只看有形，不看无形"的战略偏差，使当今的战略决策者看得更远、悟得更透、更加理性。

《孙子兵法》所主张的理性竞争，是一种在正常范围之内的竞争，是一种向善的竞争。它既保持了社会发展的动力，又遏制了那些对人类不利的自然属性。这一思想，尽可能将那些对社会产生直接破坏的"对抗点"从非理性领域中转移出来，尽可能把对抗者从残酷的暴力中解脱出来，尽可能把人类社会从战争的阴影中解救出来。

毋庸置疑，在现实商战中，我们的企业决策者如果领会和运用了《孙子兵法》的上述思想，竞争决策就会变得更理性，竞争行为就会变得更规范。

　　《孙子兵法》的竞争思想对当今企业的推动，不是反映在表面上，而是体现在根源上。这一思想，会从根本上改变企业决策者对竞争的传统看法，使人们更理性、更慎重地对待竞争。这一思想，会使企业决策者改变传统竞争的形态，更多地由"有形"转向"无形"，更多地由简单粗暴的"硬对抗"转向心平气和的"软较量"。

　　这个时代呼唤理性，呼唤充分展现人的智慧。理性者将最终获得成功，非理性者将被无情地淘汰出局。《孙子兵法》的理性之光将引导企业决策者跨过这个时代的十字路口，进入一个全新的发展阶段。

金
句

- 真正的"胜",并不是萧条的"你死我活",而是繁荣的"共存多赢"。

- 孙子的竞争思想,更多地表现为"竞合",而不是单纯的"竞争"。这种思想正是我们在当今的和谐世界所要倡导的。

- 孙子告诉我们一个重要的道理:所谓"胜",最终是让对方服从自己的意志,接受自己的条件,从而达成自己所追求的目的。仅仅是力量形态上的有形改变,并不是"胜"的本意,而从意志上彻底征服对手,才是"胜"的本意,才是"全胜"。

- 《孙子兵法》强调胜于无形,强调不露形迹地战胜对手。在孙子看来,胜于无形,更多地体现在对抗双方智慧的较量上,更多地通过各种方法不露声色地左右对方的动机,改变对方的决心,达成自己的目的。

- 一个好的战略家,就像一位好的棋手,不仅知道一枚棋子如何投放,还知道整个棋局如何谋划。一个好的战略家,他的眼光不会仅仅盯住一个局部的点,而是会放眼一个既有面积又有纵深的立体空间。

成吉思汗如何打造超强战斗力

宫玉振

军事学博士、北京大学国家发展研究院管理学教授、BiMBA 商学院副院长兼 EMBA 学术主任

说起成吉思汗，人们或许马上会想起毛泽东那句著名的"只识弯弓射大雕"。事实上，如果成吉思汗只是一介莽夫，他是无法白手起家，创建出一个空前的世界性帝国的。这位草原英雄创业成功的背后，是其出众的人格魅力、坚实的制度安排、独特的竞争优势，以及强大的学习能力。

创业的起点：出众的人格魅力

所有的创业者都经历过自己的草莽时代，成吉思汗曾经也只是铁木真。他真正的过人之处在于，从一开始就知道如何感动他的部众和盟友，并赢得他们的追随与忠诚。

铁木真开始创业的时候，蒙古高原分布着大大小小几十个部落，部落和部落之间为了复仇、掠夺和兼并而不断发生战争。除蒙古部之外，还有塔塔尔部、克烈部、乃蛮部、篾尔乞部、汪古部等。蒙古部本身也分为乞颜人、泰赤乌人、札答阑人，札答阑人的首领札木合和泰赤乌人的首领塔尔忽台的实力又都远远超过铁木真。一开始，铁木真只是一位并不起眼的普通军事首领而已。

然而铁木真的格局、胸怀和人格魅力，很快就使得他在群雄之中脱颖而出。当那些徘徊于铁木真、札木合、塔尔忽台之间的氏族，因为饥饿而要求参加围猎的时候，铁木真不但允许他们参加，而且分给他们的猎物远远超过他们应得的部分。与他争夺蒙古部可汗之位的主要对手札木合，则缺乏铁木真的政治头脑。一次札木合与他的盟友约定，共同袭击铁木真的营地。当札木合赶到战场的时候，他的盟友已经被铁木真击败。札木合一不做，二不休，干脆对他的盟友发动了攻击，抢劫了盟友之后扬长而去。这是一种非常短视的行为。之后各部落奔走相告，将铁木真的慷慨正直、宽宏大量与札木合的反复无常、专横跋扈相比较："札木合抢走我们最好的马和最漂亮的毛皮。可是铁木真脱下自己的衣服让给我们穿，跳下自己的马让给我们骑。他真是一个懂得如何享有国家、供养战士的人。"这很快就成了草原上的公论。

札木合并不明白，即使是在弱肉强食的草原上，道德也有其存在的价值；要想成就大业，不但要具备强者的实力，而且要有王者的胸怀。铁木真所有的部属都可以为他出生入死，而札木合的军队却始终只能是乌合之众。所以铁木真最终成了成吉思汗，成为世界的征服者，而札木合终其一生，只能是一位悲剧式的草莽英雄。

成长的基石：坚实的制度安排

创业者往往并不缺乏成就大业的雄心。创业成功的一个前提，在于能够打造出与创业者的雄心相匹配的制度安排，从而为组织的成长提供坚实的支撑。

游牧民族的政权往往以氏族制度为基础，各个贵族自己领有自己的部众，以氏族、部落、部落联盟的形式组成松散的联合体，因此无法形成权力高度集中的一元化政治实体，反而经常因为内部实力发展的不平衡而导致联合体的分裂。兴衰无常由此成为此前几乎所有草原帝国的基本特征。

为了改变这一状况，成吉思汗打破了过去的惯例，建立了新的千户制度。具体来说，就是十进制，将军队按照十户、百户、千户、万户进行统一的编组，并且根据才能的大小和对大汗忠诚与否而不是血统的高低来委任各级军官。最优秀的人被安排在最重要的位置上，如果某人表现得不称职，或者不听从大汗的命令，那么大汗可以随时撤掉他的职务并加以惩罚。这与过去部落联盟时代的组织方式是完全不同的。通过千户制这种新的组织方式，成吉思汗摧毁了旧的氏族制度的基础，使得自己成为蒙古军队的核心，而且是唯一的核心。

此外，成吉思汗还建立了一支由他本人直接控制的精锐武装——护卫军。护卫军在蒙古语中为"怯薛"，由在全军中挑选的 1 万名最优秀的战士组成。在蒙古军队中，护卫军具有很高的地位。成吉思汗规定，一个普通的护卫的地位，也在外面的千户长之上，如果护卫与千户长发生了冲突，无论什么原因，责任都在千户长这一边。护卫军是整个蒙古军队主力中的主力，在作战过程中，可以由成吉思汗亲自指挥，在最关键的时刻投入到最关键的位置上去。更重要的是，护卫军可以有效地维护成吉思汗的权力。他掌握的这样一支强悍的亲信军队，足以制约任何一个贵族。

千户制和护卫军制这两大制度，保证了蒙古军队对成吉思汗的绝对忠诚，成吉思汗的旨意可以到达军队的每一个角落并得到不打折扣的执行，过去的松散联合体一变而成为一元化的强大组织，并成为支撑起后来庞大的蒙古帝国的基本制度安排。

突破的关键：独特的竞争优势

创业的过程是一个在众多的对手中突围而出的过程，因而创业者必须打造出自己独特的竞争优势，才能取得突破性的成长空间。

游牧民族的每个人天然就是优秀的骑士，其军队中往往全是骑兵，最大的特点是机动灵活，而成吉思汗则将这种机动灵活作战的能力发挥到了极致。蒙古军队的盔甲多是皮制的，非常轻便，一个战士通常备有三四匹战马，一匹战马疲劳之后，可以随时换乘另一匹战马，继续驰骋。他们可以连续十几天骑马驰骋，饿了吃干肉，渴了喝马奶，因此蒙古军队几乎不受后勤的束缚。这使得他们具有当时任何军队都难以比拟的速度和机动能力。强大的机动能力也使他们可以迅速地转移兵力，随心所欲地在由他们自己选定的时间和地点迅速地集中起绝对的优势兵力，而后在最短的时间内解决战斗。南宋人徐霆曾经说蒙古人用兵"来如天坠，去如电逝"，民国年间的陆军中将万耀煌也评论说："成吉思汗之进兵也，如飙风迅雷，千里瞬至，鹰鹯一击，往往覆敌于猝不及防。"这种在运动中形成优势的能力，是农耕民族的军队无法具备的。

不过，机动性并非蒙古军队唯一的优势。所有的游牧军队都机动灵活，但没有一个能像成吉思汗的军队那样将这种机动灵活发挥得如此淋漓尽致，重要的原因之一，就是没有一支游牧民族的军队能够像成吉思汗军队那样具有严格的纪律，那样绝对地做到军令如山。蒙古军队所进行的往往是几万人、十几万人的大规模的运动战，作战正面达到几百公里乃至上千公里。从大军的左翼到右翼，往往需要三天以上的行程。组织这样的运动战，就必须依赖高度的协同动作的能力，依赖对命令的绝对服从。成吉思汗对服从命令这一条非常重视，对不服从命令者的处罚也非常严厉。指挥官被要求严格按照事先安排好的行动计划行事。如果一支军队没能在指定的时间和指定的位置出现，它的指挥官就会立刻被处罚，找什么借口也无济于事。对于那些违反命令的将领，不管离成吉思汗的大营有多远，也不管他手里掌握了多少兵力，成吉思汗只需要派一个人过去宣布处罚命令，要他的手，他就会自动剁下自己的手，要他的头，他就会主动奉上自己的头，毫无怨言。一支 10 个人的小队，在作战中如果有人抛弃了受伤的战友，那么其余的人都要被毫不留情地处死。游牧民族并不缺乏优秀而勇敢的战士，缺乏的是组织纪律和协同动作的习惯。他们一旦被有效地组织起来，必然会爆发出惊人的能量。

帝国的诞生：强大的学习能力

当然，如果蒙古军队仅仅停留在上面的层次，很可能就只是一支传统意义上的游牧民族军队。蒙古军队的真正过人之处，还在于它强大的学习能力。

长期以来，以骑兵为主的蒙古军队都是长于野战，短于攻城。而中原地区在攻城作战中则普遍采用了大量的攻城器械，如抛石机、攻城槌、云梯、弩炮、火箭等，火药也被用到了战场上，出现了震天雷等燃烧和爆炸性火器。在对中原用兵的过程中，蒙古军队最大的收获，是学到了中原地区的攻城技术。蒙古军队为了弥补自身攻城能力的不足，凡攻占一地，对于被俘虏的工匠都给予特殊的优待，将他们集中起来专门制造兵器战具。因而蒙古军队很快掌握了中原地区的攻城技术。为了充分发挥攻城器械的作用，成吉思汗还任命了炮手万户，设立了专门的炮兵部队，由他的长子术赤统帅，这是世界上第一支专业化的炮兵队伍。这支炮兵部队在三次西征以及后来攻宋、攻大理、攻高丽的战斗中，都发挥了巨大作用。在花剌子模尼沙布尔的攻城战争中，蒙古人一次就动用了 300 架抛石机，还有大量的攻城车、破城槌等，因而很快就摧毁了对方的防御体系。

金朝最后一个皇帝金哀宗曾经说："蒙古所以常胜者，恃北方之马力，资中原之技巧耳。"蒙古军队通过将中原的技术优势与草原的骑兵优势结合起来，既具备了强大的机动作战能力，又具备了强大的攻坚能力，其战斗力当时达到了没有对手的地步。蒙古军队之所以能够横扫亚欧大陆，与其具备的压倒性优势是分不开的。

蒙古人的这种学习能力，确实是很强的。元朝统一中国后，还利用南宋的水师，建立了一支当时世界上最强大的海军队伍，并且两度出海征讨日本。一个民族，不但走出了草原，走进了城市，而且走向了大海。这也是元朝能够成为中国历史上最伟大的王朝之一的原因。

创业本身就是一个不断突破的过程，正是强大的学习能力使得成吉思汗不断地超越自己。这位从草原走出来的巨人，改变了蒙古的命运，也改变了世界的面貌。从他身上，我们可以清楚地看到，一个伟大的领导者，可以具备多么大的能量。

一 金 句 一

- 创业的过程是一个在众多的对手中突围而出的过程，因而创业者必须打造出自己独特的竞争优势，才能取得突破性的成长空间。

- 如果蒙古军队仅仅停留在上面的层次，很可能就只是一支传统意义上的游牧民族军队。蒙古军队的真正过人之处，还在于它强大的学习能力。

- 创业本身就是一个不断突破的过程，正是强大的学习能力使得成吉思汗不断地超越自己。

铁血湘军为什么能常胜

宫玉振

军事学博士、北京大学国家发展研究院管理学教授、BiMBA 商学院副院长兼 EMBA 学术主任

不少人心中的曾国藩，往往是"权谋"的化身，曾国藩因此也成为官场权谋的代名词。这其实是极大的误解。曾国藩并非天资聪颖之人。左宗棠对曾国藩的评价是"才略太欠"，是个"书憨"，即书呆子。梁启超也说曾国藩"非有超群轶伦之天才，在并时诸贤杰中，称最钝拙"。曾国藩也很有自知之明，他评价自己"生平短于才""自问仅一愚人"。他给家里写信时也说，"吾兄弟天分均不甚高明"。他曾以读书、做事为例说："余性鲁钝，他人目下二三行，余或疾读不能终一行；他人顷刻立办者，余或沉吟数时不能了。"曾国藩的这些特点，同以聪明和才略而著称的胡林翼与左宗棠相比，确实是非常突出的。

　　然而曾国藩的成功之处在于，他恰恰因此而发展出了一套践行自己理念的"拙诚"的功夫。"拙诚"强调的就是不存投机取巧之心。所谓"拙"，就是一步一步地去做；所谓"诚"，就是实心实意地去做。在一个虚浮、圆滑、取巧、推诿成为社会普遍心态的时代，曾国藩却揭橥了"天道忌巧"的命题。他高呼"去伪而崇拙"，相信"惟天下之至诚，能胜天下之至伪；惟天下之至拙，能胜天下之至巧"。梁启超认为曾国藩的成功，恰恰就在于这个"拙诚"的功夫。民国年间的学者萧一山也说"不尚机权，惟务质实"是曾国藩人生哲学的核心。"拙诚"二字，正是帮助我们揭示出曾国藩身上所具有的领导特质与事业成功要素的关键。

理念：志之所向，金石为开

　　曾国藩所说的"拙诚"，首先体现在他在晚清这样一个功利而浮躁的时代，对于自己理念的坚守与践行上。

　　曾国藩所处的时代，正是封建王朝的末世。整个统治集团中，官吏渎法贪冒，柔靡浮滑；士子不知廉耻，唯利是求。流波所及，军队之中，将帅贪婪平庸，士卒望敌而走。按曾国藩的说法，这些人都已经丧尽天良了。在他看来，当时最可怕的不是太平军的造反，而是统治阶级本身的人心陷溺、人欲横流。军事的失败只是一种表象，它的背后是价值体系的崩溃："无兵不足深忧，无饷不足痛哭。独举目斯世，求一攘利不先，赴义恐后，忠愤耿耿者，不可亟得……此其可为浩叹也。"

　　在曾国藩看来，大清王朝要想度过这场空前的危机，就不能仅仅着眼于眼前的军事问题，而应着眼于人心问题。对于投身于这场大搏斗中的社会精英们来说，也就不应当仅仅具备军事素质，更需要具备卫道的精神。只有重建社会的价值体系，才能挽救当前的局面。重建社会的价值体系，全在于"一二人之心之所向而已"。"此一二人者之心向义，则众人与之赴义；一二人者之心向利，则众人与之赴利"。当务之急，则是用以"忠义血性"为核心的理念来激发天良、改变人心，号召那些"抱道君子"，以"舍身卫道""杀身成仁"的精神，以"打脱牙，和血吞"的刚毅，以"志之所向，金石为开"的信念，投身于挽狂澜于既倒的事业中。只有忠义血性之士，才能自拔于流俗，才能以强烈的使命感、责任心和卫道精神，去堪破得失、堪破利害、堪破生死，名利不足以辱其身，生死不足以动其性，关键之地能站住脚，途穷之日能定住心。以此，方能"塞绝横流之人欲""挽回厌乱之天心"，从而从根本上扭转军事和政治上的危机。

由此，曾国藩便把与太平天国的斗争，由军事和政治层面，提升到了价值和信仰层面。在"舍身卫道""忠义血性"的驱动下，曾国藩的湘军确实表现出了异于其他军队的战斗力。《中兴将帅别传》中说曾国藩"履危濒死屡矣，有百折不挠之志"，胡林翼"虽挫其气弥厉"，江忠源"每战亲临阵，踔厉风发"，罗泽南和他的弟子们"以灭贼自任""忠义愤发，虽败犹荣"……这些平时手无缚鸡之力的书生，竟然"敢战胜于勇悍愚夫"，屡挫屡奋、屡败屡战，这与"舍身卫道""忠义血性"的激励是有很大关系的。曾国藩在《湘乡昭忠祠记》中回顾湘军成功的原因时说过一段非常精彩的话：

> 君子之道，莫大乎以忠诚为天下倡。世之乱也，上下纵亡等之欲，奸伪相吞，变诈相角，自图其安，而予人以至危。畏难避害，曾不肯捐丝粟之力以拯天下。得忠诚者起而矫之，克己而爱人，去伪而崇拙，躬履诸艰，而不责人以同患，浩然捐生，如远游之还乡，而无所顾悸。由是众人效其所为，亦皆以苟活为羞，以避事为耻。呜呼！吾乡数君子所以鼓舞群伦，历九载而戡大乱，非拙且诚者之效欤？

这段话的意思是，君子之道，没有比"以忠诚为天下倡"更大的了。世道混乱的时候，上上下下都拼命追求满足没有节制的欲望，用奸伪之心相互吞并，用变诈之心相互争斗，各自图谋自己的安全，而不惜把别人置于最危险的地方。畏难避害，就连捐出一丝一粟来拯救天下的力量也不想出。忠诚之人起而矫正这种风气，克己爱人，去伪崇拙，亲临艰难而不苟求人共患难，浩然献身如同远游之人回到故乡而无所犹豫担心。于是众人效其所为，也以苟活为羞，以避事为耻。呜呼！我们同乡几位君子之所以能够鼓舞群伦，纵横天下，戡平大乱，难道不正是拙和诚的效果吗？

曾国藩所说的"舍身卫道""忠义血性"，显然是有其鲜明的内涵的。但是，这也提出了一个命题，就是对于领导者而言，理念以及由此产生的使命感与责任感所应具有的核心地位。湘军之所以能够成为中国历史上"第一支有主义的军队"（蒋方震语），能够把太平天国运动镇压下去，正根源于这种理念所带来的刚健而持久的强大的精神动力。

不管在什么样的时代，一个人要想成就一番事业，都是需要智慧和勇气的。人有趋利之勇，人有血气之勇。趋利之勇，金多则奋勇蚁附，利尽则冷落兽散；血气之勇，气实则斗，气夺则走。同样，人有避害逐利之智，人有巧饰取容之智，但这都是谋及一身的小智。胜则争功，败则先走，正是这种小智，导致了人性的沦丧。理念赋予人的则是强烈的担当与责任意识。只有以理念为基础的智慧与勇气，才会把个人的生存智慧，升华为家国、王朝和文化的生存智慧；把个人的生存勇气，升华为家国、王朝和文化的生存勇气。这样的理念，本身就是一种智慧和力量；这样的理念，可以激发出领导者身上的所有潜能，从而使其担负起常人难以担负的责任，创下常人难以创立的功业。可以说，曾国藩的信念和抱负，他强烈的救世意识，他执着地将自己的理念付诸行动所形成的强大的感召力，以及由此激励起的一大批有着同样理念的"抱道君子"共同投身于他所谓的事业，正是他能够成就功业的关键因素。

用人：尚朴实，耐劳苦

任何理念最终都是需要认同理念的人去实现的。如果说在理念上曾国藩高扬的是"舍身卫道""杀身成仁"，那么在人才的选拔上，他选择的则是能够切实认同这种理念并加以践行的"朴拙之人"。

曾国藩揭橥了"以忠诚为天下倡"的理念，然而他所面临的却是投机取巧、虚伪浮滑的普遍的社会心态。承平日久，无论是官场还是军队，都是"巧滑偷惰，积习已深"。自太平天国起义以来，清政府的正规军绿营一败涂地、望风而逃，"大难之起，无一兵足供一割之用"，原因就在于当时的绿营"无事则应对趋跄，务为美观；临阵则趑趄退避，专择便宜；论功则多方钻营，希图美擢；遇败则巧为推诿，求便私图"。人人都想着投机取巧、争功诿过，这样的军队根本形不成战斗力。在曾国藩看来，要想打败太平军，就必须从根本上改变这种习气。

为此，曾国藩自编练湘军始，就非常重视避免使绿营养成虚浮的习气，而是使其养成一种朴实纯正的作风。为此曾国藩从最根本的选人环节入手，提出在选人上，除了以"忠义血性"为本之外，还强调军官一定要选"质直而晓军事之君子"，兵勇则一定要选"朴实而有土气之农夫"。

湘军对军官的选拔，以"朴实廉介"为原则。曾国藩说，"大抵观人之道，以朴实廉介为质。以其质而更傅以他长，斯为可贵。无其质则长处亦不足恃"（大概说来，考察人才的优劣，应当以看他是否具备朴实、廉正、耿介的品质为主。有这样的品质，又有其他的特长，才是最可贵的。如果没有这样的品质，即使有其他的特长，也是靠不住的）。他认为，"军营宜多用朴实少心窍之人，则风气易于纯正"。所以他特别强调要"于纯朴中选拔人才"，认为"专从危难之际，默察朴拙之人，则几矣"（专门从危难之际，不动声色地识别出那些有朴拙品质的人才来加以重用，这样才是可以的）。

曾国藩所说的"纯朴之人""朴拙之人"，是指具有朴实、踏实，无官气、不虚夸，不以大言惊人、不以巧语媚上，负责实干、吃苦耐劳的作风的人才。曾国藩之所以喜欢用朴实之人，一个原因就是这样的人实实在在，没有投机取巧之心，只要把任务布置给他，他就会往死里打。而那些浮滑的将领，"一遇危险之际，其神情之飞越，足以摇惑军心；其言语之圆滑，足以淆乱是非"（一旦遇到危险，他们神情的慌张，足以动摇军心；他们言辞的圆滑，足以混淆是非）。所以，他说湘军从来不喜欢用太能说会道的将领："凡官气重、心窍多者，在所必斥。"

对普通士兵的选择，曾国藩也是以朴实为本。湘军的军饷在当时是比较高的，所以很多人都愿意应募当兵。在湘军早期招兵的时候，曾国藩往往会亲自面试。他坐在一张桌子的后面，如果前来应募的人面色白白净净，眼珠滴溜溜地转，一看就是"城市油滑之人"，他马上就连连摇头，表示不行；如果前来应募的人皮肤晒得黑黑的，手脚粗大，脚上恨不得还粘有泥巴，一看就是刚从田里来的乡野农夫，他马上就连连点头，表示可以。用他的话说，他专选那些"朴实而有农民土气者"，而"油头滑面，有市井气者，有衙门气者，概不收用"。

选什么样的人，决定了一个组织会形成什么样的作风。湘军选的都是朴实、拙诚之人，由此也就形成了湘军以朴实为特点的作风。曾国藩曾说，"楚军水、陆师之好处，全在无官气而有血性，若官气增一分，则血性必减一分"（湘军水师、陆师，最大的好处就是实实在在，没有虚浮的、摆架子的、面子上的东西，有的只是一种朴素的、实实在在的血性。如果虚浮的东西多一分，实实在在的东西就会少一分）。他还说，"我楚师风气，大率尚朴实，耐劳苦。老湘营恪守成法，故声名历久不衰"（湘军的作风，大致说来就是六个字：尚朴实，耐劳苦。老湘军恪守这样的原则，所以能够基业长青）。他还警告说，"历岁稍久，亦未免沾染习气，应切戒之"（时间长了，任何组织都会不可避免地沾染上虚浮的习气，这是一定要切切警惕的，因为正是这种习气会掏空一个组织的基础）。

"尚朴实，耐劳苦"，可以说是湘军战斗力的来源。湘军靠什么打胜仗？靠什么持续地打胜仗？靠的就是这种"尚朴实，耐劳苦"的作风。而湘军之所以能形成这样的作风，关键就是湘军选募时坚持选实在朴拙之人。曾国藩的用人，表面看来迂阔笨拙，其实这正是他的过人之处。

治事：大处着眼，小处下手

在具体的管理上，曾国藩强调的则是"大处着眼，小处下手"的平实功夫。

管理最忌讳的就是全无实际而空谈误事。曾国藩从一开始就对此有深刻的认识，他强调"军事是极质之事"，来不得半点虚浮的东西。他说自己"恶闻高言深论，但好庸言庸行"（厌恶听到那些高谈阔论，只喜欢平实之言、平实之行）。他在解释什么是"实"时说："实者，不说大话，不好虚名，不行架空之事，不谈过高之理。"什么是实？实就是不说大话，不求虚名，不做虚浮无根的事情，不谈不着边际的道理。

总结曾国藩的管理风格，可以说是以"勤、实"二字为核心的。他说，"治军总须脚踏实地，克勤小物，乃可日起而有功"（带兵一定要脚踏实地，勤勤恳恳，一步步地从小事做起，才能日积月累，见到成效）。

"勤"的核心，是"五到""三勤"。他说：

> 办事之法，以五到为要。五到者，身到、心到、眼到、手到、口到也。身到者，如做吏则亲验命盗案，亲巡乡里；治军则亲巡营垒、亲探贼地是也。心到者，凡事苦心剖晰，大条理、小条理，始条理、终条理，理其绪而分之，又比其类而合之也。眼到者，着意看人，认真看公牍也。手到者，于人之长短，事之关键，随笔写记，以备遗忘也。口到者，使人之事，既有公文，又苦口叮嘱也。

　　曾国藩所说的"身到"，就是管理者一定要亲临现场。湘军之中，各级将领，从大帅以下一直到营官，都是以亲看地势为行军作战的第一条原则。像曾国藩进攻武昌，就是先乘小船亲赴沌口相度地势；左宗棠攻杭州，也是先骑马赴余杭察看地形。他们都是在看明地形之后，才制定进攻的方略。其他将领像塔齐布、罗泽南、王鑫、刘典等，都是以善看地势而著称。刘典在嘉应作战时，在战前的几天，带领自己手下的统领、营官们，将附近方圆数十里[○]内的大小路径全部勘察了一遍，达到了如指掌的地步。仗打起来后，冲、堵、抄、截，各尽其能，一战便全歼了对手。

　　身到之外，心到、眼到、手到、口到，湘军上下也都是全力施行。这"五到"，重心在于一个"到"字，不是六分到位、七分到位，而是十分到位，反映了湘军对执行力的高度重视。

　　"五到"构成了湘军基本的治事之方。除"五到"之外，曾国藩还有"三勤"的说法。所谓的"三勤"，是指"口勤、脚勤、心勤"，其实就是对"五到"的另一种表述。

　　"实"的核心，则是带兵要从小处，细处下手。曾国藩说，"近年军中阅历有年，益知天下事当于大处着眼，小处下手。陆氏但称先立乎其大者，若不辅以朱子铢积寸累工夫，则下梢全无把握。故国藩治军，摒弃一切高深神奇之说，专就粗浅纤细处致力"（近来有了几年的带兵经验，越发明白一个道理，就是天下之事，当从大处着眼，小处下手。陆象山只是说"先立乎其大者"，如果不加上朱熹铢积寸累的功夫，那么下手之处全没有把握。所以我治军，摒弃所有高深神奇的理论，专门就粗浅纤细处下功夫）。

　　曾国藩对于下属的要求，往往就是办事要从浅和实的地方下手。张运兰，字凯章，因为做事扎实，曾被曾国藩一再提拔。有一次，曾国藩安排张

────────────────

　㊀　1 里＝500 米。

运兰与宋梦兰配合作战，他专门给宋梦兰写信说，"凯章办事，皆从浅处、实处着力，于勇情体贴入微。阁下与之共事，望亦从浅处、实处下手"（凯章这个人办事，都是从浅处、实处下功夫，对士兵的情况体贴入微。阁下您与他合作，希望也要从浅处、实处下手）。

湘军之中，从粗浅纤细的"小处"下手，典型的例子就是曾国藩亲手拟定的《湘军日夜常课之规》。这是他制定出来的"日日用得着的"、人人易知易行的规章制度。其基本内容其实非常简单，就是点名、演操、站墙子三项。点名则使士兵不能私出游荡，为非作歹；演操则使士兵锻炼体魄，熟练技艺；站墙子则士兵日日如临大敌，有备无患。这些都是军队管理的基础。这三项，也就是所谓的"湘军家法"。这些营规看起来十分粗浅、简单，甚至给人以笨拙的感觉，但却是实实在在、脚踏实地地抓住了治军的关键。正因为它是粗浅简单的，士兵才能人人易知易行，成为训练有素的军队。正是这些粗处浅处，奠定了湘军战斗力的基础。用胡林翼的话说："兵事不可言奇，不可言精，盖必先能粗而后能精，能脚踏实地乃能运用之妙存乎一心。"

作战：扎硬寨，打死仗

从军事指挥的角度来说，曾国藩并不是有用兵天赋的人。曾国藩自己也承认"行军本非余所长"，他还很清醒地把这一弱点归因于自己的性格："兵贵奇而余太平，兵贵诈而余太直。"确实，曾国藩用兵，很少有出奇制胜的战例，然而他却有自知之明，承认自己能力的局限，不敢骄，不敢怠，不高估自己的能力，不低估对手的智商，由此发展出了一套"扎硬寨、打死仗"的笨功夫，稳慎徐图，稳扎稳打，反而一步步地在与太平军的作战中占尽了上风。

曾国藩曾经给曾国荃写过这样一副对联："打仗不慌不忙，先求稳妥，次求变化；办事无声无臭，既要精到，又要简捷。"这副对联，充分反映出曾国藩作战指挥的基本风格，就是用兵必须充分准备，不求速成，不打无把握之仗，宁拙勿巧，宁慎勿疏，宁慢勿速，宁稳勿奇。

他认为作战"宁可数月不开一仗，不可开仗而毫无安排计算"（哪怕几个月都不打一仗，也绝对不能打仗时，一点安排都没有，一点计算都没有）；"宁失之慎，毋失之疏"（宁可因为谨慎而失去一些机会，也不能潦潦草草贸然出手）；"惟当步步谨慎，谋定后进，不敢稍涉大意"（一定保证自己每一步都小心谨慎，谋定后动，而千万不要有任何的大意）。他还说，"一年不得一城，只要大局无碍，并不为过；一月而得数城，敌来转不能战，则不可为功"（一年内没有打下一座城池，但只要对大局没有影响，就不算是过错；一个月打下了几座城池，对手一来进攻反而无法作战，这也不能叫有功）。

在进攻南京的过程中，曾国藩屡屡告诫曾国荃一定要稳慎徐图："望弟不贪功之速成，但求事之稳适。专在'稳慎'二字上用心。务望老弟不求奇功，但求稳着。至嘱！至嘱！"要求他"谋定后战，不可轻视"。他认为军事进展太快之际，反而是指挥者必须高度警惕之时："军行太速，气太锐，其中必有不整不齐之处。"表面看来进展极快、士气极盛，但是其中往往潜伏着致命的短板缺陷。如果意识不到这些问题，下一步一定就是大败。

在曾国藩看来，用兵打仗属于"阴事"，应当始终保持敬戒恐惧之心——"哀戚之意，如临亲丧；肃敬之心，如承大祭"，这样才能取胜。他还用自己的经验说："每介疑胜疑败之际，战兢恐惧，上下悚惧者，其后常得大胜；当志得意满之候，各路云集，狃于屡胜，将卒矜慢，其后常有意外之失。"为将者必须始终保持一种如临深渊、如履薄冰的紧张与清醒，虽胜不骄、愈胜愈慎。这样才能始终避免"大胜变成大挫"。

曾国藩非常欣赏湘军的一员名将，叫李续宾。他认为李续宾善于打仗，秘诀就是"不轻进，不轻退"：不会轻易地发动进攻，但也不会轻易地退出阵地。要么不进攻敌人，一进攻就会得手；要么不占领阵地，一占领就不会轻易失去。

在行军过程中，湘军最重视的则是扎营。曾国藩规定，湘军每到一处安营，"无论风雨寒暑，队伍一到，立刻修挖墙濠"，要求一个时辰完成。完成之前，绝对不许休息，也不许向太平军挑战。首先是挖沟，沟深一丈五尺[⊖]，越深越好，上宽下窄。挖完沟后开始垒墙，墙高八尺、厚一丈。然后再在最外面的一道壕沟之外，树上五尺的花篱木，埋在土中二尺，作为障碍。墙一道即可，沟需要两道或三道，而花篱则要五层或六层。为什么要下如此的笨功夫来修工事？用曾国藩的话说："虽仅一宿，亦须为坚不可拔之计。但使能守我营垒安如泰山，纵不能进攻，亦无损于大局。"这就是湘军所谓的"扎硬寨，打死仗"。

湘军这种扎营的笨功夫，实际上最早是跟对手太平军学的。但是后来太平军筑垒掘濠，一天比一天潦草，而湘军修垒浚濠，则一天比一天扎实。曾国藩发现这一现象以后非常高兴，认为从这一件事情上，就可以看出双方的力量消长：太平天国大势已去，而湘军的胜利指日可待了。

组织文化：还我真面，复我固有

曾国藩的领导力，并非完全没有权谋的因素。身为一个官员，他也必须跟现实妥协，必须内方外圆，但其待人处事的根本原则，却是以坦诚为本，从而在湘军内部形成了以诚相待、相互信任的组织文化。

李瀚章曾经对曾国藩有这样一句评价："推诚布公，不假权术，故人乐为之用。"曾国藩也说过："驭将之道，最贵推诚，不贵权术。"他认为，诚心诚意地对待别人，渐渐地就能使他人为我所用。即使不能让他们全心全意地为我效力，也必然不会有先亲近而后疏远的弊端。光用智谋和权术去笼络

⊖　1 丈＝10 尺＝3.333 3 米。

别人，即使是驾驭自己的同乡也是无法长久的。

领导者玩弄权术会带来一个严重的问题：一旦领导对下属使用权术，下属便不知道你的真实想法是什么，也就不敢跟你说实话，于是上上下下就会开始猜忌。而一个组织一旦陷入猜忌之中，这个组织也就要出问题了。曾国藩说："祸机之发，莫烈于猜忌，此古今之通病。败国、亡家、丧身，皆猜忌之所致。"

在曾国藩看来，既然这样，还不如一开始就与下属坦诚相待，一片真心。他对曾国荃说：

> 吾自信亦笃实人，只为阅历世途，饱更事变，略参些机权作用，把自家学坏了。实则作用万不如人，徒惹人笑，教人怀憾，何益之有？近日忧居猛省，一味向平实处用心，将自家笃实的本质，还我真面，复我固有。贤弟此刻在外，亦急需将笃实复还，万不可走入机巧一路，日趋日下也。纵人以机巧来，我仍以含混应之，以诚愚应之。久之，则人之意也消。若钩心斗角，相迎相距，则报复无已时耳。

这段话的意思是，我自认为也是笃实之人，只是因为看惯世道人心，饱更各种事变，稍稍加了些权谋的手段，把自己学坏了。其实效果根本就不尽如人意，白白惹人笑话，令人遗憾而已，有什么用呢？近来丁忧在家，突然明白了过来，一心一意向平实之处用心，把自己笃实的本质，还原为本来的面目，恢复我固有的品德。老弟你现在在外带兵，也迫切需要将笃实的面目恢复过来，千万不要走入机巧这一路去，导致自己日趋日下。即使他人带着试探猜测的心计而来，我仍以浑含混沌来对付，以朴诚愚拙来对付。时间一长，人家的试探猜测自然也就消除了。如果钩心斗角，你来我往，那么报复起来，就没有穷尽的时候了。

在曾国藩看来，至诚以待，本身也是领导者修养的需要。他说："豪杰之所以为豪杰，圣贤之所以为圣贤，便是此等处磊落过人。能透过此一关，寸心便异常安乐，省得多少纠葛，省得多少遮掩装饰丑态。"胡林翼对曾国藩的这一点非常佩服，他说，"吾于当世贤者，可谓倾心以事矣，而人终乐从曾公。其至诚出于天性，感人深故也"（我对于当世的人才，也可以说是恨不得掏出自己的心来给人看，唯恐有做得不周到的地方。但是人家最终还是乐于追随曾公。这是因为他的至诚出于天性，所以具有一种打动人心的力量啊）。

如果用一句话来概括曾国藩的领导力，那就是他所说的"惟天下之至诚，能胜天下之至伪；惟天下之至拙，能胜天下之至巧"。管理的最高境界，是打造一种坦诚的组织文化。如果说"至伪""至巧"是一种小聪明，那么"至诚""至拙"就是一种大智慧。从"至伪""至巧"到"至诚""至拙"，需要组织文化的极大突破，需要一个脱胎换骨的过程。许多组织是没有办法完成这一步的，这就是组织无法卓越的根本原因。而这种突破，一定是从领导者放下心机、放下面具、推心置腹地待人开始的。所以曾国藩说，"真心实肠，是第一义。凡正话实话，多说几句，久之人自能共亮其心"（真心实意，坦诚相待，是领导力的第一条原则。凡是正话实话，多说几句，时间长了，人家自然能体会到你的苦心）。"人以伪来，我以诚往，久之则伪者亦共趋于诚矣"（别人戴着面具来，我还以诚心诚意，时间长了，戴着面具的人也会慢慢地向诚心诚意的方向发展了）。其实谁愿意戴着面具呢？谁不愿意有一种坦荡、痛快、相互信任的环境呢？就看领导者能不能创造出这样一种文化来。"诚至则情可渐通，气平则言可渐入"（只要你诚心诚意，人和人之间情感的隔阂，是可以渐渐打通的。只要你心平气和，你所说的话，别人是可以慢慢地听进去的）。

在曾国藩的身体力行和激励之下，湘军确实形成了一种坦诚相待、相互信任、相互支持的团队文化。用曾国藩的话说，就是"呼吸相顾，痛痒相关，赴火同行，蹈汤同往，胜则举杯酒以让功，败则出死力以相救"，就是"齐心相顾，不曾轻弃伴侣。有争愤于公庭，而言欢于私室；有交哄于平昔，而救助于疆场。虽平日积怨深仇，临阵仍彼此照顾；虽上午口角相商，下午仍彼此救援"。这就是所谓的"湘军精神"，也是湘军凝聚力和战斗力的来源。

两位美国学者詹姆斯·库泽斯和巴里·波斯纳曾经在世界范围内做过多次名为"受人尊敬的领导者的品质"的调查，每次都有 80% 以上的人选择了"真诚"，在所有的调查中"真诚"也都占据第一名的位置。在管理中，坦诚是一种大德，权谋则只能是小技。曾国藩能够最终成就"中兴名臣之首"的地位，他打造出的坦诚和信任的湘军文化，是关键的因素之一。

心性：成败听之于天，毁誉听之于人

曾国藩领导力的基本原则，其实就是传统的儒者理念。儒者的追求，用宋代理学家张载的话说，就是"为天地立心，为生民立命，为往圣继绝学，为万世开太平"。这一理念早就在那里了，然而一般的儒生却只是想、只是说，而不敢做、不去做、不能做。曾国藩与一般儒生不一样的是，他坚信"天下事在局外呐喊议论，总是无益，必须躬自入局，挺膺负责，乃有成事之可冀"，因而他以"忠诚为天下倡"的信念，以"拙""诚"的"力行"的功夫，以"知一句便行一句"的精神，把儒家的理念转化为强有力的行动。

然而任何一种理念的践行，都不可能是靠单纯的决心即可成功的，在理念的践行过程中一定会遇到很多挫折与障碍，这就需要践行者必须有一种百折不挠、愈挫愈奋的意志。而曾国藩正是以"成败听之于天，毁誉听之于人"的倔强，以"千磨百折而不改其常度，终有顺理成章之一日"的信念，将自己的追求最终变成了现实。

曾国藩的一生，可以说是充满了挫折与逆境，但他的过人之处，就在于他以"男儿自立，必须有倔强之气"的意志力坚持到了最后。他在回顾自己的一生时，说过这样一段话：

> 李申夫曾尝谓余恼气从不说出，一味忍耐，徐图自强，因引谚曰："好汉打脱牙，和血吞。"此二语是余咬牙立志之诀。余庚戌辛亥间为京师权贵所唾骂，癸丑甲寅为长沙所唾骂，乙卯丙辰为江西所唾骂，以及岳州之败、靖港之败、湖口之败，盖打脱牙之时多矣，无一次不和血吞之。

人性本就是有弱点的，包括软弱、自私、懒惰、动摇等。正是这些东西阻碍了人们积极进取，阻碍了人们获得最终的成就。曾国藩认为，要战胜人性的弱点，关键是要把毁誉得失放在一边："于毁誉祸福置之度外，此是根本第一层功夫。此处有定力，到处皆坦途矣。"他相信只要坚持自己的信仰与追求并执着地走下去，最终一定会成功的，"天下事果能坚忍不懈，总可有志竟成""天下事只在人力作为，到山穷水尽之时自有路走""凡事皆有极困极难之时，打得通的，便是好汉"。

对于自己的倔强，曾国藩十分自负。他有一次说自己要写一部书教人，叫作《挺经》。人生一世，就是要挺直了，不能趴下，不能轻易服输。还有一次，当他的心腹幕僚赵烈文说起李鸿章来，说他"事机不顺，未必能如师宏忍"的时候，曾国藩立即非常得意地说，"吾谥法文韧公，此邵位西之言，足下知之乎"（我死了以后，应当谥为文韧公，这是邵位西说的，足下知道吗）。可见曾国藩最自得的，就是自己心性的坚忍不拔。

结语：而困而知，而勉而行

稻盛和夫在解释是什么造就了平凡人的非凡时也说："是那一股能默

默专注在同一件事上而不感到厌烦的力量，也就是拼命去过每一个今天的力量，以及一天天去累积的持续力。换句话说，把平凡化为非凡的是'持续'。"他还说："要在人生这个大舞台上演一出精彩的戏，得到丰硕的成果，所需的能力不是单靠脑细胞的多寡来定高下。要看的是，能不能在任何情况下，都可以凭着一股傻劲认真去做，而遭遇困难时也能不闪不躲与其正面交锋？这可以说是成功的不二法门，也是我们必须时时刻刻牢记在心的原理、原则。"

梁启超在评价曾国藩时有一段非常精辟的话：

> 文正固非有超群绝伦之天才，在并时诸贤杰中，称最钝拙。其所遭值事会，亦终身在拂逆之中。然乃立德、立功、立言，三并不朽，所成就震古烁今，而莫与京者。其一生得力，在立志自拔于流俗。而困而知，而勉而行，历百千艰阻而不挫屈，不求近效，铢积寸累。受之以虚，将之以勤，植之以刚，贞之以恒，帅之以诚，勇猛精进，坚苦卓绝，如斯而已，如斯而已！

这段话的意思是，曾国藩并没有超群绝伦的才华。在当时的著名人物中，他被认为是最迟钝愚拙的一位。他的一生，也一直在逆境之中，然而他立德、立功、立言，达到了古人所说的三不朽的境界，他的成就震古烁今，没有一个人能跟他相比，这是什么原因呢？他一生得力的地方，在于立志自拔于流俗，而困而知，而勉而行，历尽百千险阻而不屈服；他不求近效，铢积寸累，受之以虚，将之以勤，植之以刚，贞之以恒，帅之以诚，勇猛精进，坚苦卓绝，如此而已！如此而已！

的确，曾国藩的成功，靠的并不是投机取巧。他靠的是对理念和信仰的坚守，靠的是"惟天下之至诚，能胜天下之至伪；惟天下之至拙，能胜天下

之至巧"的信心，靠的是"知一句便行一句"的力行。曾国藩说："天下事，
未有不由艰苦得来，而可大可久者也。"取巧只是小聪明，只会得益于一时；
拙诚才是大智慧，方可奠基于长远。曾国藩的"不求近效，铢积寸累""而
困而知，而勉而行"，正是所有那些能够成就伟大事业的领导者的基本品格。

金

句

- "拙诚"强调的就是不存投机取巧之心。所谓"拙",就是一步一步地去做;所谓"诚",就是实心实意地去做。

- 理念赋予人的则是强烈的担当与责任意识。只有以理念为基础的智慧与勇气,才会把个人的生存智慧,升华为家国、王朝和文化的生存智慧;把个人的生存勇气,升华为家国、王朝和文化的生存勇气。

- 选什么样的人,决定了一个组织会形成什么样的作风。湘军选的都是朴实、拙诚之人,由此也就形成了湘军以朴实为特点的作风。

- 管理的最高境界,是打造一种坦诚的组织文化。如果说"至伪""至巧"是一种小聪明,那么"至诚""至拙"就是一种大智慧。

- 曾国藩的成功,靠的并不是投机取巧。他靠的是对理念和信仰的坚守,靠的是"惟天下之至诚,能胜天下之至伪;惟天下之至拙,能胜天下之至巧"的信心,靠的是"知一句便行一句"的力行。

企业向军队学习的军规与戒律

——融军魂于骨血，视胜利为生命

何志毅

新瑞学院院长、北京大学教授、《北大商业评论》执行主编

向军事学管理的话题最近渐热，因为世界上的战争硝烟渐浓，因为华为遭美国举国之力的封杀，突然使企业家们认识到，商场真如战场。凡是有博弈、竞争、对抗的领域，就有可以向军事学习之处。战争是最惨烈的对抗，军事是最精彩的博弈。《孙子兵法》开篇第一句话是："兵者，国之大事，死生之地，存亡之道，不可不察也。"军事是生死存亡之道，作为领导者（国君），不可不学。这就是学军事的理由。现代军事学家们认为，事实上，国与国之间不存在绝对的战争或和平状态，经常处于战争与和平之间。因此，准备打仗是一种常态。而企业，更是永远处在市场竞争之中，共生或者共什

么不是常态，竞争是常态，有时市场竞争的激烈程度并不亚于战争。

纵观人类历史上所有部落、民族、国家的消亡，几乎都是军事斗争失败的结果。因此，对军事的研究和指挥是统治阶层不得不做的"国之大事"。军事的胜败是以生命为代价的，有什么东西值得我们用生命去换取？在商场上博弈的人，能够向战场上搏命的人学习什么？

企业向军事学管理，主要在于三个方面，一是军事精神，二是军事理论，三是军事组织。企业家最好对军事有一定的了解和兴趣，具备一些基本的军事常识。有些企业家有从军的经历，有些企业家是热血男儿，从小就对军事历史和军事常识耳濡目染。当然，即使是军事小白，也可以从头开始。

我是管理学教授，但是我不赞成在讲授向军事学管理的时候，讲一点军事内容就对应一些商业内容。遍览现在市面上向军事学管理的课程，几乎都是这个套路，无论中西。而我认为，企业家应该先抛开商业管理而聚焦于学习军事，就像一个预备役的军官，接到命令，服从国家需要，准备组织一支军队，上战场与敌军较量一样。当年曾国藩不就是这样，从零开始组建湘军的吗？抗日战争时期很多"义勇军"和"学生军"不也是这样组建的吗？如果急功近利、牵强附会地从一些军事观点和军事故事中学军事管理，而且马上就应用到企业实践中，那只能学一点皮毛，而且太操之过急了。

我从1997年开始，在北京大学光华管理学院给研究生讲战略管理，当时国内没有中文版教材，我到美国买了市面上所有的战略管理教材，但我并不认为有好的教材。于是我自己编写讲义，其中有一部分是军事战略的内容，因为战略这个名词来源于军事。在20多年的讲课过程中，我越来越觉得军事战略的理念、体系、内容，比商业战略更成熟、更丰富、更精彩，而且可以在理解和掌握军事战略的基础上，再把军事哲学、军事原则、军事方法应用于企业管理。于是我试验了直接以军事经典著作为教材，以军事战役为案例，以红蓝军对抗为方法，系统地学习军事战略后，再应用在商业案例分析上。这样的教学方法得到了研究生、本科生、MBA/EMBA 学生、总裁班学员的认可。有本科生说，如果没有何老师引导，他可能一辈子也不会读《孙子兵法》。但是今后，《孙子兵法》会是他的案头必备之书。在北大课堂上的好几个研讨案例后来成为真实项目，在市场上获得成功，将来甚至可能成为世界级领军企业，例如一个智慧停车管理项目。在创办了新瑞学院以后，我又把这一课程作为创业创新的系列课程之一，获得了成功，后来在企业中高管内训中也获得了成功。我的结论是，可以就军事讲军事管理，然后再融会贯通地应用于企业战略管理。如果不全面地了解军事精神、军事理论、军事组织，则不可能系统地向军事学管理。我想，很重要的原因在于，作为一个商学院教授，我在讲军事的时候，心中是有企业管理情境预设的。我能够感知，这些军事知识、军事案例会在企业家们的脑海中产生什么联想，在他们心里激起什么涟漪。

军事精神

所谓军事精神，由三个部分组成。第一部分是战斗精神。军队是一个很奇特的组织，军人拿的是薪水，而且通常是并不高的薪水，但付出的往往是鲜血和生命。如果有什么东西值得人们付出生命，那就是信仰，"生命诚可贵，爱情价更高，若为自由故，二者皆可抛。"尤其到了为国家和民族不受奴役而战斗的时刻，如中国的抗日战争和抗美援朝战争。还有一种是"以打胜仗为信仰"的战斗精神。一个优秀的军事组织，未必是为了信仰而战，也可以仅仅为了打胜仗而战。因为一支优秀的军队，一支骄傲的军队，是不能忍受失败的，打胜仗就是这支军队的信仰。举个案例，在抗美援朝战争中，中国人民志愿军是以"保家卫国"为信仰而战的，因此战斗精神极其强大。正如毛主席在战争前所分析的，美军"钢多气少"，我军"钢少气多"。美军不知为何而战，因此战斗精神很弱。在抗美援朝第一次到第三次战役中，美军节节败退。但是李奇微来到朝鲜战场后，除了发现我军"星期攻势"的弱点而施以"磁性战略"外，还在美军中展开政治思想工作或曰心理建设工作，强调美军的光荣传统，强调职业军人打胜仗的荣誉感。美军在朝鲜战争中的主要指挥官都毕业于西点军校：麦克阿瑟、沃尔克、李奇微、范弗里特、克拉克，麦克阿瑟还担任过西点军校校长。西点军校的口号是"荣誉、责任、国家"，摆在第一位的是荣誉。李奇微到了朝鲜战场，强调了军人的荣誉感、责任感和服从国家战略的职业精神。他还连续撤了五位缺乏战斗精神的师长，使得美军的战斗精神有所提升。再举一个案例，在解放战争中，我华中野战军王必成指挥的第 6 师于 1946 年与张灵甫指挥的国民革命军整编第 74 师作战，王必成部在淮阴首次作战中失利，然后在一战涟水中得利，随后在二战涟水时损失惨重。战后，王必成差一点被撤职查办，他向陈毅、粟裕说："日后打敌 74 师，绝对不要忘了我王必成的 6 师！"并且向华东野战军党委打了正式的书面报告。粟裕当即表态同意，并命令将此记录存档。最后，1947 年，我军在孟良崮战役中彻底歼灭了敌 74 师，王必成立了战功。这就是军人绝不服输的战斗精神，这就是任正非倡导的把打胜仗作为信仰的精神。如果信仰和精神都有，这样的军队和企业是攻无不克、战无不胜的。

军事精神的第二部分是实事求是，是灵活机动的作风。军队既要有"坚定正确的政治方向"又要有"灵活机动的战略战术"。兵无常势，水无常形。战争是生死攸关的事业，不能拘泥于理论，不能墨守成规、一成不变，不唯书，不唯上，要唯实。甚至是"将在外君命有所不受。"战争是科学也是艺术，而其艺术成分高于科学成分。

克劳塞维茨在《战争论》中有一小段话意味深长，他说："战争是一种人类交往的行为。战争不属于技术或科学的领域，而属于社会生活的领域。战争是一种巨大的利害关系的冲突，这种冲突是用流血方式进行的，它与其他冲突的不同之处也正在于此。战争与其说像某种技术，还不如说像贸易，贸易也是人类利害关系和活动的冲突。然而，更接近战争的是政治，政治也可以看作一种更大规模的贸易。"由此亦可见商业、政治与军事的相似之处。然后，克劳塞维茨说："战争同技术或艺术的根本区别在于，战争这种意志活动既不像技术那样，只处理死的对象，也不像艺术那样，处理的是人的精神或感情这一类活的，但是被动的、任人摆布的对象。战争处理的既是活的，也是有反应的对象。"

因此，战争需要因地制宜，因时而变，以变制变的灵活机动的战略战术。毛泽东在晚年仍然认为四渡赤水是他战争艺术中最得意的神来之笔，而这四渡的每一渡都不是事先规划好的，而是在与敌军的博弈中灵活机动、以变制变而形成的。中央红军转战川黔滇三省，巧妙地在敌军重兵重围中穿插、调动、迷惑敌人，抓住战机，集中优势兵力以少胜多，被美国作家索尔兹伯里认为是"长征史上最光彩神奇的篇章"，成为机动灵活的战略战术作风的典范。

军事精神的第三部分是养兵千日，用兵一时的备战精神。战争涉及的生命、国家安危、民族存亡，是"悠悠万事，唯此为大"的大事，要时刻准备打仗，要做到"召之即来、来之能战、战之必胜"。因此，军队是最注重教育和培训的组织。军事教育与培训分为专业军事教育、个人终身学习、日常训练、对抗演习、思想教育、组织建设、装备获得等。在古罗马时期，一位败军之将到古罗马后感叹，古罗马的战争是流血的训练，古罗马的训练是不流血的战争。由此，古罗马人平时训练的强度可见一斑。

这种备战精神对企业管理的启示是，一个优秀的组织一定是学习型组织。军队不仅仅要学军事，更需要学习和掌握先进科技和先进武器装备。军队对于先进技术装备的渴望和学习比任何组织都强烈，因为这关系到人的生命。

军事理论

向军事学管理的第二个方面是军事理论。军事理论包含三个部分：军事哲学、战略战术、军事历史和案例。

军事哲学是人类智慧的结晶，学习它，首先要读经典著作。世界上最早的军事学著作是《孙子兵法》。作为一部非常成熟的军事学著作，《孙子兵法》不是横空出世的，虽然《孙子兵法》中只提到一部更早的兵书《军政》的名字，但它一定是在集先人之大成的基础上，在吸取先人思想养分的基础上，由孙子创作而成的。很遗憾，孙子所参考的前人成果我们已无从考证了。今天，《孙子兵法》不仅仍然是中国，也是世界军事学科中当之无愧的第一教科书。

大约在 15 年前，清华大学某总裁培训班邀请西点军校前教官保罗·布卡和我共同讲授"军事战略与企业战略"。出于对西点军校教官同台讲课的新鲜与好奇，我答应了。我与布卡教官事先并没有共同备课、商量，课后发现，我们居然配合得很好。我们还一起和企业家学员进行了一次精彩的对话，令我印象深刻，让我对西点军校教官的水平有所认识，也因而对其更为敬重。课后他问我，中国的企业家为什么不读《孙子兵法》？因为上课第一天，他举起两本书——一本是《孙子兵法》，另一本是日本宫本武藏的《五轮书》，说"读过《孙子兵法》的请举手"，结果没有一个人举手。他对此感到非常惊讶。我笑着回答说，是你的问法有问题，中国人含蓄，不爱举手。如果你问，没有读过《孙子兵法》的请举手，也会没有一个人举手。其实我当然知道，那时中国企业家里读过《孙子兵法》的人可能不多。我所指的读过，是从头到尾至少通读了一遍。

西方能够追溯到的最早的军事著作是弗龙蒂努斯的《谋略》，著于公元90 年左右。弗龙蒂努斯曾担任过罗马城执政官和不列巅行省总督等职务。他于公元 78 年写过《战争艺术》（*The Art of War*），但已失传。《谋略》是本案例集，共有 574 个军事案例，讲述的是更早时期的杰出将帅们，如恺撒、汉尼拔、亚历山大大帝等，遣兵打仗的故事，最早的可追溯到公元前 558 年。该书分为 50 章，其"选择交战时机"一章有 18 个案例，"选择交战地点"一章有 14 个案例，这些章节即使今天读来，依然可受启发。这种案例教学法，也是今天军事学科、工商管理学科等专业的主流教学方法之一。例如我们可以把问题改成：选择进入市场的时机，选择进入哪一个地理区域或者细分市场等。

把《孙子兵法》和《谋略》放在一起看，会很有意思。一本是古代东方的军事著作，一本是古代西方的军事著作；一本讲理论，一本讲案例，文章都很精练。《孙子兵法》被译为 *The Art of War*，与弗龙蒂努斯已失传的著作《战争艺术》同名。而中国后期对《孙子兵法》的注释，经常加上后来中国历史上的各种各样的军事案例。这两本书，两种文化，两个视角，两种写法，都是人类古代智慧的结晶。在后来的历史进程中，各国出现了多位著名军事学家，如日本的宫本武藏、德国的克劳塞维茨、瑞士的约米尼、俄国的苏沃洛夫、美国的马汉、英国的李德·哈特，等等。后来军事成为学科，上升为艺术与科学，形成独特的教育体系和方法。各国都先后办起了正规化的军事学院，并且都独立于综合性大学之外。我为此曾评论过，我们不可能想象会出现哈佛大学军事学院或清华大学军事学院。有意思的是，社会对管理是不是科学的议论至今不绝于耳，而军事科学的地位早已板上钉钉。我因此推论，商学院也应当独立于综合性大学之外，如美国巴布森学院和雷鸟国际管理学院，欧洲的洛桑管理学院和欧洲工商管理学院。

我倡导企业家学军事，倡导企业家读经典军事著作，但是，企业家不可能通读各种军事著作。作为老师，我们有责任推荐经典之作。于是我挑选《孙子兵法》和《美国海军陆战队战略手册》作为基本教材，并潜心翻译了《美国海军陆战队战略手册》。这是一本具有《孙子兵法》风格的、在现代战争环境下强调陆海空编组作战的军事学著作，全书仅 3 万字左右，它也是集西方军事思想的大成之作。我认为《孙子兵法》和《美国海军陆战队战略手册》这两本书是哲学著作，一本是以古代军事为素材，一本是以现代军事为素材。这两本书交相辉映，相得益彰。

哲学不仅要学，更要悟。每个人的基础不一样，阅历不一样，悟性也不一样，有些东西要反复领悟。在不同时期，不同处境下，悟出来的东西不一样。例如《孙子兵法》中将的标准是"将者，智信仁勇严也"，可以称之为"为将五德"。孙子没有进一步解释"智信仁勇严"是什么，但每一字都值得深思，在不同的人生阶段，体悟可能都不一样。例如"信"字，我认为含有三信：一是自己信自己——自信；二是别人信你——人信；三是彼此之间的相互信任——互信。如果换成英文，自信是 Confidence，人信是 Convincingness，互信是 Trust。与孙子基本处于同一时期的孔子对儒家提出的标准是"仁义礼"，孔子一样没有对"仁义礼"下定义。那么，综合孙子和孔子的标准，文武双全之人应该是"智信仁勇严义礼"，或者"仁义礼智信勇严"。该怎么定义？我想，这需要每个人自己去理解。要知道，孔子与孙子并不是不会下定义，而是刻意留了空间让后人自己去悟，不要被概念框死了。美国也有一种说法，"军人不可缺智慧，文人不可缺勇气"。这是对为什么美国西点军校培养了那么多世界级企业家的一种诠释，是对中国很多优秀企业家有从军背景的一种诠释，也是对我们希望企业家们学习军事的一种诠释。可以说，哲学是把握事物基本规律、判断事物发展方向和抓住事物主要矛盾的方法论。在军事、政治、经济、企业事务中，有三个问题是至关重要的、必须回答的：我是谁？我从哪里来？我要到哪里去？

我们可以看一看军事研究的课题：战时与平时，备战与作战，进攻与防守，用形与造势，守正与出奇，先胜后战，不战而胜，知己知彼，精神力量与物质力量，人的因素与武器装备，艺术与科学，训练与专业教育，选择战场与战机，主攻部队与战备预备队，前方与后方，作战与后勤，蓝军与红军……这些充满哲学意味的军事话题，一样是企业家需要面对、思考的经营问题，而且，未必需要一一对应到商业理论和商业案例上。市场经济的本质是竞争，是优胜劣汰，所谓共生共赢是局部的，是暂时的。企业家就是市场大军的缔造者，是市场竞争中的将帅，而为将之道，无论在商场还是战场，在本质上是相同的。

战略战术在军事上分为五个层次：大战略（Grand Strategy）、战略（Strategy）、会战（Campaign）、战役（Battle）、战斗（Combat）。大战略是服从最终政治意图的战略。大战略要决定到底打不打仗，如"上兵伐谋，其次伐交""不战而屈人之兵"；战略是为实现政治目标而采用的军事手段；会战是为了实现战略性军事胜利而组织的一系列战役，如辽沈战役；战役是如何选择时间、地点、投入资源、作战手段等实现的一次重要对抗性胜利的组织实施；战斗是战役中一次一次具体的军事对抗与争夺。在每一个层面上都有技术、流程等问题。在军事上，战略战术问题是不可回避的，战役和战斗是必须面对的、直接的、你死我活的。而在企业竞争层面，则表现得不那么明显，不那么直接。因此，很多企业家的战略意识、战斗意识不那么强烈，往往面临危机时才仓促应对。反之，像任正非这种具有强烈战略意识的企业家，才会有"备胎"这样的富有战略意识的措施，在危难之际大放异彩。在战略、战役、战斗层面上应该考虑什么问题，应该如何组织实施，例如如何知己知彼，如何根据使命和目标分派任务，如何解释和领会任务的意图，如何进一步领会更上一级领导的作战意图，如何寻找战斗的焦点，如何集中优势兵力出奇制胜等，对企业家都有重要启示。

《美国海军陆战队战略手册》的作者葛雷上将在该书序言中说："本书并不包含作战指挥的具体技巧和程序，而是以价值观和理念的形式提供了综合指导。在实际应用时，需要加上个人审时度势的判断。我希望每一位军官对此书反复研读，深刻研读，并烂熟于心。此书蕴含的思想，不仅是战斗行动的指南，更是一种总体思维方法。本书描述了一套行动哲学，成为我们履行职责的指导，无论于战时或平时，无论于前方或后方。"

我一再要求企业家学员们在学习这两本经典军事著作时，要反复研讨，烂熟于心，不要急着立即用于解决某个具体的商业问题，应先沉入哲学中，沉入军事中，而要想的具体问题，要结合的具体案例，也应是军事案例。此时，要假设企业家是预备役军官，企业是预备役部队，正准备接受国家征召奔赴战场。当这些军事思想、军事哲学、军事原则融入血液之中，当这些军事案例、军事行动栩栩如生地刻画在脑海里，它们自然就形成了对商战的指导。这可能就是为什么有那么多优秀军人可以成为优秀企业家的根本所在。

军事组织

向军事学管理的第三个方面是军事组织。军事组织包含三个方面：军事组织建设、军事执行能力、军事协同能力。人类社会中的各种组织大致可分为六类：政治组织、军事组织、宗教组织、教育组织、商业组织、社团组织。原始部落应该是最早的军事组织，由此，可以说军事组织是人类最早建立的组织。以城邦或国家为单位的政治组织在此之后建立，宗教组织也在此之后形成；社团组织（含教育、医疗组织在内）形成的时间也比军事组织晚，大规模商业组织的历史则更为短暂，仅有 200 年左右。《美国海军陆战队战略手册》也在主义、组织、领导方面浓墨重彩，"这个主义建立了一套对战争特殊的思想方法，一种特殊的战斗方法，一种指引海军陆战队的战斗哲学，一项专业赋能，一门共同语言。""主义为海军陆战队队员和谐行动和相互了解奠定了基础。"军队的执行能力和协同作战能力也是所有组织的典范。

组织和文化建设是军队得以打胜仗的基础保障。《孙子兵法》的七计"主孰有道，将孰有能，天地孰得，法令孰行，兵众孰强，士卒孰练，赏罚孰明"中，有六条都是关于人、组织与文化的比较，只有一条"天地孰得"是讲外部因素。我常说，《孙子兵法》中的五事七计对今天的企业仍然适用，至多加一条"技术孰高"。企业与企业的竞争，用这几条一比较，高下立见。但这几条不是到了要打仗时才开始比较的，而是在日常备战中就要持续进行比较的。华为今天的成功是由 20 多年前的"华为基本法"奠定的。我军历史上的"三湾改编"奠定了这支军队的文化、组织制度和纪律基础。

在执行层面，军队几乎是无可超越的。军队文化里的"军令如山倒""服从命令是军人的天职"等，是因军队要求具备强烈的执行力，要求迅速行动，要求下级绝对服从上级的特点所形成的。它背后隐含了几个理念：一是领导负的责任比下级大（巨大）；二是领导的水平比下级高，领导打的仗比下级多；三是领导掌握的信息量比下级大（有时因为机密不能说明）；四是战争中的时间因素特别重要，有时瞬间决定成败。因此，在军校里，服从是第一课。企业的情况与军队大不相同。例如，企业不能枪毙怯战者和逃兵，在执行规章制度和纪律的宽严程度上也有天壤之别。到一个企业一看，一闻，一接触，这个企业像主力军、正规军、杂牌军、游击队还是散兵游勇，立刻可以感知到。作为老师，从一次培训的实施细节中即可感知到。细节和纪律是执行的保障。尽管企业不能完全学习军队，但是否重视执行文化，则非常重要。企业只有向军队学习重视执行的文化和纪律，才有可能成为优秀的队伍，才有可能在两军相逢时打胜仗。

在军事组织里，纪律是最重要的。纪律讲求对组织的服从，即"组织纪律"：个人服从组织，下级服从上级，少数服从多数，全党服从中央。纪律是在日常细节训练中养成的。例如队列训练，打仗并不要求正步走，并不要求以方块队列行军，但"步调一致"、令行禁止，才能够打胜仗。《孙子兵法》"军争篇"中说，"无邀正正之旗，勿击堂堂之阵"，就是这个道理。我们可以从各国军队的阅兵式中比较各国军队的纪律和训练水平，我们也可以从一个企业的会议过程中看出其纪律程度。

在战争中，军队的协同作战能力十分重要，一是友军之间的协同配合，二是各军种之间的协同配合。友军之间要有"胜则举杯相庆，败则拼死相救"的作风。国民党军队失败的很大原因在于其军队中派系林立，危难面前不顾大局而各求自保。所以在长征时期红军可以游走于各军阀之间，得以行军二万五千里胜利会师，建立新根据地，迎来抗日战争的新局面。在解放战争的孟良崮战役中，也是因为国民党军左右两军相救不力，导致第74师全军覆灭。在现代战争中，海陆空协同作战是基本的技能，现在甚至还有"网军"和"天军"（火箭军）的协同配合。在《美国海军陆战队战略手册》中，有一个名词叫作MAGTF（Marine Air Ground Task Force），中文译为海陆空混合任务编组。MAGTF包含了舰艇部队、航空部队、地面部队、战斗服务支持部队和指挥员等。"他们并不存在一个标准结构，而是依特定情况而构成。MAGTF只设置一个最高指挥员，以有效指挥一支面对特殊形势的最佳联合武装力量。当然随着形势的变化，MAGTF可以根据需要进行重组。""指挥员应该建立被支援部队与支援部队之间的习惯性协同关系，发展彼此的作战熟识度，但这并不阻碍双方在特殊情况下的非常规协同作战。"这种海陆空协同作战能力，在第二次世界大战的太平洋战争中，在朝鲜战争的仁川战役中，在美伊战争中，体现得非常充分。

在战争中战区和总参谋部之间的协同关系也值得企业战略管理者学习。总参谋部往往站在最高的角度，用更全面的视野看待局部战争，甚至会超越军事的视野看待战争，为最高政治领导提供决策建议。战区司令往往打的是有限战争。这就是"大战略"与"军事战略"之间的差别。在朝鲜战争中，麦克阿瑟和总参谋部与总统之间的矛盾和分歧是这个方面的绝佳案例。

最后，我一再强调，企业向军事学管理，要学在"道、天、地、将、法"上，要学习军事精神，尤其是战斗精神；要学习军事理论，尤其是军事哲学；要学习军事组织，尤其是组织建设。要全面地、系统地学习军事，然后用于企业管理。套用学习毛主席著作的一句老话，要"铭记在脑海里，融化在血液中，落实在行动上"。希望中国企业家们向军事学管理，融军魂于骨血，视胜利为生命，为中华民族的伟大复兴而努力奋斗。

金
句

- 一个优秀的组织一定是学习型组织。军队不仅仅要学军事，更需要学习和掌握先进科技和先进武器装备。军队对于先进技术装备的渴望和学习比任何组织都强烈，因为这关系到人的生命。

- 美国也有一种说法，"军人不可缺智慧，文人不可缺勇气"。这是对为什么美国西点军校培养了那么多世界级企业家的一种诠释，是对中国很多优秀企业家有从军背景的一种诠释，也是对我们希望企业家们学习军事的一种诠释。

- 市场经济的本质是竞争，是优胜劣汰，所谓共生共赢是局部的，是暂时的。企业家就是市场大军的缔造者，是市场竞争中的将帅，而为将之道，无论在商场还是战场，在本质上是相同的。

- 企业向军事学管理，要学在"道、天、地、将、法"上，要学习军事精神，尤其是战斗精神；要学习军事理论，尤其是军事哲学；要学习军事组织，尤其是组织建设。要全面地、系统地学习军事，然后用于企业管理。

后　记

企业为何而战，如何把仗打赢

　　2020年，美军上将马丁·登普西的一句话让华为总裁任正非深受触动："要让打胜仗的思想成为一种信仰"。任正非在内部讲话中曾数次引用。

　　军人出身的任正非，其管理思想的源头，正在军队。在某内部场合，任正非曾坦承，20世纪80年代，《解放军报》刊发的一组关于西点军校的报道，曾给予其很大的影响和启发。

　　非独任正非，诸多中外杰出企业家与领导者，其管理思想，都曾于军队有所取材，而且其中很多人都有过军旅生涯。美国的46任总统中，有29位曾在军队历练过；世界500强企业的董事长、CEO及其他高管中，有很多人都曾有过军人身份。田涛研究发现，"在人类的各类组织中，企业与军队在组织方面的共通性最多"，企业与军队的共同点之一是"必须不断打胜仗。

只有不断打胜仗，才能持续活下去并活得有力量”。

商业只是输赢，打仗关乎生死。军队历来是企业最好的老师。

一路苦难、一路辉煌的解放军，是怎样以小博大、以弱胜强，创造历史奇迹的？西点军校作为美国领导力的摇篮与高地，它有哪些诀窍与秘密？联邦快递、华为等中外企业又是如何从军队身上"贪婪"地吸取了其理念与文化的制胜精髓？一个组织应该如何摆脱平庸，锻造它不断打胜仗的文化、信仰与团队？

在几位前辈的倡议与指导下，正和岛内容团队约请了华为不同发展阶段的顾问和高管，以及来自北京大学、中国人民大学、军事科学院等院校机构研究组织与领导力的顶尖专家，倾心协力编写了《打胜仗》一书。堪称豪华的作者阵容，汇集了企业管理与军事研究方面独特的思考与普适的智慧。

在书中，田涛、吴春波和杨杜从理念、组织与文化层面解析了一些世界一流企业尤其是华为管理思想的源头；宫玉振、金一南、洪兵从领导力和管理维度剖析了军队的超强战斗力密码；杨壮、何志毅、胡赛雄、邓斌等则深度分析了企业向军队学习管理的方法与误区。同时，我们也有幸邀请到了陈春花和宋志平这两位本土商业思想家为本书拨冗作序，开宗明义。

现在，这本饱含心血、内涵厚重、颇具实用价值的《打胜仗》终于与读者见面了。若干年前，通用电气 CEO 杰克·韦尔奇的《赢》曾在中国商界掀起一股热潮，影响了诸多经营者。今天，我们期待这本《打胜仗》也能成为众多中国企业家的案头书。

因为，它不仅汇集了从管理角度研究中外军队的最新和最具实践性的成果，而且讲清楚了两个大话题、真问题：企业为何而战？如何把仗打赢？

在某个维度上，世界是由信念、道理与问题组成的。信念诉诸感性，引导行动；道理诉诸理性，旨在求真；问题则指向实际，重在结果。

企业作为一种由企业家精神所牵引的组织，兼具理想性、知识性与功利性，必须坚定信念、执着于道理、灵活处理问题。与之相对应，《打胜仗》这本书所探讨、归纳的思想成果，理想主义、浪漫主义与现实主义交相辉映，兼具信念升腾、认知升级与实操升维的多重价值。

后疫情时代，国内外形势都发生了巨大变化，商业世界也面临重大变局。企业为何而战？如何把仗打赢？——不论当下还是长远，这两个问题或都越发成为摆在每家企业面前的最根本的问题，而这两个问题的部分答案，就隐藏在眼前的这本书中。

希望这本书，能激扬你的壮志雄心，激荡你的奇思妙想，成为伴随你走向胜利的兵法与军旗。

陈为

本书总策划、正和岛总编辑

正和岛书系

机械工业出版社与正和岛通力合作，汇聚了一批优秀的企业家，共同打造了"正和岛书系"。

本书系秉持"理性的判断，建设性的表达"，坚持传播力、引导力和变革力的统一，崇尚思想性、实用性与阅读性的结合。

旨在为中国商界打造一个修心明道、驭势炼术、知行合一的"决策者书房"。

意义

企业家是通过商业的价值，创造追求生命意义和生命价值最大化的人。广大读者可以从企业家自我定义意义、自我实现意义的方式和过程中受到全方位的生命启迪。

传承：一种关系及其隐秘动力

一本书讲透家族传承，助力中国家族企业基业长青。无论你是传承精神，传承财富，还是家风，你都需要这样一本书。

卓有成效的管理者（精装版）

启蒙中国现代管理，终生受用案头书。中国企业发展的核心问题，是要培养一批卓有成效的管理者。

深度关系：从建立信任到彼此成就

斯坦福商学院50多年来最受欢迎的人际互动课，与家人、朋友和同事建立充分信任、彼此成就的深度关系。

组织的数字化转型（精装版）

一幅数字化转型的全景图。找到数字世界的生存方式，重塑企业增长的关键能力。

团队学习平装版

打胜仗：常胜团队的成功密码

本书讲透了卓越组织的成功密码，让打胜仗的思想成为一种团队信仰！

本质

商业的成败，根本上取决于直击本质的能力。一本书浓缩40年的商业智慧，助您探求中国商业的本质。

N种可能：28个改写命运者的关键时刻

再现28个改写命运者的关键时刻，帮助读者认识、发现自己人生的N种可能。